빠리 망명객
이유진의
····· 삶 ····· 꿈
    과

이 도서의 국립중앙도서관 출판시도서목록(CIP)은 e-CIP 홈페이지(http://www.nl.go.kr/cip.php)에서 이용하실 수 있습니다.(CIP제어번호: CIP2004001988)

빠리 망명객
이유진의
······ 삶 ······ 꿈
과

이유진 지음

필맥

빠리망명객 이유진의 삶과 꿈

지은이 | 이유진

1판 1쇄 펴낸날 | 2004년 12월 1일

펴낸이 | 이주명
편집 | 문나영
사진 | 박상우
표지디자인 | 안지미
본문디자인 | 예티
출력 | 문형사
종이 | 화인페이퍼
인쇄 | 한영문화사
제본 | 영신사

펴낸곳 | 필맥
출판등록 제2003-63호
주소 | 서울시 종로구 송월동 99-2 송월빌딩 401호
이메일 | philmac@philmac.co.kr
전화 | 02-3210-4421
팩스 | 02-3210-4431

ISBN 89-91071-13-9 (03810)

* 잘못된 책은 바꾸어 드립니다.
* 값은 뒤표지에 있습니다.

● 책머리에

"좋은 일을 하고, 그런데도 모함을 받다니…… 그건 훌륭한 일이다." 작센의 치타우 시청 벽에 라틴어로 새겨진 구절이다. 그것은 너무도 당연한 말이지만, 미약한 한 인간이 견뎌내기엔 너무 무거운 짐이었다.

1979년 내가 진퇴양난의 상황에 처한 후배 한영길의 프랑스 망명을 도와준 것은 오로지 물에 빠진 인간을 외면할 수 없다는 단순 소박한 양심의 발로였다. 고백하자면 그 소박한 양심의 발로조차 기껍고 흔쾌한 것은 아니었다. 나는 가능하면 물에 빠진 인간의 마지막 손길을 냉정하게 뿌리치고 싶었다. 곤경에 처한 후배의 절박한 눈물이 아니었다면 나는 얄팍한 이기심을 차마 버리지 못했을 것이다.

그 길을 택한 대가로 나는 모함을 받았다. 유신정권의 어처구니없는 중상모략에 국내 신문들은 북 치고 장구 치는 식으로 '북괴공작원' '아동인질범'이라는 죄목을 대서특필했고, 중앙정보부는 그런 신문들을 무더기로 가져와 파리의 동포들에게 배포했다. 그리고는 "이유진이가 평양으로 뛴다"는 유언비어를 퍼뜨렸다.

동포들은 나를 피했다. 어느 날 저녁 파리의 한국식당에서 우연히 마주친 동포는 "평양으로 뛴다더니 아직 파리에 남아 있느냐?"고 물어왔다. 내가 가족을 데리고 한인성당에 가면 신부도 꺼리고 신자들도 외면했다. 어떤 신자들은 피하지는 않더라도 심히 거북한 표정을 지었다. 그걸 본 열다섯 살짜리 딸애는 그 후 성당에 가자는 나의 말에 고개를 저었다.

비정함은 거기서 끝나지 않았다. 파리의 일부 민주화운동 인사들은 재빨리 성명서를 발표해 자기들은 아무 관계도 없다며 썰물처럼 빠져나갔다. 고난을 예상치 않았던 건 아니나 곤경에 처한 사람의 손을 잡아준 일까지 거창한 이데올로기가 개입하리라고는 미처 생각하지 못했다. 나를 낳고 키운 조국의 유치함은 상상을 초월했다.

프랑스인 친구들은 내 외로운 처지를 이해하고 자신의 집으로 초대해주는 등 더욱 따스한 마음으로 나를 위로했다. 프랑스 신문 〈르몽드〉와 〈리베라시옹〉은 한영길 사건 직후 나의 진실을 기사화했다. 그들은 1940년대 나치에 맞서 싸운 프랑스 레지스탕스 운동가들도 나치의 온갖 중상모략 때문에 파리시민들로부터 많은 오해를 받았다는 이야기를 들려주었다. 그들의 한결같은 격려는 내게 그런 상황을 견뎌낼 수 있는 힘을 주었다. 동포들은 멀어졌지만, 파리에 사는 동안 항시 외국인 같기만 하던 프랑스 사람들이 따스한 혈연의식을 주는 동포처럼 다가왔다.

지독히 슬픈 일이었다.

프랑스의 아미앵 사원에 있는 그리스도 상(像)은 왼손과 오른손의 높이가 같다. 그 왼손으로 신성한 책을 들고 오른손으로 축복하고 있다. 내가 꿈꾼 것은 왼쪽과 오른쪽이 조화를 이룬 그러한 세상이었고, 좌익이든 우익이든 제 생각을 자유롭게 말할 수 있는 최소한의 자유였을 뿐이다. 이념을 떠나 친구 간에, 부모형제 간에, 이웃 간에 다사로운 정을 주고받으며 살고자 했던 것이 죄라면 나는 기꺼이 죄인이 되겠다.

지난 삼십여 년간 나는 중앙정보부(1982년 국가안전기획부, 1999년 국가정보원으로 개칭)의 핍박 속에 살아왔다. 그것은 분노와 슬픔이 뒤엉킨 시절이었다. 분노는 내게 버티는 힘을 주었고, 슬픔은 나를 순화시켰다. 이따금 외로울 적이면 나는 고색창연한 노트르담 사원을 찾아가 그 아래 아름답게 흐르는 세느강을 바라본다. 꿈 많은 유학생으로 처음 파리에 발을 디뎠던 1960년대나 망명객으로 부유하는 지금이나 세느강의 아름다운 흐름은 여전하다.

강물이 언제 맑은 곳만 찾아 흐르던가. 흙탕물이며 쓰레기까지 제 품에 끌어안고 세느강은 오늘도 유유히 흐른다. 그 강변에서 사람들은 고뇌의 걸음을 옮기고 사랑의 밀어를 나눈다. 산다는 것은 그러한 것이라고, 뒤죽박죽 엉킨 진창 속을 힘겹게 한 걸음씩 내디디며 작은 발자취를 남기는 것이라고, 세느강은 내게 속삭이는 듯하다. 설령 달팽이의 한나절 흔적처럼 미미할지라도 그렇게 살 수밖에 없고, 그것에 의미를 부여할 수밖에 없는 것이 보잘것없는 인간의 최선일 것이다. 그렇게 날마다 다짐하는 것이 흰머리 늘어가는 늙은 망명객의 속절없는 자기위안일

뿐일까. 그렇지는 않을 것이다. 지루하고 답답한 세월이었고 각자는 미미한 흔적만을 남겼을지라도, 고여 있는 것 같아도 세월은 흐르고 그 세월 속에서 조국의 높은 장벽도 조금씩 허물어지고 있지 않은가?

지난 시절을 회상하면서 이 책을 출간하려니 참으로 감회가 새롭다. 사실 오늘이 있기까지 많은 분들의 도움과 격려가 있었다. 먼저 고인이 되신 나의 대부님 콩타맹 교수와 그의 부인, 역사의 뒤안길로 사라질 뻔했던 나의 일을 애써 세상에 알려주신 파리의 한인신문 〈오니바〉의 김제완 선생과 서울 MBC의 이정식 선생, CBS의 지웅·하석건 선생, 〈동아일보〉의 정현상 기자, 민주평화통일자문회의 수석부의장 김민하 선생, 〈르몽드〉의 퐁스 선생, 클레망 변호사, 생드니 교구의 베랑제 주교, 프랑스 상원 부의장 포르 선생께 감사를 드린다. 그리고 어려운 생활 속에도 성심성의껏 도와준 파리의 젊은이들과 2000년 6월 MBC 스페셜 '파리·평양·서울, 떠도는 자의 꿈'이 방영된 이후 뜨거운 격려를 보내주신 국내외 시청자 여러분에게 이 자리를 빌려 깊은 감사를 드린다.

프랑스, 독일, 미국, 일본 등지에서 조국과 부모형제, 그리고 친구들을 못내 그리워하며 아직도 하염없는 기다림의 세월을 보내고 있는 해외 민주인사들에게 이 책을 바친다.

이 책이 이승에서는 다시 뵐 길 없는 아버님과 오랜 세월을 지그시 견디신 팔순의 어머님께 작은 위안이라도 될 수 있을까? 대단한 투사는 아니었으나 내가 소소한 양심이나마 횃불 삼아 어두운 세월을 버텨올 수 있었다면 그것은 모두, 가진 것도 배운 바도 없으셨으되 사람 사는 도리에만큼은 어둡지 않으셨던 두 분 부모님의 가르침 덕이었을 것이다. 지난 나의 삶이 두 분께는 씻을 수 없는 불효였지만 적어도 이 세상에 악덕을 더한 것은 아님을 두 분은 이해해주시리라 믿는다. 그리하여 나의 불효는 더욱 깊다.

2001년 3월 파리에서 이유진

● 개정판을 내며

"나는 눈과 귀가 있으므로 부득불 총명하지 않을 수 없고, 머리가 있으므로 부득불 생각하지 않을 수 없고, 또 양심이 있으므로 부득불 판단하지 않을 수 없다."

이것은 인간의 이성과 자유와 가치를 명쾌하게 고취시킨 휴머니즘의 선언이다. 그리하여 휴머니즘은 위로 신성(神性)을 넘보지 않고 밑으로 수성(獸性)에 떨어지지 않는, 인류의 참다운 인성(人性: 사람다움의 품성)을 추구하여 마침내 자유와 민주주의를 확립하기에 이르렀다.

우리 민족의 정신은 원래 크고 다양했다. 한 덩어리의 돌이 고도(古都) 퉁거우[通溝]에 우뚝 솟아 우리 민족의 진취적 기상과 독창적 정신을 보여주는 고구려의 광개토왕비, 깎을 곳을 시원스럽게 깎아 늘씬한 품을 드러낸 신라의 석물(石物), 능각의 모난 곳을 약간 죽여 온화한 맛을 낸 백제의 석물, 구석구석에 토실토실한 둥근 맛을 낸 고려의 석물, 우둔하리만큼 중탁한 건실미를 낸 이조의 석물이 그 좋은 증거일 것이다.

지금은 바야흐로 1민족 1국가를 이룩하여 안으로 자유와 민주주의를 확보하며, 밖으로 약소국가의 누백 년 오욕을 떨쳐버리고 민족중흥의 기틀을 잡을 때다. 그리하여 강대국의 핍박과 회유와 속임수에 의연히 대응하는 독립국으로, 미국의 이라크 침략에 동조하기를 단연 거부한 프랑스 같은 독립국으로 우리 민족의 참다운 모습을 보일 때다.

이번에도 격려와 도움을 준 젊은 친구들과 이 책의 개정판 간행을 흔쾌히 수락한 필맥 출판사의 이주명 선생에게 깊은 감사를 드린다.

2004년 10월 파리에서 이유진

차 례

빠리망명객 이유진의 삶과 꿈

05 책머리에

10 개정판을 내며

14 이십육 년 만에 귀국해 보니

30 내 운명을 바꾼 엉성한 사건

50 자유로운 정신과 풍류를 찾아서

68 기가 죽으면 뜻대로 살 수 없다

90 알고 보니 네가 독립군이구나

114 선(善)은 초조하지 않다

132 외눈박이의 두 눈 뜨기

146 답답하고 숨 막히고 부끄럽던 청춘

162　사일구, 오일륙, 그리고 파리 유학

184　가난했던 파리 생활

208　파리에서 만난 사람들

232　빈약한 주머니가 고달프긴 하지만

258　프랑스 시민이 되어 몽양을 생각하며

276　청산은 애초에 시비가 없는 것

310　소명절차는 저들이 거쳐야 한다

332　발문 | 신경림　슬프고 따숫하고 맑고 고운……

이십육 년 만에 귀국해 보니

세느강이 현대 도시의 강이라면 한강은 아직 원시적인 강이다.
옛날을 추억하면서 강을 바라보자니, 조국을 사랑할수록 반한 인사로
몰렸던 아픈 기억이 조금씩 사라지기 시작했다.

비행기 안에서 나는 내내 취해 있었다. 술에 취하여 모든 것을 잊고 싶었기 때문일까. 아마 포도주 한 병은 좋이 비웠을 것이다. 몽롱한 가운데 돈암동, 혜화동, 종로, 을지로, 동대문, 남대문, 명동, 광화문……, 서울 거리의 정경이 종작없이 떠올랐다. 모두 자유당시절에 자주 다니던 거리다. 그간, 죽기 전에는 그 거리들을 다시 볼 것 같지 않다는 생각에 자다가도 비어져 나오는 눈물을 주체하지 못한 게 몇 번이었던가. 미국에 사는 황갑주 시인이 1980년 초에 발표한 시 〈이방(異邦)〉이 떠올랐다.

먼 타국 이민신세 되더니
무서운 이북에도 갈 수 있는데
정든 고향 이남엔 갈 수 없구나.
우린 공산주의가 아니어도
평양 길은 열려 있는데
남녘 고향 길은 막혀 있구나.

친구들 넘치는 서울은
무서운 도시,
친구들이 만나도 외면하겠지.
이북도 가선 안 되고
고향 어머님 뵈올 길도 막혔으니
조국은 어언 이방이 되는구나.

 드디어 비행기가 인천공항에 착륙하자 나는 비로소 '돌아왔구나!' 하였다. 2001년 6월, 조국의 아침공기는 맑고 포근했다. 출입국관리소에서 여권을 보여주자 젊은 경찰관이 한참을 이리 보고 저리 보면서 좀체 나를 놓아주지 않았다. 한국 사람이 외국 여권을 내미니 의아한 모양이었다. 왜 한국 사람이 프랑스 여권을 들고 들어와야 하는가. 한마디로 부끄러웠다. 그 순간, 왈칵 토해내고 싶은 현실이 또 한번 역겨웠다.
 마지막으로 짐을 찾아 세관을 거쳐 밖으로 나오니 웬 사람들이 플래카드를 들고 서 있는데, 거기에 큼직하게 '이유진 선생님, 이십육 년 만의 귀국을 환영합니다' 라고 씌어 있었다. 뜻밖이었다. 어리둥절하고 있는데 누군가 옆에서 "천주교 인권위원회 사람들과 민가협 어머니들"이라고 일러주었다. 나는 그분들에게 감사의 뜻으로 머리를 숙였다. 그러자 막내 여동생 진옥이가 달려와 꽃다발을 한 아름 안겨주었다. 난생 처음으로 받아보는 환영이었다. 뒤이어 집안의 어른들 ― 춘희 할아버지, 기건 아저씨 ― 이며 매제 최명룡 교수, 사촌동생 경진이, 조카딸 윤경이 내외, 막내 처제, 옛 친구 범태와 갑표, 파리〈오니바〉신문의 김제완 편집인,〈경향신문〉김진호 기자 등 반가운 얼굴들이 다가왔다. 그 기쁘고 부산스러운 상봉을 MBC 취재단과 여러 기자들이 찍었다.

조금 후 누군가의 안내로 공항기자실에 가서 기자회견을 했다. 공중 앞에 나서기를 극히 꺼리는 나로서는 모두 어색했다. 가장 힘들었던 일이 뭐냐는 기자의 질문에 "국가로부터 모함을 받고 하소연할 데 없이 혼자 이십 몇 년을 견딘 것"이라는 말을 해주었다. 아울러, 아직도 고국에 돌아올 엄두를 내지 못하고 있는 해외 민주인사들의 귀국에 정부가 보다 적극적으로 나서주기를 바란다는 말과, 이데올로기는 한때의 현상이었다는 말로 기자회견을 마쳤다.

마중 나온 사람들과 공항의 간이음식점에서 점심을 간단히 들고 곧바로 퇴계원에 있는 선산을 향해 출발했다. 차창 밖으로 산들이 나타났다. 마치 내가 파리로 떠난 후에 솟아난 듯 산들은 작고 아담했다. 그 아기 같은 산들의 겹쳐 있는 모습이 정다웠다. 얼마를 달렸을까. 멀리 한강이 펼쳐졌다. 세느강이 현대 도시의 강이라면 한강은 아직 원시적인 강이다. 그 풍만한 수량이며 넓고 부드러운 청색으로 장중한 한강은 내가 자유당 시절에 곧잘 벌거숭이로 헤엄치고 뱃놀이하던 강이다. 옛날을 추억하면서 강을 바라보자니, 조국을 사랑할수록 반한 인사로 몰렸던 아픈 기억이 조금씩 사라지기 시작했다.

퇴계원의 선산에서 할아버지, 할머니, 아버지, 두 분 숙부님, 둘째 숙모님께 귀국을 고했다. 내가 1975년 여름 서울에 들렀을 때 할아버지의 산소만 있던 선산에 지금은 다섯 개의 무덤이 더 생겼다. 무슨 말을 보태랴. 나는 아버지 무덤에 얼굴을 묻고 흐느꼈을 뿐이다.

산소에서 집으로 돌아오니 어머니가 기다리고 계셨다. 그 옛날 열네 살에 시집오셔서 스물에 날 낳으신 어머니, 학교에 가신 적이 없어 글자를 모르시는 어머니, 그 어머니에게 내가 할 수 있는 말은 고작 이것이었다. "어머니, 악몽은 끝났어요." 팔순 어머니의 어깨를 껴안고 나는 이 말만 되풀이했다. 군사정권은 성깔 거친 짐승처럼 우리 집안의 사돈과 그 사돈의 팔촌까지 건드렸다고 한다.

서울은 첫눈에 봐도 흥청거렸다. 어디를 가나 길이 넓어졌고 거리는 사람들로 넘쳤다. 이십 년 전에 다녀온 평양과 대조되었다. 평양도 길은 넓었다. 그리고 담배꽁초 하나 볼 수 없을 정도로 깨끗했다. 그러나 한산했다. 술집도 별로 없었다. 간혹 한두 집 보이던 술집에도 술꾼은 고작 두어 사람뿐이었다. 백화점의 진열장에는 상품이 빈약했고, 고객도 그리 많지 않았다. 아무튼 평양이건 서울이건 옛날의 정다운 모습이 많이 사라져 서운했다. 그러나 평양은 새로 건설된 도시의 모습이어서 좋았고, 서울은 활기찬 사람들의 모습이 있어 좋았다.

서울에 머물던 어느 날이다. 주간지 한 권을 사려고 가격을 묻다가 내가 "이백 원이냐?"고 되물었더니 가게 아저씨가 대뜸 "이 사람 간첩 아니야?" 하는 것 아닌가. 파리에서는 잡지 값에 이천이란 숫자가 없기 때문에 이천 원을 이백 원으로 잘못 들었던 것이다. 친구 범태가 옆에 있다가 웃으면서 "이 친구가 외국에 살다 이십 년 만에 돌아와서 물정을 몰라 그렇다"고 설명해줘서 곤경을 벗어났다. 또 언젠가는 예전 화신백화점 근처의 한 은행에서 환금을 하다 봉변을 당했다. 이십 대의 젊은 은행원 아가씨가 주민등록증인가를 요구하기에 프랑스 여권을 보였더니 대뜸 "이북 사람이군요" 하지 않는가. 여권에 출생지가 'PYUNGNAM'으로 돼 있기 때문이었던 모양이다. 평양에서는 나 혼자 시내구경을 나가겠다는데도 "그렇지 않습네다"라면서 부득부득 쫓아다니던 '지도원동무'의 고집이 밉살스럽더니, 서울에서는 이제는 과시하지 않아도 될 만한데도 여전한 레드 콤플렉스에 정나미가 떨어졌다.

　7월 초순의 어느 날, 마침 고교 동창회가 있으니 같이 가보자는 범태의 권유에 이끌려 졸업 후 처음으로 참석했다. 넓은 홀에 들어서니 벌써 백여 명이 삼삼오오 모여앉아 한담을 나누고 있었다. 사십삼 년 만에 보는 옛 얼굴들, 모두 살아 있었구나! 점심을 자주 거르던 친구들도 그 시절의 궁핍을 극복하고 지금은 다들 건강한 노인이 되어 있었다. 그들의 건장한 모습과 함께 제일 먼저 눈에 띈 것은 옷차림이었다. 새로 입사한 은행 직원처럼 티 하나 없이 말끔한 옷차림, 몸에 어울린다기보다는 유난하게 겉모양을 내기 위한 옷차림 같았다. 가식 없고 순후한 노인의 자태를 보여주는 옷차림은 아니었다. 한국사회에서는 옷차림과 자가용 따위로 사람이 저울질된다는 이야기를 간혹 전해 들어서 짐작은 하고 있었지만, 막상 모두 똑같아 보이는 말쑥한 '유니폼' 들을 직접 보니 조금은 우스웠다. 한쪽에 차려놓은 뷔페 음식도 알록달록한 색깔에 깔끔했다.

과연 의식주는 많이 나아졌다. 그러나 내가 기대했던 옛날의 따뜻한 표정들과 참된 변화, 즉 자유와 민주주의에 필요한 관념의 변화는 거기 없었다. 이윽고 개회가 선언되고 모두들 일어나 교가를 불렀다. 이어 동창회장이 나에게 정치적 발언은 하지 말라고 귓속말로 미리 당부한 다음 나를 소개했는데, 옛 시절의 동기생들은 무덤덤한 채 조용했다. 한동안 신문, 라디오, 텔레비전에서 내가 '북괴공작원' 으로 요란스럽게 매도되었던 터이니, 그런 그들의 반응이 차라리 당연한 것이었는지도 모른다.

군사정권이 물러간 후에도 서울에 아직 남아 있는 레드 콤플렉스의 울타리 속은 좁고 답답했다. 서울에 도착한 지 이틀인가 사흘 뒤에 나는 기쁜 마음으로 A신부에게 전화를 걸었다. 마침내 귀국하였노라고. 그런데 그의 반응은 뜻밖이었다. 전화를 받자마자 그는 "이 나라에 들어왔으면 이 나라 식으로 소명절차를 밟지 웬 고집이냐?" 는 것이 아닌가. 며칠 후 만난 B변호사 역시 단도직입으로 소명절차를 밟으라고 했다.

A신부는 삼십여 년 전 파리에서 몇 해 동안 가까이 사귄 사람이고, B변호사는 고등학교 동기동창이다. 오랜 친분으로나 소년시절의 기억으로나 이십육 년 만에 귀국한 나에게 정다운 말 한두 마디쯤은 있을 만했는데, 그 모든 것은 통째로 생략된 채 관계당국의 소명절차 요구에 순응하라는 것이었다. 그들이 그와 같은 권유를 한 데는 어떤 곡절이 있었을

터이나 나는 묻지 않았다. 다만 "늙을 줄 아는 사람은 드물다"는 17세기 프랑스의 모랄리스트 라 로슈푸코(La Rochefoucauld)의 말이 떠올랐을 뿐이다.

그때까지 그들과 나를 연결하고 있었던 것은 지식도 아니고 지위나 명예도 아니었다. 그것은 일종의 우정이었다. 우정은 한국의 전통에서도 분명한 모습을 갖추고 있는 것이고, 세상이 무너져도 지켜져야 할 가치가 아닌가. 그런데 그들은 이구동성으로 반갑다는 인사 한마디 없이 당초부터 소명절차의 문제에만 온 신경을 곤두세우고 있는 것이었다. 소위 배운 사람들로서 한영길 사건에 대한 나의 진실을 한 번쯤 들어보겠다는 호기심도 아량도 여유도 없어 보였다.

서울에서의 어느 날, 나는 임진각으로 가다가 자유로 갓길에다 차를 세웠다. 마침 길가에서는 한 시골아주머니가 참외를 팔고 있었다. 서른 대여섯쯤 되었을까? 그녀의 어수룩한 모습에서 오히려 나는 억지의 구차스러움이 없는 삶의 진정(眞情)을 보았다. 햇볕에 조금 탄 듯한 그녀의 얼굴은 농촌의 평화로움을 넌지시 보여주고 있었다.

어머니는 아무래도 불안하신 모양이었다. 어느 날 저녁 시내에 나갔다가 귀가한 내게 "오늘도 이상한 전화가 걸려왔구나. 네가 어서 떠나야 내 마음이 놓이겠다"며 출국을 재촉하셨다.

"악몽은 끝났어요. 잡아가려면 벌써 잡아갔겠지 지금까지 기다릴 사람들이오? 어머니도 참……. 공연한 걱정을 하시오."

나는 대수롭지 않은 듯 태연했지만 예순이 넘은 아들의 안위를 걱정하는 여든 노모의 말씀에 가슴이 저렸다. 이십 년 전 평양에 갔을 때는 큰어머님이 하나에서 열까지 조심하시는 기색이었는데, 서울에서는 어머니가 불안해하시는 것이었다.

며칠 전에 만난 민가협 어머니들은 만신창이가 되어 있었다. 국가보안법을 위반했다고 감옥에 들어가 있는 스무 살 전후의 새파란 자식들 생각에 어머니들의 마음이 오죽할까. 세상은 민주화가 되었다지만 젊은 이들의 정직한 용기는 아직도 징벌의 대상이 되고 있는 것이었다.

어머니의 재촉에 나는 귀국 한 달 만에 다시 파리행 비행기를 탔다. "너는 괜찮다고 하지만 혹시라도 그 사람들이 손질을 하면 어떡하니?" 하시던 어머니의 안쓰러운 모습이 자꾸 떠올랐다. 동시에 "자동차 사고만큼은 언제나 조심하라"고 당부하던 프랑스 외무성 모 인사의 말이 생각났다. 또 "(내 책의) 출판기념식에 참가하지 않기를, 그리고 일체의 기자회견에 응하지 않기를 모 기관이 바라고 있다"던 B변호사의 말이 떠올랐다. 평양에서나 서울에서나 '모 기관'은 경우가 없다. 책의 출판을 사람들이 축하해 주겠다는데 정작 그 책의 저자가 출판기념회에 나가지 않는다면 잔칫집에 술 없는 격이 아닌가. 또 그간 귀국이 금지됐다가 이십육 년 만에 귀국한 해외동포의 사연을 듣고 싶다는 기자들의 요구를 애써 거부해야 할 필요가 어디 있을까.

1981년 방문한 평양에서 당의 부부장이 어느 자리에선가 "전두환 하나쯤 죽이지 못하느냐?"고 했을 때 나는 그에게 동조하지 않았다. "평양에 와서 남한 정부를 헐뜯고 싶지 않다"고, "언젠간 서울에 들어갈 텐데 서울에 가서 북한 정부를 비방하고 싶지도 않다"고, 그리고 "모든 상황이 악화돼 있지만 정권 차원이든 민간 차원이든 민족대단결의 원칙이 지켜져야 한다"고 나의 소신을 분명하게 밝혔다. 북한 당국이건 남한 당국이건 나의 도덕적 자유만큼은 침해할 수 없다는 것이 나의 주장이다.

말이 조금 빗나가지만, 그 부부장은 나중에 "국방비 때문에 인민들이 채소도 제대로 못 먹는다"고 하소연했다. "소련에서 무기를 구입하는 데 드는 현금부족을 채우기 위해 조선의 채소를 소련으로 실어가기 때문"이라고 했다. '자본주의 제도에 대한 사회주의 제도의 우월성' 따위의 강의를 통해 나를 그들의 편에 서게 하려 했던 것이 나의 완강한 거부에 부딪치자 하소연 형식으로 바뀐 것이다. 처음부터 끝까지 북한 당국에 정색(正色)으로 대응한 것이 어느 정도 효과를 본 셈이었다.

그 후 북한 당국은 나에게 돈을 주겠다고 했다. "나는 인민들의 피땀(돈)을 쓰는 사람이 아니다"라며 거절했다. 그와 비슷한 시기에 파리의 중앙정보부 직원은 내게 "파리에 도서관을 하나 만들어서 당신에게 맡기겠다"며 "매달 얼마간의 돈(월급?)도 주겠다"고 했다. 물론 나는 이것도 거절했다. 왜 내가 포섭과 농락의 대상으로 전락해야 하는가.

2001년 여름 나를 태우고 서울을 떠난 비행기가 마침내 샤를 드골 공항에 도착했다. 파리 집으로 돌아오자 나는 몸살이 났다. 머리가 아프면 온몸이 아프다고 하던데, 그간 서울에서 나도 모르게 머리가 아팠던 것일까. 꼭 보름을 앓았는데, 첫 나흘간은 아무것도 먹지 못했다. 물 한 잔만 먹어도 곧장 토했다. 그래서 중병 환자같이 밤낮없이 침대에 누워 지냈다. 첫 나흘 사이에 칠 킬로그램이 빠졌다. 닷새째부터 겨우 맨 죽을 한 술씩 떠먹었다. 일주일쯤 지나서 진고개 식당에 갔는데, 미셸 어머니가 주는 국밥을 한 술도 뜨지 못했다. 그만큼 나의 몸살은 맹위를 떨쳤다.

내가 파리에 무사히 돌아온 것을 한국 친구들도 프랑스 친구들도 모두 기뻐했다. 한국 친구들은 안심하고 나를 이전보다 더 신뢰하는 기색이었다.

2002년 12월 어느 날 한 젊은 아가씨한테서 전화가 왔다. 면식이 없는 아가씨였다. 주한미군의 장갑차에 희생된 심미선, 신효순 두 여중생을 추모하는 촛불시위를 하려고 하는데 도와달라는 것이었다. 무엇을 도와달라는 것이냐고 물었더니, 일은 자기네들이 다 할 테니 참가만 해달라는 것이 아닌가. "선생님이 나오시면 촛불시위에 무게가 더 실리겠습니다"라고. 그냥 우직한 장승처럼 묵묵하게 서 있으면 되는 모양이었다. 쾌히 응낙하고 참가했는데, 촛불시위는 성공한 편이었다. 과거의 민주화운동에서는 볼 수 없었을 만큼 많은 백오십 명의 동포가 참가했으니까. 신부님도 목사님도 몇 분씩 나오시고, 원불교에서는 전통악기로 사물놀이를 펼쳐 프랑스 사람들의 시선을 끌었다. 그리고 모두들 민주화운동 시절의 노래를 여러 편 불렀다.

파리에서는 처음 보는 흐뭇한 광경이었다. 미국 대사관에 한 목사님과 함께 항의서를 전달하고, 그날 저녁 처음 보는 젊은이들과 자리를 같이 했다. 그들의 겁 없는 얼굴, 활기찬 모습에서 나는 내 한창때의 모습을 회상했다. 군사독재 아래서 풀죽은 얼굴들만 보아온 나에게는 여간 기쁜 일이 아니었다. 그들의 생명 가운데서 나의 생명을 발견했고, 그들의 인격 가운데서 내 인격의 존엄을 보았다.

자연은 회전하지만 인간은 전진한다. 인류의 운명은 전진하는 데 있고, 그리하여 생활은 곧 전진을 의미한다. 그 전진은 언젠가는 반드시 정의가 실현된다는 확고한 신념과 깊은 정신의 소산일 터이다. 서울에서 한강의 융융한 흐름을 보고 나는 안심했지만, 파리에서 한국 젊은이들의 자신감과 활기를 보고 나는 또 한번 안심했다.

옛 선조들의 강직함에 젊은이들의 정직한 사고와 용기가 이어진다면 우리나라의 미래는 밝은 것이다. 동양문화에서 모범적인 인간이란 타산에 의해 행동하지 않는 인간이다. 한동안 군사집단이 헌법 위에 군림하여 국민들의 생사여탈권을 방자하게 휘둘렀다는 역사적 사실을 잊지 않고, 극우 보수세력이 사리사욕 앞에서 여전히 머리와 가슴이 다 머저리가 된 채 존재한다는 사실을 직시하고, 민족의 고난에 정당하게 응수하는 젊은 세대들에게 행운이 따르기를 바란다.

내가 아이 적이었다. 동네 골목길에서 여럿이 놀다가 땅따먹기도 싱겁고 구슬치기도 싱겁고 깡통 차기도 싱거워지자 한 아이가 경중경중 뛰었다. 다들 쳐다봤다. 그 아이가 얼른 땅바닥에 금을 그었다. 그러고는 소리를 질렀다.

"안 돼!"

"안 돼? 뭐가 안 돼?"

"여기 들어오면 안 돼!"

자기 멋대로 그어놓은 땅 안으로 들어가면 안 된다는 것이었다. 그것은 일종의 놀이였는데, 심심풀이로 시작한 놀이가 때로는 싸움으로 번

지기도 했다.

2003년의 언젠가 참여정부가 해외 민주인사들에게 '입국불허' 조치를 취했다는 소식을 듣고, 나는 그 아이 적의 놀이가 생각났다. 참 이상한 일이다. 아이가 크면 어른이 되고, 아이 적 놀이가 심화 확대되면 '입국불허'가 되는 것인가. 입국불허의 이유는 "우리나라의 사회질서를 해할 염려가 있다고 인정할 만한 상당한 이유가 있기 때문"이란다. 정말일까?

대체 해외 민주인사들이란 어떤 사람들일까? 나는 그들을 일일이 다 알고 있지도 못하고 그들의 대표도 아니기에, 나의 개인적인 교류와 관찰이 허락하는 범위 안에서 간략하게 나의 소견을 개진할까 한다.

첫째로, 그들은 출세보다 양심을 소중하게 여기는 사람들이다.

둘째로, 그들은 개인의 이익보다는 나라와 겨레의 이익을 앞세우는 사람들이다. 그러기에 국내 동포들이 군사통치의 핍박에 시달릴 때 안일무사의 사욕을 버리고 민주화운동에 동참한 사람들이다. "국내의 민주화운동에 비하면 우리의 고생은 아무것도 아니다. 좀더 효과 있게 도와주지 못하는 것이 부끄럽다"면서 군사정권의 온갖 모함을 무릅쓰고 민주화운동에 정성을 쏟은 사람들이다.

셋째로, 해외의 각국 한인사회에서 상호부조의 아름다운 풍속을 유지하는 데 힘쓴 사람들이다.

이것이 내가 알고 있는 해외 민주인사들의 모습이다. 그리고 또한 삼십 년, 사십 년, 오십 년간을 소위 자유세계에 눌러앉아 살면서 의식 무의식 간에 '자유'에 깊이 맛들인 사람들이다. 한마디로 자유인들이다.

그와 같은 자유인들이 지금껏 '입국불허'에 묶여 있으니 알다가도 모를 일 아닌가. "법률은 거미줄과 같다. 약자는 걸려서 꼼짝 못하지만 강자는 빠져 나간다"는 말이 있다. 그런데 문제의 '입국불허'는 법률에 들어 있지도 않고, 그저 행정조치인가 뭔가라고 한다.

해외 민주인사들은 늙었다. 오랜 유랑 속에서 꼬박꼬박 늙어가는 노인들이다. 이대로 가다가는 이응로, 윤이상 선생처럼 남의 나라 외진 무덤에 조만간 묻힐 노인들이다. 그들의 노쇠한 모습과 절절한 향수병에 나는 숨이 막힌다. 공자도 "나는 늙은이들을 위로하고 싶다"고 토로하지 않았던가. 제 나라, 제 겨레 사랑에 고귀한 청춘을 몽땅 바친 해외 민주인사들에게 아직도 기껏 '입국불허'란 말인가.

우리나라의 아름다운 정의(正義)의 전통과 도량과 기백은 다 어디로 갔는가, 어디로 가뭇없이 사라져 갔는가. 그들이, 그 선량한 노인들이 '우리나라의 사회질서를 해할 염려가 있다'면 벌써 몇 년 전부터 서울을 버젓이 다녀가는 북한의 노동당 간부들이며 인민군 장성들은 우리나라의 사회질서를 해할 염려가 없단 말인가? 왜 아직도 정부는 시비곡직을 만두소 같이 얼버무리고 있는가. 듣는 사람은 누구나 입을 벌리고 웃을 노릇이 아닌가.

슬프다! 여느 때도 마찬가지였지만 광주학살이 한창일 때에도 눈 깜짝 안 하고 보신 위주로 시종일관한 사람들과, 광주학살을 찬양하던 사람들(극소수이지만 해외 각국에는 이런 교포들이 더러 있었다)은 예나 지금이나 서울을 바캉스 다녀오듯 거침없이 왕래하건만……. 지난날에 불가능처럼 비쳐지던 '통행금지 해제'도, '남북의 이산가족 상봉'도 모두 당대 정부의 현실타개적 혹은 미래지향적 정책의 소산이 아니었던가. 예로부터 세상일에는 번복도 많다지만, 그리고 나의 말이 졸렬하고 깔깔하겠지만 노무현 대통령의 새로운 결단과 참여정부의 긍정적인 해결책에 희망을 건다.

얼마 전에는 고국으로부터 재독 학자 송두율 교수가 귀국했다가 국가보안법 위반으로 검찰에 구속되고 재판까지 받게 되었다는 소식이 날아왔다. 송두율 교수가 귀국 후 곤욕을 치르는 모양이었다. 프랑스에서는 카뮈가 공산당에 가입했다고 시비를 건 적도 없었고, 사르트르가 모스크바를 지지하고 혁명을 고취했다고 해서 잡혀간 적도 없었다. 프랑스에는 국가보안법도 없거니와 사상의 자유가 보장돼 있기 때문이다.

내 생각에는 송두율 교수가 노동당에 가입하지 않았더라면, 또 지원비를 받지 않았더라면 좋았을 뻔했다. 그랬어야 평양한테도 정색을 할 수 있고, 서울에 가서도 정정당당하게 승부를 겨룰 수 있었을 것 아닌가. 남북대결이 빚어내는 양쪽의 치사한 현실을 그가 소홀히 한 것 같아 안타까웠다.

아무튼 송두율 교수는 겨레사랑 때문에 그동안 방황한 것 같다. 그는 그 참담한 방황에 종지부를 찍으려고 고향에 간 것이 아닐까? 그도 곧 환갑을 맞으니까, 그리고 평양보다는 옛 친구들이 우글거리는 서울이 더 좋을 테니까.

내 운명을 바꾼 엉성한 사건

검먹은 눈망울로 절망하던 제 아비의 힘없는 어깨에 기대어 있던 그 아이의 얼굴이 아직도 눈에 선하다. 인생의 오묘한 이치야 다 알 수 없겠지만, 적어도 그 아이의 삶을 가시덤불로 내친 그 흉악한 힘의 원천만은 누가 봐도 뚜렷한데 그들은 아직도 말이 없다.

독일의 시인 릴케는 사랑이 어디서 어떻게 오는지 감탄했다지만, 어디 사랑뿐이랴. 이순(耳順)의 나이가 지난 지금도 나는 사람의 운명을 바꾸는 그 놀라운 힘이 어디서 어떻게 오는지 자못 감탄할 뿐이다.

나를 궁지로 몰아넣은 세칭 '한영길 사건'을 중앙정보부는 어떻게 조작했던가? 이십여 년 이상 내가 태어나고 성장한 조국으로 접근도 못하게 만든 이른바 한영길 사건을 나는 헛웃음 없이는 되돌아볼 수 없다. 먼 파리까지 취재 나온 MBC 스페셜 제작팀의 반응도 "설마…"였다. 아무리 무소불위의 중앙정보부였다지만 그렇게 엉성할 수 있느냐며 그들은 자꾸 고개를 갸웃거렸다. 내 인생을 바꾼 건 바로 그렇게 엉성하고 어처구니없는 사건이었다.

1979년 5월 초순 영길에게서 전화가 왔다. 그즈음 그의 전화가 부쩍 잦았다. 그는 서울대 문리대 시절부터 제법 가깝게 지내던 후배였다. 언젠가는 무슨 일로 의기투합했던지 속초에서 부산까지 배를 타고 가는 여행도 함께 했다. 그런 인연도 있고 해서 그가 대한무역진흥공사(KOTRA) 부관장으로 파리에 온 뒤 우리는 자주 연락하며 살았다. 언젠가 영길이가 그랬다.

"중앙정보부 사람들이 형님을 상종하지 말라고 합디다."

1967년 동백림 간첩사건 때 대사관에 쫓아가서 거세게 항의한 뒤로 중앙정보부 쪽에서 나를 감시하고 있다는 것은 이미 나도 알고 있던 터였다. 그러나 친한 후배에게서까지 그런 말을 듣는 기분은 좋지 않았다.

"그 사람들 말을 듣든 말든 그건 네 자유다. 알아서 해라."

그러자 그는 씩 웃었다.

"형님도 참, 우리 사이에 그 사람들 말이 무슨 상관이오? 그 사람들이 그렇게 생각하고 있다고 알려드린 것뿐이오. 형님도 알고는 있어야 할 것 아니오?"

사람 좋은 그는 중앙정보부의 압력을 무시하고 스스럼없이 나를 찾아왔다. 그즈음 그의 전화가 부쩍 잦았던 것은 그의 아내 때문이었다. 뭐가 문제였는지 부부간에 다툼이 잦더니 급기야 그의 아내가 가출했다.

"곧 들어오시겠지. 활달한 성격에 화가 나니까 에이, 하는 심정으로 어디 여행이나 가시지 않았겠냐? 걱정하지 말고 기다려라."

일주일이 지나고 열흘이 지나도 부인은 돌아오지 않았다. 흔한 부부 싸움 끝의 가출 치고는 너무 길었다. 나도 걱정이 되기 시작했다. 그러다 느닷없이 부인은 세느강에 시체로 떠올랐다. 타살을 의심할 만한 점은 없었고 검시 결과도 자살이었다. 영길이는 우리 집에 찾아와 한참을 울다 갔다. 이렇게 끝이 날 줄은 짐작조차 못했다는 거였다.

부인의 시신이 발견된 지 며칠 뒤 점심 무렵 그와 팡테옹(Le Panthéon de Paris) 뒤쪽에 있는 한식집 '한국관'에서 만나기로 했다. 미리 식당에 도착해 기다리는데 전화가 걸려왔다.

"형님, 나 지금 못 가요. 관장님이 못 가게 해요."

"그럼 점심 어디서 할 거냐?"

"글쎄요……."

영길이는 말끝을 흐렸다. 뭔가 이상한 생각이 들었다.

"그럼 코트라에 그냥 있어. 내가 갈게."

같이 식사하러 나온 아내는 식당에 남겨놓고 코트라로 달려갔다. 관장을 보자마자 내가 따져 물었다.

"김 형, 내가 우리 한 형 위로 좀 해주려고 한국관에 초대한 건데 왜 못 나가게 하는 거요? 사람 도리가 그런 게 아니잖소?"

관장은 우물쭈물하며 제대로 대답을 못했다. 특별한 이유가 있어 영길을 나가지 못하게 한 건 아닌 모양이었다.

"그러면 내가 요 옆 카페에 가서 한 형하고 얘기 좀 하려는데 그건 허락하실 거요?"

"그러십시오."

나는 그를 끌고 코트라를 나섰다. 동시에 덩치 좋은 사내 셋이 우리를 따라붙었다. 코트라에서 두 집 건너에 있는 카페로 갔는데 한 작자는 차를 카페 앞에 댄 채 운전석에 앉아 있고, 한 작자는 바에 가서 서 있고, 다른 한 작자는 아예 영길이 바로 옆에 와 앉았다. 전혀 안면이 없는 작자들이었다. 그의 부인이 세느강에서 시체로 떠올랐는데 요원들이 따라붙는다? 도무지 상황판단이 되지 않았다. 그러나 그들이 있다고 말 못할 것도 없었다.

"영길아, 내 생각에 아이 데리고 서울 들어가는 게 좋겠다. 죽은 사람한테는 안됐지만 이럴 때는 장례식 정중하게 치러 드리고 너 살 길을 찾아야 한다. 서울 들어가서 가능한 한 속히 좋은 처녀 만나 장가들고. 그게 부인을 잊는 방법이다. 그래야 네가 애 앞에서 웃는 얼굴을 할 수 있지. 부인한테 욕먹을 소리지만 영혼이란 게 있다면 이해하실 거다."

별 내용이 없다 싶었는지 옆자리에 앉아 있던 작자가 자리를 비켰다. 그때까지 초점 없는 눈으로 멍청하게 다른 곳을 보고 있던 영길의 눈이 순간 빛을 발했다.

"오늘 저녁 여덟 시에 우리 잘 가던 중국집에서 만나요. 그리로 갈게요."

분명 무슨 일이 벌어지고 있는 모양이었다.

"애들이 이렇게 따라붙는데 어떻게 몸을 빼냐?"

"그건 제가 알아서 할게요."

그는 다시 멍한 얼굴로 덩치들에 둘러싸여 코트라로 돌아갔다.

저녁 8시. 어떻게 몸을 뺐는지 그가 약속장소에 나타났다. 계속 고분고분하게 행동했더니 저쪽에서 안심을 한데다 마침 코트라에 무슨 감사가 있어 직원들이 바쁜 틈에 살짝 빠져나올 수 있었다고 했다.

"대체 무슨 얘기냐?"

"중앙정보부에서 제가 서울에 돌아가면 전 재산을 몰수하고 혼을 내주겠대요."

"왜?"

"공무원 신분으로 마누라 하나 제대로 건사 못해서 국가 망신시켰다고 그런다나 봐요."

헛웃음이 나왔다. 아무리 무소불위의 권력을 휘두른다는 중앙정보부라지만, 남의 집 가정사로 재산을 몰수하고 혼을 낸다는 게 아무리 생각해도 한 편의 코미디였다. 그러나 그의 표정은 심각하기만 했다.

"여하튼 밥부터 먹고 생각해보자."

밥과 술을 시켰는데 그는 아무것도 먹질 못했다.

"사상 문제도 아니고 아내 문젠데 그러기야 하겠어? 버티는 수밖에 없잖아. 네 처지에 무슨 뾰족한 방법이 있는 것도 아니고."

"있어요."

"뭔데?"

"정치망명 하겠어요."

그의 표정은 단호하고 진지했으나 나는 가볍게 받아넘겼다.

"정치망명? 말이 좋아 망명이지 그거 쉽지 않다. 그래도 독일에서는 정치망명 하면 의식주는 해결해준다지만, 여기 프랑스에서는 정치망명을 받아주긴 해도 의식주는 해결해주지 않아. 프랑스 사회에서 직장 얻으려면 얼마나 힘 드는지 알아? 너한테 말 안 해서 그렇지 나도 얼마나 힘든지 몰라. 지금부터 그 얘기나 들려줄까?"

"형님, 나 서울 가면 죽어요. 저 사람들 맘먹으면 못 하는 게 없다고요. 나 정말 가면 죽어요."

"아 글쎄, 정치망명 쉽지 않다는데도. 그리고 정치망명을 받아준다는 보장도 없어."

그가 갑자기 내 두 손을 끌어 잡았다. 내 손등으로 뜨거운 눈물이 후드득 떨어졌다. 어라? 이렇게 심각한가? 나는 당황했다. 그는 아예 어깨를 들썩이며 울기 시작했다.

"형님이 나를 죽이려면 죽이고 살리려면 살리는 거요. 형님이 안 도와주면 나는 죽는 거요."

쇠망치로 머리를 한 대 얻어맞은 듯했다. 그렇잖아도 나는 눈 밖에 나서 빨간 줄이 그어져 있을 텐데 막강한 중앙정보부에 또 밉보이면 내 처지가 더 악화될 게 뻔했다.

뜻밖에 아내를 잃고 중앙정보부의 협박까지 받아 눈물을 뚝뚝 흘리며 내미는 후배의 손을, 나는 가능하면 뿌리치고 싶었다.

"형님, 파리에서 중앙정보부를 상대로 절 도와줄 사람은 형님밖에 없습니다. 그래서 형님보고 이러는 거예요."

말문이 막혔다. 중앙정보부와 맞선다는 것은 쉬운 일이 아니다. 다시는 한국으로 돌아갈 수 없게 될지도 모른다. 내 부모, 내 친구들이 살고 있는 그곳으로 돌아갈 수 없다는 것은 상상만으로도 끔찍한 일 아닌가. 그러나 그의 손을 뿌리친다면? 그의 말대로 그가 서울에 끌려가서 감옥에 가거나 망가진다면? 그토록 비겁한 나를 내가 스스로 용서할 수 있겠는가. 이럴 수도 저럴 수도 없는 '뜨거운 감자'였다.

"그럼 이렇게 하자."

내게는 시간이 필요했다.

"오늘 저녁 호텔로 가라. 너만 아는 호텔에 가서 새벽까지 정치망명을 할 것인지 말 것인지 정말 깊이 생각해라. 정치망명, 그거 운명을 바꾸는 거다. 네 운명이니까 네 스스로 자유롭게 결정해라. 깊이 생각해보고 정 망명을 해야겠거든 아이 데리고 내 집으로 오거라, 언제든."

그는 고개를 끄덕였다. 파리의 밤거리로 사라지는 그의 등에 대고 나는 소리쳤다.

"그런데 웬만하면 안 하는 게 좋을 것 같다."

나는 그렇게라도 도망치고 싶었다.

다음날 밤 열두 시. 초인종이 울렸다. 그것은 내 운명이 바뀌는 소리이기도 했다. 잠든 아이를 안고 그가 우리 집 문 앞에 서있었다. 우리 집은 안전한 곳이 아니었다. 나는 그를 데리고 집에서 그리 멀지 않은 프랑스인 친구 집으로 차를 몰았다. 친구 막심은 가난한 화가였다. 위험한 일인데도 막심은 기꺼이 한영길 부녀를 맡아주었다.

다음날, 집 부근 브뤼누아 경찰서에 가서 망명신청을 했다. 그는 팔자에 없는 민주투사가 됐다. 그렇게 해서 석 달짜리 임시망명증을 받았다.

드디어 그의 망명생활이 시작됐다. 막심의 집은 너무 좁은데다 한영길 또한 한 군데 오래 있는 게 좋을 것 같지 않아 내가 아는 프랑스 사람들 집으로 옮겨 다니게 했다. 그들 모두 자기 일이 아닌데도 어려움에 처한 사람을 따뜻하게 품어주었다. 문제는 영길이였다. 아내의 죽음 이후 계속된 고통 때문인지 그는 망명생활을 잘 견디지 못했다. 하루는 우리 집에 와서 술을 마시다 말고 대성통곡을 했다. 자기 신세가 답답했을 것이다. 겨우 두 달도 지나지 않았을 때였다.

"영길아. 그래서 쉽지 않다고 했잖아? 벌써 이러면 어떡해? 네가 이러면 애는 어떡하니? 어린 것이 엄마 잃은 충격만 해도 쉽지 않을 텐데 너라도 정신을 차려야지."

그가 망명생활을 시작한 지 두 달 반쯤 지났을 때다. 그가 숨어 있던 파리 교외 수녀원의 블랑딘 수녀에게서 전화가 왔다.

"무슈 한이 어제 안 들어왔어요. 무슨 일이죠? 무슈 리에게는 연락 있었나요?"

물론 연락이 없었다. 한참 걱정하고 있는데 전화벨이 울렸다. 영길이였다.

"너 도대체 어떻게 된 거냐? 수녀원에든 나한테든 전화도 못 해?"

"형님, 저 어제 술 먹고 그냥 호텔에서 잤어요."

"아무리 그래도 그렇지. 지금 무슨 짓을 하는 거냐? 도와주는 사람들한테 걱정이나 끼치고 말이지."

"그런데 말이야······."

갑자기 그의 어조가 확 바뀌었다. 그는 나에게 한번도 그런 투의 반말을 쓰지 않았다. 혼자가 아니구나, 퍼뜩 그런 생각이 들었다.

"너 혼자 있는 거 아니지?"

"왜, 혼자지."

그러나 그 말에는 힘이 없었다.

"너, 잡혔구나 지금."

"내 딸 데려다 놔."

역정이 솟구쳤다. 중앙정보부가 노리고 있는 것을 뻔히 알면서도 시내를 활보하다니. 그 정도 감정도 조절할 수 없는 사람이 망명신청은 왜 했단 말인가. 그렇게 심사숙고하라고 했건만.

"야, 이 새끼야! 네 딸 네가 데려가지 왜 날보고 데려다 달래?"

전화를 끊자마자 프랑스 정보기관인 D.S.T(국토감시국)로 전화를 했다. 혹시 무슨 일이 있거든 연락하라고 알려준 전화번호였다.

"큰일 났소. 한영길 이 친구 잡힌 모양인데 당신들 알고 있는 거요?"

"알고 있습니다."

"그게 무슨 소리요? 알고 있다면 빨리 손을 써야 할 것 아니오?"

"그게 아닙니다. 한영길 씨가 자진해서 정치망명을 포기했습니다. 그러니 우리로서는 더 이상 어떻게 할 방법이 없습니다."

"그럼 나한테 연락이라도 해줘야 할 것 아니오?"

"우리는 당신 전화를 기다리고 있었습니다. 저쪽에서는 당신을 이북 간첩이라고 합니다. 간첩이라면 우리에게 전화를 하지 않을 것이고, 간첩이 아니면 항의를 할 거라고 생각했소. 그래서 연락하지 않고 당신 전화를 기다린 거요. 그런데 지금 당신이 항의를 하고 있으니 간첩이 아니라는 뜻이지요."

그들은 여유 있게 웃으면서 상황을 설명했다. 정치망명을 했던 많은 남미 사람들이 자기네 나라 정보부에 붙들려서 이런 식으로 망명을 철회한다는 것이었다. 강압이 있었을 거라고 짐작은 하지만 형식적으로는 자진철회이기 때문에 프랑스 정부로서는 손을 떼는 것 외에 달리 방법이 없다고 했다.

며칠 뒤였다. 한 친구가 한국 신문을 보내주었다. 거기에는 프랑스 기자는 한 명도 없이 한국 특파원들만 초대된 가운데 주불 한국대사관에서 한영길이 했다는 기자회견이 실려 있었다. "믿었던 대학선배가 알고 보니 북괴공작원이었다. 그 공작원한테 딸을 인질로 잡히고 지난 삼 개월을 여기저기 끌려 다니다가 간신히 빠져나왔다"는 내용이었다. 나는 졸지에 북괴공작원에다 아동인질범이 돼 있었다. 북괴공작원은 그렇다 치고, 국가가 한 개인을 파렴치한 아동인질범으로까지 몰아붙인 것이다.

그 전에 숨어 지내던 어느 날 한영길은 딸을 프랑스 가정에 맡겨둘 수 없겠느냐고 부탁을 해왔다. 당시 여섯 살쯤 된 그의 딸은 잔뜩 풀이 죽은 채 늘 훌쩍거리는 아버지 옆을 지키고 있었다. 나는 그를 타일렀다.

"갑자기 어머니가 없어져서 아이는 지금 허둥지둥할 거라고. 자꾸 울지 말고 노력을 해야지. 아버지까지 그러면 아이는 어쩌란 말이야?"

그런 와중에 나는 잠시 일주일 정도 미국에 다녀왔다. 그 사이 그는 아내에게 부탁을 했고, 아내는 아이를 프랑스 가정에 맡기는 게 더 낫겠다고 판단했던 것이다. 아내는 변호사를 통해 그의 사인을 받고 아이를 프랑스 가정에 맡겼다. 그가 딸과 통화할 수 있게 전화번호도 주었다.

나중에 프랑스 경찰이 가서 그의 딸을 데려왔다. 정말 인질로 잡힌 것이라면 나는 프랑스 법정에 끌려갔을 것이다. 그러나 그 일은 프랑스 아동담당 변호사 두 사람이 중간에 서서 도와준 일이었다. 경찰이 철저하게 조사를 했지만, 나는 한 번도 경찰에 불려가지 않았다. 프랑스 경찰은 중앙정보부나 한국대사관의 말이 모략임을 알고 있었던 것이다.

한영길이 우리 집에 있을 때 서울에 있는 그의 장인과 전화통화를 한 적이 있다. 나는 통화내용은 듣지 못하고 그가 전해준 말을 들었다.

"내 딸 죽은 건 죽은 거고, 너는 사내답게 일을 처리해라."

노인네가 기백이 있구나, 하고 생각했는데 나중에 그 전화는 내가 평양에 한 것으로 조작돼 있었다. 집에서 평양으로 전화를 하다니, 무슨 놈의 간첩이 그렇게 허술하단 말인가.

본의 아니게 주역을 담당한 나도 웃을 수밖에 없는 코미디였지만, 그 코미디는 우리 가족과 한영길 가족의 삶을 송두리째 뒤흔들어 놓았다. 나는 그 후 부모형제가 살고 있는 내 조국에서 영원히 추방당했고, 파리 교포사회에서 완전히 고립된 섬이 됐다. 차라리 내가 중앙정보부의 조작대로 간첩이었다면 견디기 쉬웠으려나. 그러나 나는 간첩이 아니었고, 공산주의자도 아니었다. 아동인질범은 더더욱 아니었다. 프랑스 사람들은 누구도 내가 간첩이라는 말을 믿지 않았다. 한국의 어느 신문은 내 부탁으로 그를 숨겨준 대부님이나 친구 막심, 프랑스 신부님과 수녀님 들까지 간첩으로 몰았다. 느닷없이 북괴 간첩이 되어버린 사실을 그들에게 알려주었지만 막심도, 대부님도, 신부님과 수녀님 들도 개의치 않았다. 대부님은 이렇게 말씀하셨다.

"내가 하느님 앞에 잘못한 것 없으니 상관없다."

서울에 있는 친구들이나 부모님도 물론 내 편이었다. 처가 식구들도 나로 인해 여러 가지 고통을 받았지만 나를 간첩이라고는 생각하지 않았다. 그러나 파리 교포사회는 달랐다. 한인 모임에 나가면 다들 쉬쉬하며 나를 피했다. 심지어 천주교 모임에서도 그랬다. 한국 사람 만나는 재미로 딸아이를 데리고 자주 모임에 나가던 나는 발길을 끊었다. 내가 받은 모욕도 모욕이지만 딸 때문이었다. 어린 아이지만 눈치가 빨라 다른 사람들이 우리를 피하는 걸 알고는 일종의 신경증에 걸린 것이었다.

나는 가톨릭 신자이니 먼저 한국성당의 L 신부에게 한영길 사건의 진상을 밝히겠다고 전화를 했다. 그런데 그 신부의 답변은 의외였다. 듣지 않겠다는 것이었다. 왜 듣지 않겠다고 하느냐고 물으니 나의 일은 이미 끝났다는 것 아닌가. 일이 끝나다니? 이제부터 시작인데……. 아무튼 사건의 진상을 얘기하겠다고 다시 말했는데도 L 신부는 오불관언이었다. "내가 재판정에 서니 다들 도망쳤다"는 성서의 구절이 생생하게 떠올랐다.

프랑스의 시인 빅토르 위고도 벨기에로 망명을 떠나면서, 독재자 나폴레옹 3세 쪽에 버젓이 섰던 가톨릭교회를 아무 미련 없이 버렸다던가. 양 같은 신자들도 대부분 L 신부를 따라 나를 외면했다. 하기야 그게 어찌 그들 죄겠는가. 국가 정보기관이 그런 터무니없는 거짓말을 하리라고는, 한국의 모든 언론이 일치단결해서 그 거짓말을 사실인 양 보도하리라고는 생각지도 못했을 것이다. 칼이나 총으로 목숨을 빼앗는 것만 살인이 아니다. 박정희 정권은 인간으로서 보호받아야 할 내 존엄성을 짓밟은 것이다. 그것은 육체를 죽이는 것 이상이었다.

 1976년에 프랑스로 온 동생은 나 때문에 사랑하는 여자도 잃었다. 동생과 결혼할 여자가 부모님께 허락을 받으려고 일시 귀국했다가 다시는 나오지 못하게 된 것이다. "정부에서 이렇게까지 하는 걸 보면 간첩이 틀림없는 모양"이라고 그 여자가 말했단다. 처음으로 결혼할 마음까지 먹었던 여자를 잃고 동생은 오래도록 방황했다. 여자를 따라 서울로 돌아가려 했지만 동생의 귀국도 불가능했다. 대놓고 나를 원망하지는 않았으나 나를 바라보는 동생의 눈길에 원망이 숨어 있음을 나는 느낄 수 있었다.

 서울에 남은 부모님과 다른 동생들의 고통도 그에 못지않았을 것이다. 부모님 곁을 지키던 남동생까지 얼마 뒤 캐나다로 이민을 가버렸다. 이유를 말하지는 않았지만 한국사회에서 간첩의 동생으로 살기가 쉽지 않아서라는 것쯤은 멀리 있는 나도 짐작할 수 있었다. 처가의 사돈까지 나 때문에 여권이 나오지 않는다고 했다. 나는 졸지에 가족 모두의 삶을 망쳐버린 패륜아가 되고 만 것이다.

 내가 한 일은 궁지에 몰린 한 후배의 망명을 도와준 것뿐이다. 그 일로 간첩이 된 것까지는 참을 수 있었다. 그러나 나 때문에 많은 사람들이 고통을 당하고, 절친했던 사람들이 차갑게 등을 돌리는 것은 정말이지 간첩에 아동인질범이라는 누명 이상의 고통이었다.

 그 무렵 사이좋게 지내던 사람의 결혼식이 있었다. 간첩사건이 있기 전이라면 진작 연락이 왔을 텐데 소문으로만 들었다. 결혼식 당일 아침까지 나는 고민에 빠졌다. 가야 하나, 말아야 하나. 그 친구를 위해 어떻게 하는 게 좋을까. 양복을 꺼내놓고 멍하니 앉아 있는데 전화벨이 울렸다.

"이 형, 나야. 소식 들었지? 진작 연락 못해서 미안해. 나이 들어 결혼하려니까 뭐가 뭔지 정신이 없어서 말이야. 오늘 올 거지?"

친구도 오랫동안 고민했을 것이다. 나를 부르면 대사관이나 중앙정보부로부터 한 소리 들을 게 분명했다. 친구는 고민 끝에 그래도 인간을 선택한 것이었다. 고마웠다.

"그래, 가지."

나는 흔쾌히 대답했다.

"그럼 이따 보자고."

선물을 사들고 부랴부랴 식이 열리는 교회로 달려갔다. 내가 잘 모르는 사람들이 신랑 측 선물을 접수하고 있었다. 선물을 놓고 돌아서는데 그들이 속삭이는 소리가 들렸다.

"저 사람 누구야?"

"저 사람이 바로 그 이유진이야."

"뭐? 간첩이 여기는 왜 나타난 거야?"

교회 안으로 들어가려던 나는 문득 걸음을 멈췄다. 교회 안에는 저렇게 생각하는 사람들이 더 많을지 모른다. 나는 식이 끝날 때까지 밖에서 서성거렸다. 그래도 어려움을 무릅쓰고 나를 부른 신랑에게 얼굴은 보여주고 가야 할 것 같았다. 식이 끝나고 사람들이 몰려나오기 시작했다. 중앙정보부 윤 공사가 보였다. 윤 공사는 나를 간첩으로 몬 사람의 후임이었다. 내 결백을 누구보다 잘 아는 사람이 바로 그들이다. 나를 간첩으로 몰아서 사람들과 격리시켜 놓은 그들은 개인적으로 만나면 누구보다 친절했다. 내 마음을 풀어주려고 그러는 것인지, 안심시키려고 그러는 것인지 윤 공사는 간혹 나를 불러 술을 대접했다. 도대체 어떤 인간들이 이런 일을 하나 궁금해서 초대에 응했다.

"이 선생, 너무 서운해 하지 말고 조금만 참아요. 곧 해결될 겁니다."

윤 공사는 그렇게 나를 달랬다. 한영길 사건 당시 책임자였다면 그도 어쩔 수 없이 나를 간첩으로 몰았을 것이다. 조직의 생리는 그런 것이다. 그러나 나쁜 것은 행동이지 인간 자체가 아니다. 윤 공사도 알고 보니 우리와 다를 바 없는 인간이었다. 나는 지금도 사상과 인간성은 별개의 것이라고 믿는다. 밥벌이를 위한 것인지 사상을 위한 것인지는 알 수 없으나 무고한 사람을 간첩으로 몬 것도 결국은 인간이었으며, 알고 보니 그들에게도 우리와 똑같이 따스한 피가 흐르고 있었다.

스웨덴에서 바이올린을 공부하는 친구가 있었다. 밥벌이 삼아 식당을 열었는데 진보주의자들이 자주 찾는 바람에 주인인 그 친구까지 정보부의 눈 밖에 났다. 그런데 서울에 계신 아버님이 덜컥 중풍으로 쓰러지셨다.

"이 형. 이 형이 나 좀 도와줘. 사고 없이 서울 좀 다녀오게 해줘."

간첩으로 몰린 사람에게 탈 없이 서울에 다녀오게 도와달라니, 나도 서울에 돌아갈 수 없는 판인데.

"이봐, 나는 간첩이야 간첩. 간첩이 무슨 재주로 당신을 무사히 서울에 다녀오게 해?"

"아니야. 그래도 이 형 같으면 방법이 있을 거야. 꼭 좀 부탁해. 아버지, 돌아가실지도 몰라."

가만 생각해보니 그럴듯한 얘기였다. 며칠 후 윤 공사를 만났다.
"내 친구인데 빨갱이로 소문이 난 사람이 있습니다. 아버님이 중풍으로 쓰러지셔서 서울에 다녀와야겠는데, 가서 잡힐까봐 겁이 나는 모양이오. 그래서 날 보고 부탁을 하는데 간첩으로 몰린 내가 무슨 힘이 있겠소? 윤 선생한테 부탁하는 것밖에 더 있겠소? 그 친구가 지푸라기라도 잡는 심정으로 나를 붙들고 늘어지는데 윤 선생이 좀 도와주시오."
"알겠습니다. 걱정 말고 다녀오라고 하십시오."
나를 위해서는 할 수 없는 비겁한 짓이었지만 친구를 위해서야 어쩌겠는가. 덕분에 친구는 무사히 서울에 다녀왔다. 윤 공사의 도움이 아니었으면 불가능한 일이었다.
그렇게 알고 지내는 윤 공사가 하객들 틈에 섞여 교회 밖으로 나오고 있었다. 정보부의 눈을 의식한 탓인지 잘 아는 얼굴들이 저만치서부터 고개를 외로 꼰 채 나를 스쳐갔다. 아무도 나를 알은체하지 않았다. 몇 달 전까지만 해도 너나하며 지내던 사람들이었다.
"아, 이 선생 오셨습니까?"
윤 공사가 먼저 알은체했다.
"윤 선생, 오랜만이오."
중앙정보부와 간첩이 반갑게 악수를 나누자, 고개를 외로 꼬고 지나치던 사람들의 눈이 휘둥그레졌다.
"가족들은 다들 건강하십니까?"
"그럼요. 윤 선생 걱정 덕분에 다들 잘 지냅니다."
간첩과 정보부가 다정하게 인사하는 장면을 목격한 후에야 몇몇 사람이 내게 눈인사를 건네 왔다. 정보부의 힘은 그렇게 막강했다.

그러나 개인적으로 나를 도와준 적이 있다고 해서 윤 공사가 정보부원이 아닌 것은 아니었다. 윤 공사와 그렇게 반갑게 인사를 나눴지만, 그날 나를 초청한 신랑은 정보부에 불려가 단단히 혼이 났다고 했다. 위에서는 인간적으로 구슬리고 밑에서는 몽둥이를 휘두르는 게 정보부의 행태였다. 그러나 나는 지금도 나에 대한 윤 공사의 태도가 모두 작전이었다고는 생각하지 않는다. 그 속에는 진심도 섞여 있었을 것이다. 그도 인간이니까.

육십여 년을 살아오는 동안 나는 좌익도 만나고 우익도 만났다. 대통령도 만나고 거지도 만났다. 나는 그들 중 어느 누구도 사상으로 평가한 적이 없다. 우익이든 좌익이든 내게는 똑같은 인간이었다. 내가 사회주의자인 몽양 선생을 존경하는 동시에 우익이라고 할 수 있는 김구 선생을 존경하는 것은 그들의 사상 때문이 아니라 그들이 지닌 인간미 때문이다. 인간을 평가하는 내 관점을 못마땅해 하는 사람도 있다. 기준이 없지 않으냐는 것이다. 도대체 인간미가 뭐냐고 묻는 사람도 있다. 육십여 년 동안 손에서 책을 놓지 않았지만 나는 사람들의 질문에 번번이 말문이 막힌다. 인간미가 뭐냐고? 진실이 뭐냐고? 정치가 뭐냐고?

내가 아는 것은 단 한 가지. 어떤 사상을 갖고 있는 사람이든, 인간으로서 해야 할 일과 하지 말아야 할 일은 크게 다르지 않다는 것이다. 좌익이 그랬든 우익이 그랬든, 간첩이 아닌 사람을 간첩으로 모는 것은 나쁜 일이다. 좌익에게 협조하라는 것이든 우익에게 협조하라는 것이든,

싫다는 사람에게 총칼을 들이대고 강요하는 것은 나쁜 일이다. 굶주리고 아픈 사람이 눈앞에 있는데 내 편의를 위해 등을 돌리는 것은 나쁜 것이다. 인간의 기본은 의외로 단순하다.

나는 어떤 사상이라도 인간의 정신을 윤택하게 하는 데 도움이 된다고 믿는 사람이다. 그러나 사상은 인간의 근본이 아니다. 그래서 나는 사람을 좌익인가 우익인가로 구별하지 않는다. 좋은 사람, 나쁜 사람으로 구별할 뿐이다.

나를 간첩으로 몬 조직의 성원 몇몇을 나는 인간으로 받아들였다. 그러나 그들도 알고 있을 것이다. 그것이 설령 자기가 속한 조직의 어쩔 수 없는 요구였다 할지라도 자신들의 행위가 무수한 사람의 삶을 파탄으로 몰고 갔다는 것을.

중앙정보부의 각본대로 움직인 후배 한영길을 나는 다시는 만나지 못했다. 서울에 들어가서 여기저기 떠돌다가 삶을 마감했다는 풍문만 전해 들었을 뿐이다. 중앙정보부의 말대로 그가 북괴공작원의 마수에서 탈출했다면 왜 그 뒤에 행복한 삶을 누리지 못했을까. 내 운명도 가혹하려니와, 그와 그의 딸을 생각하면 지금도 솟구치는 분노를 참을 길이 없다. 급작스럽게 어미를 잃은 어린 아이를 조국이 따스하게 품어 안기는커녕 아비까지 빼앗다니. 그 아이는 지금 어디서 고단한 몸을 쉬고 있을까? 겁먹은 눈망울로 절망한 제 아비의 힘없는 어깨에 기대어 있던 그 아이의 얼굴이 아직도 눈에 선하다. 인생의 오묘한 이치야 다 알 수 없겠지만, 적어도 그 아이의 삶을 가시덤불로 내친 그 흉악한 힘의 원천만은 누가 봐도 뚜렷한데 그들은 아직도 말이 없다.

자유로운 정신과 풍류를 찾아서

사람은 반듯하고 얌전하고 정확할 수만은 없다. 누구의 인생이든 돌아보면 갈지자걸음 아니겠는가. 이리저리 방황하고 모색하며 어렵게 한 세상을 살아가는 것이다. 시행착오도 방황도 인간의 본성이며 삶의 중요한 가치다.

　　　　　　1973년에 학위를 마친 후에도 나
　　　　　　는 당시의 암울한 유신통치에 넌
덜머리가 나서 귀국을 차일피일 미루고 있었다. 그러다가 민주화운동에
참가하면서 그 뜨거운 쇠죽 같은 간첩 누명을 뒤집어썼으니, 내 운명의
꽃잎이 그야말로 고약한 허릅숭이의 발밑에 짓밟힌 꼴이 되지 않았는
가. 게다가 또 다른 불행한 사태가 겹겹이 몰려드는 바람에 한동안 물덤
벙 술덤벙했지만 술로써 해결될 일은 아니었다. 그리하여 나는 심사숙
고 끝에 중국어 공부에 착안했다. 해묵은 한서(漢書)라도 뒤적거리면 혹

시 마음이 진정될까 해서였다. 정오의 햇살 같은 프랑스 말에 얼마간 식상하고 있었을는지도 모른다.

중국어! 나는 누천년 대륙의 풍우한서(風雨寒暑)에 잘 마른 장작 같은 그 토막문자가 자꾸 좋아졌다. 서양에서 동양으로, 껍데기에서 알맹이로 돌아가고 싶었다. 아무튼 나는 그것이 아주 훌륭한 전환이었다고 지금도 생각하고 있다. 한자는 하나하나 맹아적 힘을 보존하고 있는 씨앗 같다. 그것은 대륙적 체험을 바탕으로 세계의 악과 재앙에 대해 충분히 자각한 언어이기 때문일 것이다. 한두 마디에 열 겹 스무 겹의 의미와 정감이 묻어 있고, 참과 아름다움이 잘 어울려 인생의 슬기를 촉발시키는 데는 그만이다. 특히 중국 고전은 그 안에 담긴 삶이 악착같지 않고 유장한 리듬을 가지고 있어서 불우한 사람의 정신 건강에 좋다. 요즈음도 나는 술 한잔 걸치고 한서를 보다가 생판 낯선 글자에 부딪치면 농부가 밭고랑을 파헤치듯 열심히 사전을 찾는다. 옛말에 "한 자라도 더 배우면 온 하루가 즐겁다"고 하지 않았던가.

1983년 가을의 어느 날, 나는 소르본 앞 골목의 우풍서점(友豊書店)에서 《간명법한사전(簡明法漢詞典)》과 두 권의 《한어교과서(漢語敎科書)》를 샀다. 그날부터 중국어 공부를 시작했는데, 중국어란 참 어려운 말이었다. 중국어의 구조를 알기 위해 몇 권의 문법서를 통째로 삼키고 나서 소위 원서를 읽었는데, 웬걸 읽혀지지가 않는 것이었다. 어찌된 노릇일까. 나중에 알고 보니, 우습게 알고 어정쩡하게 넘겨버린 허사의 함정에 번번이 걸린 탓이었다. 그 때문에 낙망하여 몇 차례나 중국어 공부를 내동댕이치기도 했다.

그 후 허사의 용법 이해에 치중하면서 베이징의 인민교육출판사가 펴낸 소학 및 고급 중학용《어문(語文)》을 어렵사리 한 질 구해 손바닥만 한 공책에 단어며 숙어며 기본문장 따위를 새까맣게 적어가면서 일심으로 공부했다. 그리고 파리시청에서 알선해준 중국어 강습소에도 삼 년 간 다녔다. 그런데도 어떤 때는 '상비전자(象飛田字, 장기에서 상은 밭 전 자 모양으로 날아간다)' 같은 문장에 어리둥절하여 중국인 친구들을 귀찮게 했다. 늘그막에도 내가 허망한 고독감에 빠지지 않았다면 그것은 중국어의 뚱딴지같은 어법, 황당한 표현에 갈팡질팡 헤맸기 때문일 것이다. 그런대로 읽히다가도 느닷없이 막히는 것이 중국어요, 잘 풀리다가도 갑자기 헝클어지는 것이 인생 아닐까.

창세기에 이미 아담과 이브의 타락, 카인의 아벨 살해가 있었다. 인간의 본성과 능력을 이와 같이 극도로 의심하면서 서양은 경탄할 만한 비관론을 전개했는데, 오늘날까지도 그치지 않는 인간의 타락, 죄악, 불행은 그 비관론의 타당성을 인정하기에 부족하지 않은 것으로 보인다. 마르크스주의가 인간의 존엄성을 인정하면서도 "인간은 동물의 계통이므로 수성(獸性)을 완전히 벗어버릴 수 없다"고 주장한 것은 구약성서의 영향 탓일지도 모른다.

우리 인간은 과연 그렇게 한심한 존재일까? 동양의 철학은 그렇지 않다고 한다. 모든 인간이 성인(聖人), 지인(至人), 부처가 될 수 있다는 낙관론을 펴는 것이다. 최근의 인본주의 심리학도 인간의 본성은 기본적으로 악하지 않기 때문에 그 잠재능력을 충분히 계발하면 자유롭고 건강한 인간이 될 수 있다고 한다. 하지만 비관론과 낙관론은 다 같이 인간의 본질과 역량과 한계를 제대로 파악하지 못한 것 아닐까?

여기에서 잠시 프랑스의 탁월한 신경학자 샤르코(Jean Martin Charcot)의 암시적인 언명을 경청하는 것이 좋을 것 같다. "건강과 질병 사이에 한 순간이 있다"는 것이 그의 가설인데, 그 뜻은 인간이 건강한 것도 아니고 그렇다고 병에 걸린 것도 아닌 중성상태에 처할 수 있다는 것이다. 그리고 건강의 방향으로 나아가느냐, 질병의 방향으로 나아가느냐는 전적으로 그 순간 당사자의 의지에 달려 있다는 것이다. 중국의 현대 철학자들은 "체면을 잃지 않고 악을 통합할 수 있다"고 주장하고, 스위스의 분석심리학자 융(Carl Gustav Jung)은 "우리 인간의 본능, 그 무한한 생명욕 속에 혹시 어떤 신성(神性)이 깃들어 있는지 누가 아느냐?"고 묻는다.

중요한 것은, 이천 년 전 위대한 철학자들(석가, 공자, 소크라테스, 예수)의 출현을 계기로 인류가 새로운 인격으로 재생하려는 '대전환'을 시도한 역사적 사실을 기억하면서, 안일한 물질생활 위주의 유아적인 환상을 떨쳐버리고 더 이상의 도덕적 후퇴를 멈추는 일이요, 그리하여 '자연스러운 인간'을 회복하는 일이다. 건강과 질병, 선과 악이란 절대적인 구분이 아니고 극히 상대적인 구분이다. 인간이란 심리학적 유형을 능가하는 다양성을 지니고 있으며, 진실한 가운데 행복을 추구하는 철학적 모색을 할 능력도 가지고 있다.

파리 떼가 시큼한 시궁창에 몰려들어 윙윙거리듯이 인간은 그만한 환멸을 겪고도 월가의 증권시장에서 헤어나지를 못한다. 불교에 따르면, 그것이 바로 인간의 무지와 어리석음의 절정이다. 그런데 중국의 고사(高士) 상장(尙長)은 《주역》을 읽다가 손익괘(損益卦)에 이르러 "부귀가 빈천보다 못하다"는 사실을 문득 깨달았다고 한다. 동양의 조숙한 지혜는 자본주의자들의 배타성과 몰염치를 물경 이천 년이나 앞서 간파하고 있었던 것이다. 이욕에 눈이 어두워 "마음이 몸뚱이의 종노릇을 한다"고 갈파한 것이 시인 도연명이었던가. 스스로 이해(利害) 두 자를 멀리하고 가난한 가운데 오히려 풋풋하게 살다 간 옛 사람들의 아름다운 자취가 떠오른다.

나는 이따금 《맹자》를 펼친다. 《논어》가 간결하면서도 함축적이요 요점을 추출하면서도 언어가 투명치 않다면, 《맹자》는 도도한 강물처럼 할 말을 남김없이 쏟아내는 기세가 자못 통쾌하다. "폭군은 한낱 필부일 뿐 죽여도 좋다"는 그 단언은 인류 역사에 다시없는 웅변이다. 여기에 통치자의 그릇된 정치행위에 대한 분노가 있고, 민생 위주의 열렬한 휴머니즘이 있다. 이것이 독자의 이해를 재촉하고 심금을 울리는 《맹자》의 멋이다.

호연지기! 이것은 《맹자》 중에서 내가 가장 좋아하는 말이다. 주희의 주석에 따르면 "아주 크고 굳세어서 산하를 삼킬 만큼 성대하게 널리 퍼지는 정의의 기개"가 호연지기다. 그로 말미암아 "부귀도 그를 타락시키지 못하고, 빈천도 그를 흔들지 못하고, 위세도 무력도 그를 꺾지 못한다." 《맹자》의 호연지기가 누백 누천 년간 불우한 독서인들을 얼마나 격려하고, 또 위로해 왔던가.

예로부터 부귀공명에 황홀하여 제 모습을 잃은 권력자의 말로는 허망했다. 이승만 박사는 하와이에서 쓸쓸하게 죽었고, 박정희 장군은 궁정동 연회에서 쓰러졌고, 전두환과 노태우 장군은 죄수복을 걸쳤다. 억지투성이 인간들은 원숭이의 까마득한 후예임을 자랑하듯 매양 높은 나무에 올라가서 가당찮은 부귀공명의 열매를 저 혼자 따먹다가 흔히 치욕으로 생애를 마감한다. "성공이 곧 실패"라는 장자의 얼핏 황당무계한 말은 그 깊은 지혜를 보여준다.

맹자가 북방의 강골이라면, 장자는 남방의 부드러운 마음이다. 일찍이 가난을 편히 여겨 흔연히 즐겼다는 기록도 보이지만, 실의와 고독 속에서 권귀를 조소하고 "우주는 아름답건만 말이 없구나!"라고 탄식한 장자의 모습은 애처롭다. 그러나 그는 심각한 관점과 웅혼한 사상과 성대한 문장으로 인류의 가장 고귀한 갈망을 그 나름의 극명성과 아름다움과 힘을 가지고 해석했다. 그가 일체의 사회적 질곡을 거부하고 건강, 질병, 지혜, 우둔함까지도 한갓 외물로 간주하면서 '어디에도 매이지 않은 자유인'으로 한가로운 삶을 추구했으니, 그 아니 놀랍고 서러운가.

나는 도연명을 좋아한다. 그가 '우주 간에 제일가는 시인'이었기 때문이 아니라 그의 탄식이 곧 나의 탄식이기 때문이다. 그렇다. 그는 기꺼이 살다 기꺼이 죽었다. 그의 시집에 서문을 쓴 소명태자(昭明太子)의 말처럼, 난초는 외딴 골짜기에 홀로 피어 보아주는 사람이 없어도 언제나 향기로운 법이다. 살아생전에 술 한번 실컷 먹는 것이 소원이던 도연명의 시는 야윈 듯 기름지고 참되고 말쑥하고 아름답다. 그야말로 천지자연의 기밀이 뒤따라 나오며, 사상이 있고 흥취가 풍부하다. 그는 계급이 없고, 착취가 없고, 다같이 노동하며, 모두 평등한 가운데 즐거이 살아가는 이상적 사회를 묘사했다. 그 때문이었을까. 린위탕[林語堂]은 "중국문학의 전 역사를 통하여 인생을 깊이 사랑한 가장 원만한 인격자"라고 그를 찬양했고, 모택동은 1959년에 쓴 시 〈여산에 올라〉에서 "도령(陶令, 도연명)은 어디로 갔는지? 혹시 무릉도원에서 밭을 갈고 있을까?"라고 그를 흠모했으니, 보수와 진보를 막론하고 그가 끼친 영향은 실로 막대하다. 금강노목식(金剛怒目式, 금강역사가 두 눈을 부릅뜨고 있는 듯한) 성격에도 봄비가 내리는 황혼이면 비스듬히 동쪽 창가에 기댄 채 멀리 있는 친구를 그리워하면서 유유하게 술잔을 기울이던 도연명. 나는 인간 도연명을 사랑한다.

신도가(新道家)의 고전으로 명사들의 재담과 기행이 실려 있는《세설신어(世說新語)》에 나는 깊이 빠졌다. 현실과 이상의 영원한 괴리를 두고 설왕설래하는 그 철학적 유머 때문이었다. 그것은 맑은 육수, 고명에 고운 국수 발, 그 위에 꿩고기 완자 몇 개 얹고 배도 한 조각 떠있는 시원한 냉면 맛이랄까. 난마같이 뒤얽힌 인간세상에서 어떻게 재미있게 살다 갈 수 있는지를 나는 거기서 보았다. 마침내 득의망언(得意忘言)의 문턱에서 바람처럼 상쾌하고 우아하고 자유분방한 삶의 경지를 의식 무의식 간에 요약하여 선뜻 펼쳐 보인 것이 바로 유의경(劉義慶 403~444)의《세설신어》여덟 권이다. 이따금 술 한잔 걸치고 띄엄띄엄 읽노라면 흉금이 탁 트이고 옛 거문고의 청아한 가락이 퉁겨온다.

소싯적에 읽은 소설《삼국지》를 통해 일개 간웅으로 알고 있었던 조조(曹操, 155~220)가《중국철학대사전》(베이징, 1994)에 정치가, 군사가,

시인, 무신론자 등으로 당당하게 소개돼 있는 것을 보고 나는 깜짝 놀랐다. 그는 "호강한 지주세력을 견제하고, 언로를 널리 열고, 인물 등용에 과감하고, 중원의 통일에 진력한" 인물이었다. 정치에서 영웅이었듯이 문학에서도 만만치 않은 괴걸이었던 그의 시는 건안문학(建安文學)을 창도할 정도로 건강불굴의 기개에 풍격이 자못 높았다고 한다. '고한행(苦寒行)' 같은 시는 "강건하고 처참한 맛이 있어 다른 사람은 도저히 지어낼 수 없다"고 대만의 후윤이[胡雲翼] 교수도 그의 《중국문학사》에서 칭송하고 있지 않은가. 아직껏 남북의 불화 상태에서 꿈지럭거리고 있는 우리에게, 적대관계였던 조조와 제갈량을 민족의식과 민족정서의 틀 안에서 공정하게 평가하려는 중국 철학자들의 노력은 하나의 귀중한 교훈이 되지 않을까.

제갈량(諸葛亮, 181~234)은 비록 냉랭한 법가(法家) 출신이지만 숙적이던 조조와 더불어 당세의 걸출한 정치가, 탁월한 군사가, 숭고한 인간으로 "백성이 풍족하게 살면 국가는 자연히 흥성한다"고 하면서 위정자에게는 청렴을 요구하고 백성에게는 절약을 권고한 민본사상가였다. 그리고 "곧은 나무는 깊은 숲에서 나오고, 국가의 인재는 백성 중에서 나온다"고 피력하기도 했다. 그가 아들에게 보낸 〈계자서(誡子書)〉의 짧막한 편지들을 보면 그의 유가사상적 수양과 문학적 성취의 경지가 어떠했는지를 짐작할 수 있고, 두 편의 〈출사표(出師表)〉는 천고의 걸작으로 평가되고 있다. 그리고 〈장원(將苑)〉 쉰 편과 〈편의십육책(便宜十六策)〉은 그의 웅대한 정치철학의 일면을 보여주며, 그 자신은 '중국 역사에 오직 한 사람'으로 추앙된다. 평생을 자기도취에 빠지지 않고 오직 겸양과 근신으로 일관한 그의 오롯한 행적은 현대 정치인들에게 적잖은 귀감이 되리라.

몇 달 전에 파리의 한 주간지가 '살기 힘듦의 신화(Le mythe de la dureté de vivre)'라는 타이틀을 내걸고 프랑스 시민들의 팍팍한 생활상을 거론한 적이 있다. 예나 이제나 살기 힘듦의 신화는 계속되고 있는 것이다. 그러므로 현세를 피해 숨어사는 현자가 존재하는 현상은 어쩌면 당연할지도 모른다. 일찍이 중국 역사에는 수만 명의 은사들이 있었다. 그들의 선량함과 예리함, 긍지와 겸손으로 미루어 보아 둔세(遁世)를 택한 그들의 조용한 용기는 오늘날에도 시사하는 바가 적지 않다. 그런 이들 중 누가 "범죄와 불행의 묘사에 지나지 않는다"는 역사의 경기장에 선뜻 들어서겠는가? 그 누가 열등한 자들의 평가에 기뻐하겠는가? 만사를 곰곰 생각해 보면, 마음의 공간을 그대로 둘지언정 아무것으로나 채우지 않음으로써 삶의 아름다움과 부드러움을 지키는 것이 그들의 진정이었으리라. "출세했자 좋을 것 없고, 곤궁했자 나쁠 것 없다"는 시인 이백(李白)의 우울한 토로가 불현듯 가슴에 아프게 와 닿는다.

그들의 은둔은 한 몸의 보전과 안락의 도모에 그쳤던 것일까? 쟝싱위[蔣星煜]는 그의 저서 《중국 은사와 중국 문화》에서 은사들의 삶을 비관, 보수, 냉혹, 오만, 경솔, 쇠약, 우둔, 나태, 소홀 따위로 험하게 비판했지만, 역사의 문헌을 보면 반드시 그런 것은 아니었다. 각각의 재덕과 환경에 따라 개인차가 있었겠지만 그들의 지성은 우수하고, 분석은 예리하고, 그 위에 논리적 일관성을 고집하지 않고, 세계의 모순을 포용하는 능력까지 갖추고 있으면서 항시 인류의 비참함을 덜고자 하는 도덕적 포부를 펼 기회를 찾고 있었다.

은사 문중자(文中子)가 바로 그런 사람이었다. 그는 수(隋)의 양제(煬帝)를 만나본 후 전국각지를 돌아보고 자기 당대에 대사(大事)의 성취가 불가능함을 짐작했다고 한다. 그리하여 그는 한가로이 물러나 벽지에서 어린 제자들을 길렀는데, 그 제자들이 곧 당나라의 혁혁한 개국공신인 이정(李靖), 방현령(房玄齡), 위정(魏征) 등이었다. 공자는 무려 삼천 제자를 배양하였건만 그 중 한 사람도 정치적 성취를 이루지 못했는데, 은사 문중자는 정예의 후대를 양성해 당대(唐代)의 국운과 문화를 창도했던 것이다. 그는 당시의 추세를 따르면서도 역경에 굴하지 않고 자기의 웅건한 계획을 제자들을 통해 이룩한 이상적인 은둔의 인물이었다.

1980년 가을의 어느 토요일이었다. 저녁식사를 마치고 한가로이 커피를 들며 이런저런 이야기를 두서없이 나누던 중에 궁금하신 듯 대부님이 물으셨다.

"그 정도의 문화를 가진 중국이 왜 그리 쉽게 공산화됐을까?"

중국문화를 높이 평가하는 프랑스의 지성으로는 당연한 의문이요 질문이었다. 중국의 공산화를 이해하려면 소르본의 에티앙블(Etiemble) 교수가 적절히 제안했던 것처럼, 한 세기에 걸쳐 서구열강과 일본의 군홧발에 모래알처럼 짓밟힌 중국의 자존심과 더불어 빈곤과 무지와 핍박 속에서 본능적 안정감을 상실한 중국 인민들의 고통을 고려해야 할 것이다. 여기서 취해야 할 바른 태도는 중국과 중국 인민에 대한 존경도 경멸도 아니요, 일종의 가정적 동정이다.

중국 특유의 전제주의 통치하에서 중국 농민들은 간헐적으로 정부에 반기를 들곤 했는데, 그때마다 정부는 공맹(孔孟)의 이름으로 무자비하게 진압했던 것이다. 프랑스의 우익 작가 바레스(Barrés)가 "공고한 사회질서를 유지하려면 인민들에게 쉴 새 없이 무력감을 불어넣어야 한다"고 했듯이, 중국 역대 왕조의 지도이념이었던 유가사상은 봉건통치자의 어용철학으로 변질된 후 백성들을 '타고난 바보, 배울 자격이 없는 하등인'으로 취급하는가 하면 궁핍한 환경을 개선하려는 백성들의 열망을 모든 악의 근원인 '인욕(人慾)'으로 일축하고, 백성들을 이익추구에만 급급한 '소인(小人)'으로 매도했다.

이에 대한 반응으로 공자의 본래 모습을 회복하고자 노력한 대진(戴震, 1723~1777) 같은 학자도 있었지만, 근대 중국의 진보주의자들은 공자와 유가사상을 아예 배척하기에 이르렀다. 1950년대 초에 철학자 펑여우란[馮友蘭]은 "마르크시즘이 유일한 진리"라고 주장했다. 그러던 것이 1956년 이후 당의 새 지시로 펑여우란은 "문화전통의 과학정신을 지지한다. 유교는 과학정신에 입각한 철학이며 공자는 중국 인민의 위대한 스승"이라고 찬양했다. 그와 동시에 마르크스-레닌이즘은 '유일한 진리'에서 '지도 이데올로기'로 격하되고, 마르크스 사상은 대부분 중국식으로 재고되기에 이르렀다.

얼마 전 우풍서점에 들렀다가 우연히 중국인 친구들과 중국사를 공부한다는 프랑스 여자를 만났다.

"중국 인민들은 여전히 공산주의자들입니까?"

나의 질문에 다들 한바탕 웃음을 터트리며 그들은 대답했다.

"공산주의는 이미 오래전에 끝났어요."

"중국 인민들이 과거에 공산주의를 받아들인 적이 있었나요?"

연이은 내 질문에 프랑스 여자가 대답했다.

"중일전쟁이 터진 1937년에서 1955년까지 공산당에 동정을 표시하고 협조를 한 적은 있었던 것 같아요."

이 견해는 미국 캘리포니아대학 교수 존슨(Chalmers A. Johnson)의 견해이기도 하다. 존슨에 의하면 1937년 이후로 중국 농민들의 경제개선 욕구와 사회의식, 민족의식을 동시에 만족시킬 수 있었던 세력은 중국 공산당뿐이었다고 한다. 당시의 농촌에서 유행한 말로 그는 한젠[漢奸, 매국노], 웨이쥔[僞軍, 가짜 군대, 즉 일본의 조종을 받는 괴뢰군], 완쥔[頑軍, 어리석고 굼뜬 군대, 즉 장개석의 국민당 군대], 르커우[日寇, 일본 강도, 즉 일본 침략군]를 열거했다.

중국 공산당은 이미 오래전부터 전통 사상과의 불화관계를 "고대의 좋은 것을 오늘에 맞게 계승한다"는 정책으로, 중국과 서방의 적대관계를 "외국의 좋은 것을 중국 실정에 맞게 흡수한다"는 정책으로 돌파해왔다. 모택동의 "일체를 실제와 그 변화발전에서 찾는다"는 주장이 그것이며, 주은래의 "사실을 토대로 실제의 효과를 거둔다"는 현대판 실사구시 정책이 그것이다. 이것은 또한 19세기 말부터 '신구(新舊) 사상의 상호이해'와 '중국과 서방의 건전한 교류'를 일관되게 강조해온 중국 지식인들의 뜻이기도 하다. 그러고 보면, 중국은 '중화(中華)의 회복'을 위해 잠시 마르크시즘을 이용했을 뿐이라는 결론에 이른다.

중국은 무력했던 과거 비참의 상태에 대한 과잉반응으로 인민들에게

'힘'에 대한 동물적 본능을 부추기면서 미국과 세계지배를 다투는 강대국으로 등장하고 있는데, 그것은 역대 왕조의 전통적 '제국(帝國) 경영'의 연장선에 놓아 있다. 세계의 변화는 우리의 두뇌를 앞질러 가기 때문에 역사는 예측할 수 없다. 황하의 탁류가 또 언제 우리 한반도에 밀려올는지 누가 아는가? 이웃 나라의 형세가 저러한데, 우리는 한반도 전체의 위기를 읽지 못하고 구태의연하게 시대착오적인 냉전적 사고에 집착해서 남북분단의 상태에 안주하고 있을 것인가!

나는 프랑스에서 사십여 년을 살았다. 내가 태어난 한국에서보다 더 많은 시간을 파리에서 보낸 것이다. 파리에서 나는 레드 콤플렉스에서 벗어나 자유를 배웠다. 파리에서 살지 않았다면 파리에 왔던 문인들처럼 간첩으로 몰렸다는 사람만 봐도 안색이 창백해질 만큼 내 정신이 부자유스러웠을지 모른다. 그동안 나는 프랑스 말에도 익숙해졌고 프랑스 포도주에도 입맛을 들였다. 그러나 나는 빵맛이 다르다는 이유로 아침마다 옆 동네 빵집까지 가는 프랑스 사람들을 이해하지 못한다. 빵맛이야 그게 그거지. 나는 프랑스 사람들이 빵맛에 까다롭듯 쌀맛에는 까다롭다. 논문 쓰고 돈 벌고 잠잘 시간이 없던 시절에도 김치는 꼭 담가 먹어야 했다. 나는 천생 한국 사람인 것이다. 한국 사람이라 그런지 남들이 부러워하는 파리에서 사는 일이 꼭 즐겁지만은 않다.

파리는 너무나 평화롭다. 파리 사람들은 너무나 점잖다. 그래서 숨이 막힌다. 프랑스 사람 중에서도 프랑스는 경찰국가라고 빈정거리는 사람들이 있다. 발전된 사회이니만큼 보이지 않는 곳에까지 국가의 손길이

미치는 까닭이다. 프랑스에도 그런 규제를 견디지 못하는 사람들이 제법 있다.

사르트르가 언젠가 대학동창인 레이몽 아롱에게 이런 말을 했다.

"야, 너도 나처럼 개수작 좀 해봐. 넌 왜 만날 옳은 얘기만 하냐? 왜 나처럼 횡설수설을 못하는 거야? 옳은 얘기, 얌전한 얘기만 한다고 세상을 가르칠 수 있는 게 아니잖아?"

그 말에 나는 무릎을 쳤다. 사람은 반듯하고 얌전하고 정확할 수만은 없다. 누구의 인생이든 돌아보면 갈지자걸음 아니겠는가. 이리저리 방황하고 모색하며 사람은 어렵게 한 세상을 살아내는 것이다. 시행착오도 방황도 인간의 본성이며 삶의 중요한 가치다. 사람들은 흔히 실수를 가리고, 방황을 가리고, 보기 번듯한 것만 남들에게 내놓는다. 횡설수설은 자유인이라야 가능한 것이다. 횡설수설하는 자유인은 자신의 약점까지도 거리낌 없이 드러낸다. 자신의 약점이 곧 인류의 약점이니 부끄러워하거나 기죽을 필요가 없는 것이다.

우리나라에도 횡설수설로 유명한 사람들이 있었다. 고려 말의 정몽주가 그랬다. 그러나 이색은 정몽주의 횡설수설은 모두 이치에 맞는다고 했다. 진리나 정의란 단선적인 것이 아니므로 옳은 것을 이야기하다 보면 전혀 상반된 이야기를 할 수도 있지 않겠는가. 무릇 깨끗한 물은 터를 넓히지 못한다. 터를 넓히는 것은 홍수 진 흙탕물이다. 나는 터를 넓히는 도도한 흙탕물 속에서 뒹굴고 싶다. 이를테면 프랑스는 맑고 깨끗한 물이다. 인간인 한 물속에 뛰어들어 분탕질을 치고 싶은 욕구가 분명 있을 터인데 프랑스라는 물은 분탕질을 치지 말라고 높은 담을 쌓아놓고 있는 것 같다.

내가 진정으로 부러워하는 것은 자유의 상징이라는 파리가 아니라 우리네 옛 풍류객들의 삶이다. 《열하일기(熱河日記)》로 유명한 박지원은 남들이 쓰는 전통적인 한문을 쓰지 않았다. 제 식으로 제가 만든 자유로운 글을 썼다. 그는 당대의 전통에 분탕질을 한 이단아였다. 정조가 "세상을 우스개로 안다"고 노발대발했더니 그는 쓱쓱 휘갈겨서 모두 혀를 내두를 만큼 멋진 문장을 써서 바쳤다. 그의 분탕질은 아직 미치지 못함이 아니라 이미 뛰어넘었음의 경지였던 것이다. 그런 실력자였으나 박지원 역시 '달동네'였다. 밖에 나가 술 마실 돈은 없고, 술상 차리기에 지친 마누라는 술을 주지 않고……. 그는 매일 밖으로 나가서 지나가는 사람 아무나 붙잡았다.

"한잔 하고 가시지요."

일면식도 없는 사람을 집안으로 끌어들인 박지원은 귀한 손님이 왔다며 아내에게 술상을 차리라고 큰소리쳤다. 별수 없이 아내가 술상을 차려오면 박지원은 손님 술잔까지 빼앗아 마셨다나.

이백도 두보도 따라가지 못한다는 시인 도연명도 술이라면 절대 지지 않는 사람이었다. 그는 늘 술에 취해 살았다. 술에 취해 세상을 잊고 세상의 악을 잊고, 그래서 그는 시처럼 깨끗하게 살 수 있었다. 그런 그도 돈이 궁해지자 작은 고을 원님이 됐다. 어느 날, 요즘으로 치면 도지사쯤 되는 사람이 왔는데 정장을 하고 맞이해야 한다니까 도연명이 자리를 박차고 일어났다.

"내가 미쳤냐? 쌀 닷 되에 그 짓을 하게."

　입고 있던 관복마저 훌훌 벗어던지고 도연명은 다시 가난한 삶으로 돌아갔다. 돈이 제일인 자본주의 사회라 그런가, 요즘에는 그런 자유로운 정신을 찾아보기 힘들다. 프랑스에서도 이성적인 사유의 자유는 드물지 않으나 남루한 일상으로부터의 자유는 보기 드물다. 한국이라고 다를 리 없을 것이다. 예수는 누가 한쪽 뺨을 때리면 다른 쪽 뺨까지 내밀라고 했지만, 공자는 미워할 줄 아는 자만이 진정으로 사랑할 줄 안다고 했다. 예수는 깨끗한 물에 벽을 쌓은 것이고 공자는 미움까지도 인간의 속성으로 받아들여 더 큰 사랑으로 승화시킨 것 아니겠는가. 나는 알게 모르게 우리네 삶 속에 스며있을 동양의 정신을 아직도 믿는다.

기가 죽으면 뜻대로 살 수 없다

준경이에 대한 연민의 정과 장애에 대한 분노, 그것은 복합감정이었다. 그러나 나는 직장에서나 친구들 앞에서는 언제나 쾌활했다. 나의 상처를 보여주고 싶지 않았기 때문이다.

　　　　　　　　　　　　　2001년 봄날 어느 아침이었다.
　　　　　　　　　　　　"준경아, 가자." 혼자 등교준비를
끝낸 준경이가 달려 나온다. 선천성 장애아로 태어나 제대로 살기나 할
까, 가슴 졸여온 세월이 이십 년. 준경이는 이제 혼자 걸어 다니고 자전
거도 타고 씻을 줄도 알고 간단한 식사는 스스로 챙겨 먹을 줄도 안다.
아침 9시에 준경이를 학교까지 데려다주고 오후 5시면 데려오는 일도
몸에 맞는 옷처럼 편안한 일상이 됐다.
　　학교에서는 준경이 혼자 등교하게 해보라고 했다. 준경이와 비슷한

아이들도 혼자 메트로(지하철)를 타고 등교하는 모양이었다. 내 목숨이 영원하지는 않을 테니 홀로 설 수 있게 해야 한다는 것을 알면서도 나는 이 일에서 좀처럼 벗어날 수가 없다.

실험을 해본 적은 있다.

"준경아, 아버지가 급한 약속이 있어서 그러는데 집에 혼자 갈 수 있겠어? 어디서 갈아타는지 알지?"

"위이(네)."

애타는 아비 심정을 아는지 모르는지 준경이는 씩씩하게 메트로 안으로 사라졌다. 집까지는 메트로를 두 번이나 갈아타야 한다. 나는 몰래 준경이 뒤를 밟았다. 준경이는 메트로 안의 사람들이 저를 쳐다보든 말든 귀에 이어폰을 꽂은 채 리듬에 맞춰 몸을 까딱거리면서도 연신 창밖을 내다보는 것이 내릴 곳을 확인하는 눈치였다. 준경이는 조금도 헤매지 않고 혼자 집을 찾아왔다. 그런데도 나는 준경이를 내 품에서 떠나보내지 못하는 것이다.

준경이는 제 누이와 열다섯이나 터울이 지는 늦둥이다. 간첩으로 몰려 한동안은 서울로 돌아갈 수 없다는 막막함 때문이었는지, 혹은 자라는 아이를 보는 것으로 시름을 잊고 싶었는지 나는 싫다는 아내에게 고집을 부렸다. 그렇게 낳은 아이가 준경이다. 나도 천생 한국남자인지 아들 낳았다는 말이 그렇게 반가울 수 없었다. 마음이 든든했다.

병원에서는 무슨 검사를 한다면서 갓 태어난 아이를 유리병 같은 곳에 넣었다. 일주일 후에는 병원을 옮겨서 정밀검사를 했다. 그때까지도 몰랐다. 내 자식에게 장애가 있으리라곤 단 한번도 상상하지 못했다. 열

흘쯤 지난 뒤 의사가 나를 불렀다. 표정이 심상치 않았다. 불길한 예감이 스쳤다.

"아이에게 장애가 있습니다. 염색체 이상입니다."

집으로 돌아왔다. 식탁에 앉았지만 도무지 음식을 삼킬 수가 없었다. 밥 대신 술을 마셨다. 술 한 잔 마시고 담배 한 대 피고 하다보니 어느새 자정, 나는 벌떡 일어나 병원으로 달렸다. 병원문은 굳게 닫혀 있었다. 그 시간에는 아무도 면회할 수 없다. 나는 문을 쾅쾅 두드렸다. 늙수그레한 수위가 얼굴을 내밀었다.

"나, 준경이 아비 되는 사람이오. 지금 우리 아들을 꼭 봐야겠소. 들여보내주시오."

수위는 나를 찬찬히 훑더니 심상치 않은 기색을 느꼈는지 더 묻지 않고 문을 열어주었다. 원칙보다 사람의 사정이 더 중요하다고 생각했던 걸까. 유리창 너머에서 준경이는 히죽히죽 웃고 있었다. 장애아라고 생각해서 그런지 이상했다. 다른 아이들과는 뭔가 달랐다.

평상시와 다를 바 없이 이틀을 보냈다. 밥을 먹고 잠을 자고 아침이면 일어나 그 무렵 공부하던 중국어책을 들여다보았다. 바람 한 점 없는 깊은 호수처럼 마음은 어느 때보다 차분하고 명징했다. 그러다 어느 순간 가슴 속에서 뜨거운 무엇인가가 걷잡을 수 없이 솟구쳤다. 오열이었다. 다섯 시간쯤을 온 방, 온 아파트, 온 동네가 소란스러울 정도로 울었다. 나는 평생 세 번 통곡했다. 아버님이 돌아가셨을 때, 대부님이 돌아가셨을 때, 그리고 준경이가 장애아라는 것을 알았을 때. 그렇게 울고 나자 마음이 말갛게 비워졌다. 준경이를 내 업보로 받아들였다. 장손이 되어 부모 곁을 지키지 못한 죄 갚음을 하라고, 자식 떼어 보낸 부모의 마음 한 자락이나마 헤아려보라고 하늘은 내게 늘 끼고 살아야 하는 준경이를 보낸 것 아닌가 하고 생각했다.

주사위는 던져졌다. 1979년에 '간첩'에 '아동인질범'으로 몰리고, 다음 해인 1980년에 준경이가 장애아로 태어나고, 1983년에 아버님을 여의고, 1984년에 대부님을 잃었다. 다른 시절이라고 밝은 태양 아래 산과 들이 아름답고 정답기만 했을까마는 1979년에서 1985년에 이르는 육 년간은 그야말로 고난이 덮치고 겹쳐서 어찌할 바를 모르던 시기였다. 그 시기의 나를 두고 아내는 나중에 서울에서 온 MBC 스페셜의 PD에게 "아무도 그를 받아들이지 않으니 곧 감옥이었죠. 사람은 살려놓고 매일매일 좌절에 빠지게 하는 상황"이라고 했다. 말 그대로 외로운 사면초가, 깨어 있으면 고통스러울 뿐이어서 나는 매일 저녁 독한 보드카를 한 병 이상 마셨다. 어처구니없는 삶의 고통을 잊고 싶어서였다. 그러면서도 이따금 그 아득한 상황에서 벗어나려고 거칠게 버둥거렸다.

아내는 직장에 나가고 딸아이는 학교에 가고 집에는 나와 준경이뿐이었다. 내가 술에 취해 비틀거려도 준경이는 배가 고프면 울었고, 아프면 울었다. 울지 않는 녀석이라면 잠시 잊을 수 있었을지 모르나, 우는 녀석은 어떻게 해도 머리에서 지워버릴 수가 없었다. 술에 취해 쓰러져 자다가도 준경이가 울면 일어나 기저귀를 갈아주고 우유를 먹여야 했다. 준경이는 보통 아이보다 발육이 느릴 뿐 아니라 몸도 허약했다. 준경이 옆에서 거의 밤을 새웠다.

우유 먹이는 것도 고역이었다. 딸 지현이는 우유병에 가득 담긴 우유를 일이 분이면 후루룩 먹어치웠다. 그런데 힘이 없는 준경이는 두 시간이 지나도록 우유병을 놓지 않았다. 그걸 보는 내 마음은 그대로 지옥이었고, 매번 두 시간 넘게 안아들고 어르며 우유를 먹이느라 내 몸은 초죽음 상태였다. 내가 먼저 죽을 것 같았다.

침대에 누웠다. 얼마쯤 지났을까. 마주 보이는 벽 오른쪽에서 홀연 설렁설렁한 느낌이 나는가 싶더니 염라대왕의 나졸 같은 것들이 나타나지 않는가. 그와 동시에 주위의 색깔이 사라졌다. 파란색도 빨간색도 노란색도……, 모든 색이 사라지고 온통 거무스레한 잿빛뿐이었다. 내가 미치는 것인가. 나는 침대에서 일어나 욕실로 가서 거울을 쳐다보았다. 거기에는 죽어가는 사람의 얼굴이 보였다.

창 너머 뒷산을 보았다. 밤나무가 울창하던 산은 나무 한 그루 없는 황량한 묘지로 변해 있었다. 문득 이런 생각이 떠올랐다. 오늘밤 나는 저승으로 가는구나! 망연자실하는 순간 어머님과 준경이 생각이 났다. 내가 죽는다면 어머님은 얼마나 놀라실까. 그리고 준경이는 아버지 없는 세상을 어떻게 살아갈까. 내 눈의 착각인지 한여름의 하늘에서 눈이 내렸다. 어처구니없는 환각이었다. 환각이란 무엇인가. 인체 내부, 특히 대뇌가 비정상 상태가 되면 나타나는 무중생유(無中生有)의 허황한 지각을 말한다.

몇 해 동안 당면한 문제를 미해결 상태로 놓아두고 매일 술에 절어 지냈으니 환각에 걸릴 만도 했으리라. 문제가 미해결인 상태처럼 나쁜 것은 없다. 나는 파산한 사람이 망연자실 강가에 서 있듯이 문제해결은 아랑곳없이 속수무책의 고통 속에서 전전긍긍 세월을 보냈던 것이다. 중앙정보부의 중상모략이나 아버님과 대부님의 별세는 시간이 지나면서 그런 대로 정신적으로 소화가 되었지만 눈앞의 준경이, 살아있는 준경이의 장애가 주는 고통은 요지부동으로 나를 떠나지 않았다. 준경이가 장애라는 사실 자체를 의식 무의식 간에 완강히 거부하려 했던 것이다. 준경이가 장애라면 그것은 어떤 의미에서 하나의 기적이다. 그것이 기적이라면 그 반대의 기적이 왜 없겠는가. 그 반대의 기적이 일어나서 준경이의 장애가 사라졌으면 하는 것이 나의 간절한 희망이었다. 터무니없는 희망을 사람들은 비웃으리라. 그러나 아버지의 마음은 그런 것이다.

연민. 그것은 눈물을 머금고 인생을 바라보게 한다. 그것은 마음을 정지시키는, 치명적인 감정이다. 준경이에 대한 연민의 정과 장애에 대한 분노, 그것은 복합감정이었다. 그러나 나는 직장에서나 친구들 앞에서는 언제나 쾌활했다. 나의 상처를 보여주고 싶지 않았기 때문이다.

뜻밖의 환각을 체험한 이후 나는 비로소 자기통찰의 기회를 얻었다. 참으로 다행한 일이었다. 출생부터 행운이 따르지 않은 준경이를 어떻게 하면 행복하게 해줄 수 있을까? 그 방법은 무엇일까? 이제는 그것만이 문제였다.

어느 날 코르만(Louis Corman)의 저서 《심층심리학자 니체(Nietzsche Psychologue des profondeurs)》를 읽었다. 거기서 아주 귀중한 구절을 발견했다. 니체가 미쳐서 사람들이 정신병원에 보내려는 차에 노모가 그 소식을 듣고 달려와서 '무한한 사랑'으로 죽을 때까지 보살폈다는 구절이었다. 노모가 죽은 뒤에는 누이동생이 또한 애틋한 사랑으로 니체를 돌보았다고 한다.

그 순간 이전의 기억이 비수처럼 내 심장을 파고들었다. 언젠가 준경이가 심한 감기에 걸렸을 때다. 밤새 보채다 깜박 잠이 들었던 준경이는 십 분도 안 돼 깨어나 자지러지게 울어댔다. 코가 막힌 것이었다. 새벽녘까지 아이 뒤치다꺼리를 하느라 신경이 극도로 예민해진 나는 아이가 또 울어대자 나도 모르게 버럭 소리를 질렀다.

"야, 이 놈아! 차라리 죽어버려라."

놀랍게도 준경이는 울음을 뚝 그쳤다. 그날 밤 준경이는 더 이상 나를 깨우지 않았다. 말도 못하고 말귀도 못 알아듣는 녀석에게도 생존의 본능은 시퍼렇게 살아있었던 것이다. 나는 얼마나 잔인한 아비인가. 회한과 자책이 씁쓸하게 입안 가득 고여 왔다.

며칠 뒤 무심코 텔레비전을 보고 있었다. 준경이 같은 자식을 둔 여자가 나오는 프로그램이었다. 그녀의 아들은 장애 정도가 준경이보다 훨씬 심각했다. 견디다 못한 그 여인은 차라리 같이 죽자는 심정으로 아이를 태우고 고속도로로 차를 몰았다. 시속 백팔십 킬로미터로 달리던 어머니가 막 핸들을 꺾으려는 찰나, 뒷자리에 탄 아이가 갑자기 어머니 어깨에 손을 얹으며 말했다.

"마망(엄마)!"

아이가 처음으로 낸 소리였다고 한다. 그 순간 어머니는 차마 핸들을 꺾지 못했다. 비록 장애아이긴 하지만 죽음 직전에 어렵게 입을 연 아이를, 그 생명에 대한 욕망을, 아무리 어미라고 해도 마음대로 할 수 없었던 것이다. 그 어머니는 갓길에 차를 세우고 아들을 끌어안았다.

"고맙다. 네가 나까지 살렸구나."

그 어머니는 모자란 자식이 이제는 삶의 희망이라고 했다. 죽음까지 결심했던 그녀의 절망은 바로 내 것이었다. 느닷없는 깨달음이 나를 전율케 했다. 의사이신 대부님 말씀에 오십 년 전엔가 발견된 항생제가 아니었다면 출생과 동시에 죽었을 아이라던 준경이는 마음속 깊이에서 자신의 장애를 거부하는 아비를 온몸으로 의지하고 사랑하며 추호도 의심하지 않았다. 차라리 죽어버리라는 아비의 잔인한 외침에도 녀석은 고통스럽게 기침을 삼킬지언정 원망의 눈길조차 보낼 줄 몰랐다. 그 한결같은 사랑이야말로 축복이며 기적 아니겠는가. 녀석의 그런 사랑은 어느새 내게 전이되어 있었다. 지금까지 어느 누구를 그토록 맹목적으로, 고통스럽게, 속절없이, 그러면서도 지독히 강렬한 마음으로 사랑한 적이 있었던가?

그렇다! 방법보다도 나의 태도, 나의 마음이 문제 아니겠는가. 무한한 사랑, 그것은 아마 선한 사람이 아니면 불가능하리라. 선 중에서도 지선(至善)이어야 할 것이다. 모자란 자식을 키워보지 않은 사람은 모를 것이다. 보통 아이보다 백배 천배 손이 가니만큼 부모의 마음도 오롯이 깃들여서 모자란 자식이 결국은 부모의 영혼과 하나로 묶인다는 것을. 준경이는 내가 오십 평생 경험하지 못했던 지선의 사랑을 내 가슴에 심어주었다. 어쩌면 준경이는 나로 하여금 지선의 경지를 깨닫도록 하기 위해 하늘이 보내준 선물인지도 모른다.

준경이는 보통 사람과 크게 다르지 않다. 다만 느릴 뿐이다. 사람들이 시속 백 킬로미터로 달려가는 길을 준경이는 두 발로 비틀비틀, 길가에 피어 있는 꽃도 구경하고 잠시 드러누워 푸른 하늘도 보면서 천천히 걸을 뿐이다. 준경이는 더 이상 내 마음에 지옥을 만들지 않는다. 내 어깨에 기대어 보잘것없는 내 삶을 풍요롭게 해주는 준경이는 작은 천사다. 살아온 기적이 살아갈 기적이 된다고, 사노라면 많은 기쁨이 있다고 했던 김종삼의 시는 진실이다. 모든 것은 마음먹기 나름이다.

예수는 십자가에 못 박혀 피를 흘리며 나의 하나님, 나의 하나님, 어찌하여 나를 버리셨나이까, 하늘을 우러러 고통을 호소했다. 그런데 불교를 전파하다 순교한 중국의 한 스님은 칼날에 목이 잘리면서도 아 봄바람이 불어오는구나, 하고 웃으며 이승을 떠났다. 고통도 마음에 따라 한줄기 봄바람이 될 수 있다. 서양 심리학으로는 달랠 수 없던 내 마음의 고통을 잦아들게 한 것은 바로 내가 나고 자란 동양의 정신이었다. 나는 선의 문제에 더욱 깊은 관심을 가지고 삶의 방식을 조금씩 바꾸었다.

준경이를 데리고 자면서 머리도 쓸어주고 발목도 만져보고 옛날이야기도 들려주었다. 이전과 달리 같이 자리에 들고 같이 잠들었다. 아이를 재워놓고 몰래 일어나는 습관을 버린 것이다. 준경이를 가게에 데리고 가서 무엇이 먹고 싶으냐고 묻고 대개는 다 사주었다. 준경이의 장애를 부정하던 내가 드디어 장애를 인정하고 준경이의 인격을 존중하기 시작한 것이다. 어떤 일이 생기면 준경이가 그 일을 이해할 때까지 반복해서 설명했다. 매일 수십 송이씩 피는 앵파시앵스 꽃을 거실에 기르고, 그 아름다운 꽃 옆에 나란히 앉아 만화책도 같이 보고, 그러다가 동네 개울에 가서 흘러가는 물 위에 풀잎을 띄우고 조약돌을 던지면서 친구처럼 얼굴을 맞대고 킬킬거리기도 했다. 주말이면 세나르 숲에 데리고 가서 말도 타고, 때로는 차로 조금 멀리 떨어진 퐁텐블로 숲으로 소풍을 가서 도시락을 먹고 이 바위 저 바위 오르내렸다. 삼사월에는 아기 손가락 같은 파릇한 고사리도 함께 뜯었다.

준경이는 점점 자신감을 얻었다. 가족이 1988년 교외에서 파리로 들어온 것은 무엇보다 준경이 학교 때문이었다. 교외에는 파리 시내만큼 장애아를 위한 시설이 갖춰져 있지 않다. 장애아들을 수용하는 곳은 있어도 장애아들을 가르치는 학교다운 학교는 없었다. 파리에 들어온 이후 준경이와 나는 각자 자전거를 타고 앞서거니 뒤서거니 시내를 돌기도 한다.

어린 준경이가 걷기나 할까 하고 얼마나 애를 태웠던가. 두세 살 때 만화책을 가지고 와서 읽어달라는 시늉을 할 때 얼마나 기뻐했던가. 그런 준경이가 불안한 걸음이나마 홀로 걷고 자전거도 타고 학교 아이들과 로마에도 다녀오면서 어느새 이십대 청년이 됐다. 7시 45분에 내가 깨우면 찡그린 얼굴로 자리에서 일어나고, 나와 함께 8시 20분에 버스를 타고 직업학교에 가고, 오후 4시면 학교 앞에서 기다리는 나를 향해 환한 웃음으로 달려오는 스무 살 준경이. 내 황량한 마음에 작은 선(善)이라도 깃들여 있다면 아들아, 그것은 오로지 네가 준 선물이란다.

지현에게도 준경에게도 나는 특별한 교육을 하지 않았다. 다만 하나의 신념을 심어주려 노력했다. "너희가 하기 싫은 일은 하지 마라." 하고 싶은 일만 하고 살기에도 얼마나 짧은 인생인가. 하기 싫은 일을 하지 않고 살려면 무엇보다 기가 죽지 않아야 한다. 기가 죽으면 내 뜻대로 살 수 없다.

초등학교에 막 입학했을 때 지현이는 유일한 동양계였다. 신기해서 그랬는지 놀려대는 아이들이 더러 있었다. 지현이는 금세 저보다 고학년인 아이들을 사귀었다. 그리고는 같은 학년 아이가 덤비면 얼른 고학년 친구 등 뒤로 숨었다. 지현이를 데리러 학교에 갔다가 그 광경을 본 뒤로는 일체의 걱정을 버렸다. 정면대결을 할 수 없을 때는 돌아갈 수도 있는 거지, 돌아가는 길을 선택할 수 있는 아이라면 내가 걱정할 필요가 없다고 생각했다. 문제는 준경이였다. 유치원 때였다. 이틀 연속 준경이가 누군가의 손톱에 얼굴을 긁혀서 돌아왔다. 속에서 불길이 치솟았다.

"누가 그랬니?"

엄마, 아빠나 겨우 말하는 정도였으니 대답할 리가 없었다. 나 혼자 끙끙 앓다가 준경이를 불러 앉혔다.

"준경아. 누가 또 얼굴을 긁으려고 하거든 말이야. 이렇게 네 주먹을 개 머리 위에 올려놓는 거야."

말을 완전히 이해하지 못하는 아이라 나는 준경이 손을 내 머리 위에 올려놓고 손짓발짓으로 가르쳤다.

"그리고는 쾅 하고 내려놔. 알았니?"

며칠 뒤였다. 학교에서 부모를 소환했다. 준경이가 다른 아이 머리통을 있는 힘껏 내리쳤다는 것이었다. 그 학교가 생긴 이래 처음 있는 일이라고 했다. 선생의 말을 들으며 나는 속으로 웃었다. 녀석이 내 말귀를

다 알아들었던 것이다.

"제가 시켰습니다."

선생의 눈이 휘둥그레졌다. 부모가 아이에게 친구를 때리라고 시키다니 프랑스 사람들로서는 생각할 수도 없는 일이었다.

"준경이가 이틀씩이나 손톱으로 얼굴을 할퀸 채 돌아왔기에 또 그러거든 주먹을 그 아이 머리 위에 올려놓았다가 쾅 하고 내려놓으라고 제가 시켰습니다. 누군지 모르겠지만 그 아이가 준경이를 할퀴었을 때 그 아이 부모도 불렀습니까? 준경이가 가만히 있는 아이를 때리지는 않았을 겁니다. 저는 앞으로도 준경이한테 가만히 맞고만 있지 말라고 가르칠 겁니다. 어떤 처분을 내리든 알아서 하십시오."

내 심정을 이해했는지 선생은 더 이상 말하지 않았다. 그 뒤로 비슷한 일로 두어 번 더 학교에 불려갔다. 준경이가 한번은 한 아이의 눈을 주먹으로 쳐서 안경을 깨뜨렸고, 한번은 구둣발로 상대방의 얼굴을 걷어찼기 때문이었다. 물론 배후조종자는 나였다. 준경이를 야단치라는 선생의 말에 나는 오히려 내가 그렇게 가르쳤으며, 준경이는 정당방위를 했을 뿐이라고 대답했다. 큰 문제가 생긴 적은 없다. 자식의 기를 죽이고 싶지 않은 내 심정을 선생들도 어느 정도는 이해했던 모양이다.

기(氣)는 사람의 생명과 직결된 생명에너지다. 기가 죽으면 그 사람은 이미 죽은 것이나 다름없다. 내 기를 살리자고 폭력을 행사하는 것은 물론 옳지 않다. 그러나 준경이는 지현이처럼 슬기롭게 피하는 방법을 모르는 아이다. 그런 준경이에게 자신을 지키는 최소한의 폭력을 가르친 일에 대해서 나는 지금도 후회하지 않는다.

스무 살의 보통 아이라면 부모를 떠나 제 스스로 서기 시작할 나이다. 프랑스에서는 장애아도 여느 아이처럼 살 수 있게 배려한다. 노동을 하고 보수를 받고, 그렇게 혼자 자기 삶을 꾸려가게 하자는 것이다. 준경이도 직업학교에서 이른바 취업실습을 받기 시작했다.

어느 날은 접시닦이를 하고, 어느 날은 꽃가게 점원으로 일을 해보는 것이었다. 아내는 프랑스의 그런 교육방침에 대찬성이었다. 그러나 나는 일하러 나가는 준경이가 안쓰럽기만 했다. 멀쩡한 나도 먹고 살려고 일하는 게 죽을 맛이었는데 준경이는 오죽하겠는가? 나는 일 나가는 준경이에게 아내 몰래 속삭였다.

"준경아. 가서 일하기 싫으면 언제든지 싫다고 해, 알았지? 그래도 괜찮아."

준경이는 아비 뜻을 잘 받들어 한 시간 만에도 농(아니오), 하고는 손을 탁탁 털고 돌아온다. 제일 오래 버틴 게 꽃가게 일이었다. 일도 힘들지 않고 주인도 좋았는지 꽃가게에서는 반나절이나 군소리 없이 버텼다. 오후에는 돌아와 버렸지만.

아내는 그런 준경이가 걱정스러운 모양이었다. 아내는 준경이가 여느 아이들처럼 살기를 바라는 것 같다. 언젠가 준경이에게 끈으로 묶는 운동화를 사줘서 나와 한바탕 싸운 적이 있다. 아내는 보통 아이들처럼 준경이가 운동화 끈도 묶을 줄 알게 되기를 바라는 것이고, 나는 그까짓 거 못하면 안 하면 그만이지 하는 것이다. 큰소리 땅땅 치는 나를 꼼짝 못하게 만드는 아내의 마지막 말은 이것이다.

"우리 죽고 나면 어떡하게요?"

그러면 나도 할말이 없다. 물론 지현이와 담판을 보기는 했다. 담판이라기보다는 다행히 제 동생을 유난스레 아끼는 지현이의 너그러운 사랑에 기대기로 했다는 게 정확하다.

"우주에 단 하나밖에 없는 네 동생이다. 나 죽으면 준경이는 네가 책임져야 해, 알았지?"

반 강제나 다름없는 내 부탁에 지현이는 선선히 고개를 끄덕였다. 당연하죠, 라고 덧붙인 말이 얼마나 고맙던지.

그러나 지현이에게는 자기 가족이 있다. 또 누이가 아무리 잘해준들 부모만이야 하겠는가. 아내 말대로 우리가 죽고 난 뒤를 생각하면 힘겹더라도 준경이 역시 남들처럼 세상사는 법을 익히는 게 옳은지도 모른다. 알면서도 나는 차마 준경이를 품에서 떼어놓지 못한다. 내 인생이 구차해지더라도 준경이를 위해 돈이나 좀 벌어놓을 걸, 때로는 후회스럽기도 하다.

어렸을 적에는 매번 좋은 직장을 그만두고 나오는 나를 못마땅해 하던 지현이도 자라면서 나를 닮아갔다. 딸애가 의대를 나와 대학병원에서 안과 과장을 하고 있던 때다. 어느 날 멀쩡하게 출근했던 아이가 화가 잔뜩 나서 돌아왔다.

"왜 그래?"

"저 사표 냈어요."

대학병원 안과 과장 자리를 박차고 나오다니 배포 하나는 어지간했다.

"무슨 일인데?"

"랑슬로 교수하고 싸웠어요."

시력이 좋지 않은 한 아이가 왔는데 지현이네 병원에서는 정밀검사를 할 수가 없어서 퀴리연구소에 의뢰했다고 한다. 검사 결과, 힘들지만 시력을 살릴 방법이 있었다. 그래서 지현이는 시력을 살릴 수 있는 방법으로 수술을 하자고 했는데 랑슬로 교수가 반대했다.

"그냥 걷어내고 유리알 씌워."

의사의 편의를 위해 아이의 시력쯤은 상관없다는 태도에 지현이가 발끈했다.

"아니, 시간이 좀 걸리겠지만 제 눈으로 보는 게 좋지 왜 그냥 걷어내라고 하십니까?"

지현이가 자기 견해를 굽히지 않으니 교수는 짜증을 냈다.

"왜 이렇게 말을 안 듣지?"

그래서 그 길로 사표를 내고는 교수실 문을 쾅 닫고 돌아온 것이다.

"잘했다. 네가 옳아. 옳은데 굽히면 안 되지."

랑슬로 교수라면 지도교수이자 지현이를 안과과장으로 끌어준 사람이다. 이를테면 지현이에게는 가장 가까운 사부인 셈이다. 그런 사람에게 대들다니, 피는 못 속이는구나. 지도교수건 뭐건 옳지 않은 일은 과감하게 거부하는 지현이가 나는 자랑스러웠다. 뒤따를 고통이 무서워 부당한 지시에 복종한다면 출세는 보장될지 모르지만 진실한 삶과는 멀어지는 것이다.

그러니 우리 집안의 먹고사는 문제를 책임져온 아내는 걱정을 끌어안고 산다. 걸핏하면 좋은 직장 그만두고 나오는 남편 때문에 평생 가난과 더불어 살았는데, 딸애나 아들 녀석까지 제 아비를 닮아 놓, 하나는 잘도 해대니, 삶이 누추한 현실을 떠날 수 없음을 사무치게 아는 아내의 심정은 오죽하겠는가. 그 마음을 백번 이해하면서도 나는 오늘도 누가 뭐라든 아닌 일에는 거침없이 농, 고개를 흔들고 준경이에게도 지현이에게도 옳지 않은 일 싫은 일에는 농, 하고 외치라고 부추긴다.

사람이 사는 의미가 돈이나 출세에 있지 않고 작으나마 선을 행하는 데 있음을 굳게 믿는 까닭이다. 그리하여 내가 좋아하는 화담 서경덕 선생처럼 한가한 삶을 맛본 뒤로 술병 속의 세상을 마음에 새기며 살아갈 수 있기를 꿈꾸는 까닭이다. 옛날 중국 노나라의 시존(施存)이란 자가 신선술을 배워서 허리에 항상 닷 되들이 술병을 차고 다녔다던가. 그 술병 속에는 또 다른 세상이 들어있어 해도 있고 달도 있고, 그래서 시존은 밤이면 그 안에 들어가 잠을 청했다고 한다.

화담 선생은 사람이 늙어서는 마땅히 "멈춤에 멈추어야(止止) 한다"고 했는데, 늙어 멈추면 거기에 시존의 호리병 같은 아늑한 세계가 펼쳐지려는지. 시존의 호리병은 아닐 터이나 요즘 술이라도 한잔 걸치면 보잘것없는 내 인생도 소소하게 즐거워지고, 서재로 스며드는 햇살 한 줌에도 불현듯 미소 짓곤 한다.

돌이켜보면 삼십 년 망명객, 저 태어나고 골목골목마다 자잘한 추억이 깃든 고향에도 돌아가지 못하는 처지이지만, 내가 좋아하는 책이 서재에 그득하고, 커피 한 잔 값의 제법 마실 만한 포도주도 곁에 있고, 부평초처럼 떠도는 망명객일지언정 언제든 밤새워 술잔 기울일 친구도 적지 않으며, 외롭고 고단한 세월이긴 했으나 한평생 내 뜻을 꺾어본 적 없으니, 내 삶이 소소하게 즐겁지 않아야 할 이유도 없긴 하다. 게다가 나를 온몸으로, 온정신으로 믿고 사랑하는 아들 준경이까지 있으니.

시절이 그래서 그랬는지 애당초 그런 풍류가 없었는지 나는 술은 즐기지만 그 밖에는 문외한이다. 내게 작은 풍류가 있다면 흙을 퍼다 아파트 베란다에 화단을 만들고 꽃이며 채소 따위의 싹 트고 열매 맺는 것들을 심어두고 조석으로 바라보는 정도일 것이다. 작은 화단이나마 아침마다 와 닿는 햇살의 농도에 따라 여린 싹이 짙어가는 게 다르고 때로는 작은 새도 깃들어, 창문을 열고 바라보면 제법 풍류가 느껴진다. 마네, 모네의 그림에서 자주 보는 개양귀비는 개중 화려한 축이고, 대나무를 닮아 볼 때마다 돌아가지 못하는 조국이 생각나게 하는 종이풀 파피루스는 여린 듯 푸르고, 한여름이면 하루 종일 고개를 쳐드는 해바라기의 정염도 제법 볼 만한 정취다.

우리 집에서 음악소리가 나기 시작한 건 아마 내가 화단 가꾸기에서 조금씩 멀어진 두어 해 전일 것이다. 우리 집 음악소리는 준경이 덕분이다. 준경이가 피아노를 배운 것은 그리 오래되지 않았다. 집에서는 피아노를 가르친 적이 없는데 학교에서 배웠다고 했다. 실력은 둘째 치고 처음으로 녀석이 즐길 만한 일을 찾은 것이 나는 무작정 반가웠다. 제 누이가 피아노를 한 대 사주었더니 준경이는 틈만 나면 피아노 앞에 앉고, 그게 아니면 누가 주었다는 아프리카 북을 두드린다. 음악에 심취해 있는 준경이는 더 이상 장애아가 아니다. 준경이는 보통사람과 똑같은 열정과 흥분과 감동을 느끼고 즐긴다.

내게 돈이 좀 있다면 준경이가 저 좋아하는 음악이나 하면서 살게 해

줄 것이다. 사람이 태어나 저 좋아하는 일을 하며 사는 것보다 행복한 삶이 있으랴. 그 일로 돈까지 벌 수 있다면 좋겠지만 예술이나 학문으로 돈 벌며 살기는 쉽지 않은 세상이다. 멀쩡한 나도 아닌 일에는 농, 하며 내 좋아하는 공부만 하다 보니 달동네를 전전하고 있지 않은가? 남 같지 않은 준경이까지 그렇게 살게 하고 싶지는 않은데……. 작은 악단에라도 들어가 저 좋아하는 일 하면서 소일 삼아 남은 생을 즐길 수 있다면 얼마나 행복하랴.

그래도 요즘의 고민은 예전의 고민에 비하면 감지덕지다. 준경이가 태어나서 몇 년은 코나 풀 수 있을까, 걸음이나 뗄 수 있을까, 대소변이나 가릴 수 있을까 하는 게 고민이었다. 요즘은 준경이가 예전처럼 자주 아프지도 않고 제 한 몸 가눌 줄도 알게 됐으니 이만하면 되지 않았나, 이렇게 나를 위로해도 사람의 욕심은 끝이 없는 모양이다. 앞으로 뭘 해서 먹고 살지, 그래도 목숨을 갖고 태어났으니 때가 되면 제 짝을 찾아야 할 텐데, 이래저래 준경이는 내 머릿속을 잠시도 떠나지 않는다.

자식이란 이런 것인데 나를 떠나보내고 부모님은 오죽하셨을까? 그래도 내 어머님 아버님은 단 한번도 원망의 말을 하지 않으셨다. 늘그막에 어머님 모시고 내 자란 서울 땅에서 어릴 적 동무들과 비 내려 적막하고 눈 내려 오붓하고 햇빛 쨍쨍하여 쓸쓸한 날이면 술 한잔 기울이며 내 나라 말로 소소한 이야기나 주고받으며 사는 게 소원이지만, 한국말도 못하고 환경이 조금만 바뀌어도 불안해하는 준경이가 아름다운 혹으로 내 삶에 엉겨 붙어 있으니 그 작은 소원도 한낱 꿈일 뿐이다. 이래저래 나는 죽을 때까지 부모님께 못난 죄인이다. 내세에는 자식도 말고 자유도 말고 내 삶의 진실 같은 것도 다 말고 어머님 아버님 자식으로 살겠노라는 헛된 다짐뿐, 나는 부모님께 드릴 말씀이 없다.

    준경이도 이제 내 품에서 떼어놓아야 하는 게 아닐까? 저 혼자 비틀거리며 걷다 넘어지고 무릎이 깨지더라도 아내 말대로 제 길을 가도록 해야 하는 게 아닐까? 어쩌면 준비되지 않은 것은 준경이가 아니라 나인지도 모르겠다. 이순을 넘기고도 무엇이 옳은지 여전히 갈림길마다 헤매고 있으니 살았다고 할 것이 없다. 준경이가 학교에 가고 없는 시간 내내 공자 장자를 뒤적이고 한시를 뒤적이면 잠깐 머릿속이 환해진다. 하지만 책을 덮으면 세상은 다시 미망이다. 예순을 넘긴 지금도 나는 여전히 학생일 뿐이다.

알고 보니 독립군이구나

내 조국에 자유가 없음을, 최소한의 민주적인 질서마저 없음을 통탄하며 살아온 나이지만, 조국을 부끄러워한 적은 없다. 이역만리에 살면서 나는 늘 조국의 정이 그리웠다.

우리 동네에서는 지현이를 포함해 두 명이 대학에 합격했다. 지현이의 단짝은 대학진학에 실패하고 전문학교로 갔다. 그러고도 두 아이는 여전히 단짝이었다. 어느 날 그 친구 집에 다녀온 지현이의 차가 반짝거렸다. 친구 아버지가 지현이의 대학진학을 축하한다고 직접 세차를 해주었다는 것이다. 나는 그의 너그러움에 깊이 감사했다. 평범한 시민이었지만 그는 프랑스 정신의 담지자였다. 프랑스가 자유의 상징일 수 있는 것은 시민들 속에 자유와 평등, 박애의 정신이 뿌리 깊이 박혀 있기 때문이다.

　대학에 진학한 딸 친구의 차를 세차해준 것 가지고 자유니 박애니 하는 것이 너무 거창하다고 생각될지도 모른다. 그러나 타인의 행복을 진심으로 함께 나눈다는 것은 생각처럼 쉬운 일이 아니다. 위만 바라보고 사는 한국 사람에게는 특히 힘든 일이다. 한국 사람들은 늘 일등을 꿈꾼다. 빌딩을 지어도 동양최대, 세계최대여야 직성이 풀리고, 대학도 반드시 일류대학을 가야 한다. 출세와 돈이 곧 행복의 척도가 된다. 획일적인 가치, 그것도 천박한 자본주의의 가치가 지배하는 사회에서는 타인의 불행이나 진실을 돌아볼 여유가 없다.

　예전 우리 민족은 그러지 않았다. 익재 이제현 선생은 고려 말의 아슬아슬한 정계에서 여섯 왕을 섬기고 정승을 네 번 지낸, 한마디로 출세가도를 달린 인물이었지만 돈만 움켜쥐느라 사람을 보지 못하는 속물들을 개탄하고, 쉬파리 같이 앵앵거리며 날아다니는 소인들을 미워하고, "임금이라고 하여 어찌 잘못이 없을 수 있겠느냐"는 직언을 서슴지 않던, 서슬 퍼런 기상의 소유자였다. 그에게 출세는 행복이 아니었다. 그는 "대궐에 출입함은 영광이 아니다"라고 했다. 모든 사람들이 다 나의 동포라고 생각하고 혼자 즐김을 기뻐하지 않던 그는 명예나 돈이 아닌 삶의 오롯한 아름다움을 진솔하게 추구할 줄 아는 이인(異人)이었다.

　그뿐인가. "학문이 의심 없는 데 도달하니 쾌활함을 알겠다"면서도 평생 벼슬길에 나아가지 않았던 화담 서경덕은 일 년이 다 가도록 밥상에 소금조차 없는 곤궁 속에서도 홀로 "고요한 멈춤의 경지"에 이르러 "어린 소나무를 심고, 봄꽃들과 앞을 다투지 않는 국화를 사랑하면서"

한결같은 청풍(淸風)을 지켜 천하의 인심을 맑게 한 유자(儒者)의 올바른 줄기였다. 그는 제자들과 방방곡곡을 여행하다가 산과 물이 아름다운 곳을 만나면 문득 일어나 덩실덩실 춤을 추었다고 한다.

허균과 허초희에게 시를 가르친 손곡 이달(李達) 역시 꾀죄죄한 행색으로 아무도 살지 않는 마을에서 한 뙈기 밭도 없이 살면서 날카로운 풍자정신이 깃들인 활달한 시들을 남겼다.

멀리 갈 것도 없이 내가 떠나온 1960년대 초반까지도 그러한 이인의 정신이 살아 있었다. 내 아버지나 어머니나 아무리 가난한 시절에도 돈보다는 인간의 도리가 우선이었다. 그 분들이 특별해서는 아니었다. 주변의 이름 없는 사람들 마음속에도 아직 따스한 사람의 온기가 남아있었다. 이른바 경제개발이라는 것이 시작되면서부터 한국 사람들에게서 그런 온기가 사라졌다. 갑자기 떼돈을 번 졸부들의 치사한 돈자랑, 권력 근처를 어슬렁거리는 사람들의 역겨운 권력자랑에 나는 멀미가 날 지경이었다. 내 가까이 있는 사람들도 그랬다. 1975년 서울에 갔을 때 보니 예전에 늘 다정하던 친척 아저씨가 지하에 식모방을 두고 있었다. 그것을 보니 서글펐다. 손에 돈을 쥐게 되면서 그 아저씨는 사람에 층하를 두기 시작했던 것이다.

프랑스 사회가 우리보다 나은 게 있다면 그건 돈 때문이 아니다. 사람 사는 데 돈이 왜 중요하지 않을까마는 프랑스 사람들은 적어도 돈을 최우선으로 치지는 않는다. 그들은 오히려 자식에게 돈의 위험성을 가르친다.

넉넉하지 않은 살림이었지만 나는 두 아이를 키우면서 돈 때문에 고통 받지는 않았다. 지현이가 사달라는 장난감을 사주지 못하고 우는 아이의 엉덩이를 때린 적도 있고, 단돈 오천 원 때문에 준경이가 좋아하는 맥도날드 앞을 그냥 지나친 적도 많지만, 그것이 고통은 아니었다. 지현이가 중고등학교에 다닐 때는 남들만큼 용돈도 줄 수 있었다. 그때라고 내 형편이 넉넉해서가 아니었다. 프랑스에서는 잘 사는 사람들도 아이에게 용돈을 절대 많이 주지 않기 때문이었다. 상류계급에 속하는 대부님의 자식들도 지현이보다 더 많은 용돈을 받지는 않았다.

대부님의 막내는 연극을 한다. 문화국가라는 프랑스에서도 연극인은 가난하다. 세끼 밥 사먹을 돈조차 없이 살면서도 막내는 결코 부모님 신세를 지지 않았다. 대부님이 돌아가신 뒤 넓은 저택에 대부님 부인이 혼자 사는데도 막내는 그 좋은 집을 마다하고 어렵게 혼자 산다. 그런 자식이 안쓰러운 대부님의 부인이 용돈을 좀 주고 싶다고 조심스럽게 제의하면 막내는 단번에 농, 거절을 했다. 막내가 연극을 하면 개막 첫날 대부님의 부인은 나를 불러 함께 공연을 보러 갔다. 프랑스에서는 부모에게도 공짜 표를 주지 않는지, 부인은 번번이 내 표까지 직접 자기 돈으로 샀다. 그녀에게는 그게 유일하게 아들을 돕는 방법이었다.

파리 16구, 대표적인 상류계급 동네에 있는 대부님의 집은 값이 꽤 나갈 텐데도 다섯이나 되는 자식 중 누구도 관심이 없다. 다 그런 건 아니겠지만 파리의 많은 사람들이 그렇게 살고 있다. 내 사위만 해도 그렇다. 프랑스에서 내로라는 출판사 소유주의 아들인 그는 유산문제에 얽히는 게 싫어서 아예 집과는 인연을 끊다시피 하고 지낸다.

나는 프랑스의 국민소득 얼마가 부러운 게 아니라 그런 그들의 정신이 부럽다. 프랑스가 선진국인 이유는 자본주의 국가인데도 돈 따위에 얽매이지 않는 자유로운 정신이 있어서다.

프랑스 사람들은 적어도 인간의 정신을, 삶의 질을 우선으로 생각한다. 유럽대륙은 자본주의와 물질문명의 발상지이지만 오히려 미국이나 한국보다 물질문명의 폐해로부터 자유롭다. 프랑스 사람들은 아이들이 텔레비전 보는 시간을 엄격하게 제한한다. 대개 하루 한 시간쯤, 그것도 뉴스나 토론, 다큐멘터리 정도다. 노동자들이 텔레비전을 즐겨 보는 편인데 그래도 하루 두 시간 이상은 아이들에게 보여주지 않는다. 아예 텔레비전이 없는 집도 적지 않다. 텔레비전이 사람의 사고를 정지시킨다는 것을 알기 때문이다. 프로그램도 한국에 비하면 단순하기 그지없다. 선거철이 되면 거의 모든 채널에서 정치토론이 주를 이루고 평소에도 드라마나 오락 프로는 몇 개 되지 않는다. 한국에서 문제가 되고 있다는 컴퓨터 게임이나 인터넷 중독도 이곳에서는 전혀 문제가 안 된다. 물질문명의 편의는 이용하되 그 노예가 되어서는 안 된다는 것이 이들의 생각이고, 그런 방식으로 아이들을 교육하고 있기 때문이다.

프랑스에 맥도날드가 상륙한 지 이십 년이 지났다. 간편하게 들고 서서 어디서나 먹을 수 있는 맥도날드 햄버거는 물질만능, 편의주의의 상징과도 같다. 프랑스 전역에 맥도날드 체인점이 천 개가 넘는다고 한다. 특히 어린아이들이 맥도날드 햄버거를 좋아한다. 할리우드 상업영화의 진출도 조금씩 늘고 있다. 일각에서는 천박한 미국식 상업주의의 진출에 대해 비판의 목소리를 높이기도 하지만 대개의 프랑스 사람들은 별로 걱정하지 않는다. 그쯤이야, 하는 것이다. 자신감이라고나 할까.

나 역시 프랑스의 정신을 믿는다. 아니, 파리에서 사십여 년을 살아오는 동안 믿을 수밖에 없게 됐다. 디자인이니 미용이니 영화니 파리의 멋을 배우러 오는 한국 사람이 많지만 우리가 정작 배워야 할 것은 기술이 아니라 그 미(美) 속에 담겨 있는, 인간을 중심에 두는, 자유로운 프랑스의 정신인 것이다.

1990년대 들어서면서부터 한국 관광객이 부쩍 늘었다. 더 넓은 세계로 진출하는 한국 사람들을 보는 것이 왜 즐겁지 않겠는가? 거리에서 한국말을 들으면 자기도 모르게 다가가서 말을 걸게 된다는 동포들도 있다. 민족이란 그런 것이다. 그저 같은 말을 쓴다는 것만으로도 고향친구를 만난 듯 가슴에 봄바람이 이는 것이다. 그러나 고급 브랜드 상점 앞에 늘어선 사람들 사이에서 오가는 한국말을 들어야 할 때, 똑같은 헤어스타일에 똑같은 스타일의 옷에 화장법까지 비슷해서 도무지 내 동포의 얼굴을 식별할 수 없을 때 고향붙이를 만난 반가움은 그만 절망이 되고 만다.

한 친구가 한국의 맥은 이미 끊겨버린 게 아니냐고 체념 섞인 술투정을 했을 때 나는 도산 안창호 선생의 말을 들려주었다. 일본 총독부의 고위 관리가 안창호 선생에게 조선은 돈도 없고 군대도 없는데 어떻게 독립을 하겠다는 거냐고 물었다. 안창호 선생의 답변은 이랬다.

"그건 나도 모른다. 그러나 한 가지 내가 아는 게 있다. 한 민족이 그렇게 간단하게 멸망하지는 않는다는 것, 언젠가는 우리 조선이 반드시 독립한다는 것, 내가 그것 한 가지는 안다."

제 민족에 대한 믿음이 절절하지 않으면 나올 수 없는 말이다. 내 동포에 대한 믿음이 흔들릴 때마다 나는 안창호 선생의 말을 떠올린다. 선생 말이 옳다. 우리가 그토록 자랑해마지 않는 오천 년 전통이 그렇게 쉽게 사라지거야 하겠는가? 하기야 내 주변에만 해도 소리 없이 한국의 맥을 이어가는 사람들이 있다. 한국 사람은 누구도 알아주지 않지만.

그러고 보니 그 선배도 벌써 일흔이 넘었다. 나보다 십 년 위인 그 선배는 소르본에서 철학을 공부했다. 사람들과 섞여 사는 대신 책을 친구로 삼아 사는 그 선배를 내가 잊지 못하는 것은 첫 만남 때문이다. 나는 유학 온 지 얼마 되지 않아 그 선배와 인사를 나누게 되었다. 그는 반갑게 내 손을 잡고 이렇게 말했다.

"반갑습니다. 남의 말 잘하기 힘들지요? 저도 많이 부족합니다. 우리 같이 열심히 공부합시다."

나보다 겨우 몇 달 먼저 파리에 온 주제에 불어에 도통한 듯 가르치려는 사람들만 지긋지긋하게 보던 나는 그만 감격하고 말았다. 선배의 불어 실력은 프랑스 사람도 인정할 정도였다. 그 말 한마디로 나는 선배의 인품을 알았다. 선배는 프랑스 고등학교에서 철학을 가르치는 선생이었다. 서울대 교수 자리도 떼놓은 당상이었는데 왜 귀국하지 않는지 물어본 적이 없다. 그런 말을 입 밖으로 내뱉을 사람도 아니었다. 철학을 전공한 사람으로서 진실에 입을 다물어야 하는 한국의 현실을 견딜 수 없었기 때문이 아닌가 짐작할 뿐이다.

젊은 시절에 귀국만 했더라면 출세영달이 보장되었을 선배는 내가 사는 곳보다 더한 달동네에서 아내도 자식도 없이 혼자 살았다. 그는 결혼도 하지 않았다. 이런저런 이유로 고등학교 선생도 오래 하지 못했기 때문에 사회보장이 잘 되어 있다는 프랑스에서도 그가 받는 연금은 몇 푼 되지 않는다. 그러면서도 그는 우직하게 집 밖 출입도 잘 하지 않고 책만 벗 삼아 지낸다.

그의 불어 실력이면 책을 번역해도 일류일 것이고 철학 책을 집필해도 지금 한국에 나와 있는 웬만한 책보다 나을 터인데, 그는 공부가 짧다는 이유로 아직도 이십대 학생처럼 공부만 한다. 그런 그를 알아주는 것은 프랑스인 동창들뿐이다. 그들은 그 선배의 재주를 아깝게 여겨 쌈짓돈을 모아 생활비를 도와주고 있다. 한국의 맥을 프랑스 친구들이 이어주고 있는 것이다.

한국 사람들은 무슨무슨 책을 내고 매스미디어에 얼굴을 내밀어야만 실력을 인정하는 모양이다. 무슨무슨 책을 냈습네, 하고 거들먹거리는 인간들을 보면 베토벤의 말이 떠오른다.

"나는 피로 쓴 글만 인정한다."

베토벤이 이 말을 했다는 것을 알고 나는 베토벤이 음악가이기 전에 철학자라고 생각했다. 책을 많이 썼다고 다 삼류는 아니겠지만, 책을 써야만 일류인 것도 아니다. 무릇 피로 쓴 글만 가치가 있는 법이다. 이름 좀 내보자고, 공부도 안 된 주제에 남의 생각 이리저리 그러모아 쓰레기 같은 글을 쓸 바에야 침묵하는 편이 차라리 아름답다. 달동네에 틀어박혀 칠십 평생 공부만 하고 있는 선배를 볼 때마다 나는 경건해진다. 그는 차라리 득도를 위해 참선 중인 스님이라고 하는 편이 나을지 모르겠다. 그의 다락방은 말하자면 속세의 선방인 셈이다. 일체의 속세에 물들지 않고, 경거망동하지 않고, 진리를 위해 정진하는 그의 삶은 몇 권의 책보다 더 값진 교훈을 준다.
 한국 사회가 그런 사람들의 아름다움을 발견하게 될 때, 남을 짓밟고 진실마저 짓밟고 올라선 꼭대기 삶이나 육십 평짜리 고급 아파트의 안락한 삶은 그런 조촐하고 가난한 삶에 감히 비견될 수도 없음을 깨달을 때 잃어버린 우리의 맥을 되찾을 수 있을 거라고, 나는 아직도 희망을 버리지 않는다.

 준경이와 지현이를 키우면서 딱 하나 후회되는 게 있다. 녀석들에게 우리말을 제대로 가르치지 못한 것이다. 준경이야 타고난 장애 때문에 프랑스 말도 하지 못하는 처지이니 불가항력이라 치고, 지현이는 아직도 아쉽고 원망스럽다. 어디에 살든 한국 사람은 한국말을 할 줄 알고, 집에는 잘 익은 김치가 냉장고 속에 소복하게 들어 있어야 한다는 게 내 생각이다.
 프랑스 학교를 다니면서 지현이는 한국말과 멀어지기 시작했다. 처음에는 녀석이 우리말을 하지 않으면 아예 대꾸를 하지 않았다. 그러자 지현이는 나를 슬슬 피하면서 제 엄마하고만 말을 나누는 것이었다. 아내를 나무랐지만, 교육문제를 생각해서인지 아내는 지현이와 불어로 얘기하지 말라는 내 말을 따라주지 않았다. 그 문제로 애꿎은 아내는 지금까지 내게 핀잔을 듣는다.
 페미니스트들이 항의할지 모르지만 많이 배운 여자들이 더 문제라고, 나는 자주 아내를 '여성 대표'로 몰아붙인다. 프랑스에 사는 사람들 중에 부인이 대학을 나온 집안의 자녀들이 한국말을 할 줄 아는 경우가 극히 드물기 때문이다. 반면 부인의 학벌이 높지 않은 집안의 애들은 모두 한국말에 익숙하다. 이유가 무엇이든 민족의 전통이란 제 나라 말을 통해서 전달되는 것이고, 그런 면에서 한국의 아름다운 전통은 배운 집안보다 못 배운 집안이 이어가고 있는 것이다. 사실 그게 어디 아내만 탓할 일이겠는가? 마음 약해서 더 밀어붙이지 못한 내게도 잘못은 있다. 아내는 아이가 바쁘다는 둥 어떻다는 둥 변명을 해준 탓에 내 비난을 고스란히 듣고 있을 뿐이다.

내 딸자식과도 깊은 얘기는 불어로 해야 된다는 게 누구에겐지 모르게 미안하고 어색하다. 외국어를 써야 말이 통하는 딸자식과 내가, 다 커서도 어머니 젖 만지던 나와 어머니 관계처럼 애틋할 수 있을까? 모국어란 의사소통의 수단이기 이전에 한 인간의 근본이다.

내 친구 중에 H 여사가 있다. 그녀는 프랑스인 엔지니어와 결혼해서 아이들 낳고 그야말로 행복하게 잘 산다. 그러니 나같이 분탕질치는 친구를 가까이 할 이유가 없는데도 그녀는 내가 간첩으로 몰렸던 때나 술값 한번 제대로 내지 못하는 지금이나 변함없이 좋은 친구다. 그녀가 나를 찾는 이유는 한국말에 굶주려서다. 그녀는 아이들에게 우리말을 가르치지 못했다. 그녀는 불어도 상당한 수준이어서 가족과 의사소통이 되지 않는 것도 아닌데 모국어에 굶주려 나를 찾아오는 것이다.

내게 와서 한국말을 한바탕 쏟아내고 나면 속이 후련해진다고 한다. 프랑스 생활 이십여 년에 그녀가 익숙하지 않은 손으로 밤마다 끙끙 앓으며 아름다운 수필집 한 권을 써낸 것도 우리말에 대한 갈증 때문이었다. 모국어는 유전인자처럼 우리가 세상으로 머리를 내민 순간부터 우리 피 속에 각인되는 것이어서 외국어를 유창하게 말하는 한편에는 모국어가 아니면 표현할 수 없는 감정의 찌꺼기들이 축적되는 게 아닐까? 나이 들수록 나도 H 여사처럼 모국어가 점점 더 그리워진다. 아내와 늘 한국말로 주고받는데도 그렇다.

언젠가 한국의 한 유명인사가 영어공용론을 주장했다고 한다. 세상에는 별별 사람이 다 있는 법이니까 그다지 놀랍지는 않았다. 정작 내가 놀란 것은 그 의견에 동조하는 사람이 적지 않다는 말을 듣고 나서다. 내가 설마, 했더니 한 친구가 자기 학교 총장 얘기를 들려주었다. 우연히 총장과 같이 차를 타게 됐는데 자기가 얼굴을 안 보이고 영어를 하면 영국 사람도 자기가 영국 사람인 줄 안다며 자랑을 늘어놓더라는 것이다.

"총장님, 일단 모국어가 생기면 나머지 언어는 전부 외국어입니다. 성대가 모국어에 맞도록 고정됩니다. 그래서 외국어를 아무리 잘해도 성대가 말을 듣지 않습니다."

얌전하기 짝이 없던 내 친구가 한마디 쏘아붙였단다.

"너 같은 물렁이가 어떻게 그런 용기를 냈니?"

"하도 꼴 같지 않아서 학장직 내놓고 다른 학교 갈 생각으로 덤볐지."

나도 그런 사람을 본 적이 있다. 삼십여 년 전 일이다. 한국 대사관에서 삼일절 행사를 한다기에 갔더니 대사가 자기 아들과 영어로 얘기하고 있었다. 조금의 부끄러움도 없이 오히려 자신들의 영어실력을 과시하는 태도였다. 그것도 삼일절에.

영어를 배우지 말자는 것은 아니다. 영어, 독어, 불어, 러시아어, 중국어, 뭐든 열심히 배울 필요가 있다. 특히 영어의 중요성은 두말할 필요가 없을 것이다. 그러나 외국어는 필요한 만큼만 배우면 되는 것이지 모국어가 되라고 배워야 할 것은 아니다. 모국어처럼 잘할 필요도 없다. 남들에게 자기 실력을 과시하기 위해, 혹은 모국어처럼 능숙하게 하고 싶어서 시간을 투자하는 것은 바보들이나 할 짓이다. 외국어는 수단이지 목적이 아니다. 교수라면 자기 전공분야 책을 보고 외국 학자와 토론할 수 있는 수준이면 되는 거고, 무역업자면 외국 사람에게 물건을 팔 수 있는 수준이면 되는 거지, 영국 사람이나 미국 사람과 똑같은 수준으로 말할 필요가 뭐 있는가?

니체가 이에 대해 남긴 명언이 있다. 니체에 따르면, 외국말은 그 나라 사람의 절반 수준으로 구사하는 게 유리하다. 그러면 나머지 반은 본국 사람이 더 좋게 상상해준다는 것이다. 나 역시 그렇게 해서 덕을 본 적이 있다. 차를 몰고 루브르 박물관 앞을 지나는데 황색 신호등이 깜박거렸다. 서는 것보다 그냥 가는 게 나을 것 같아 달렸는데 경찰이 차를 세웠다.

"빨간 신호인데 왜 정지하지 않았습니까?"

프랑스에서는 무조건 딱지부터 떼지는 않으니 내가 미안하다고 했으면 그냥 보내줬을 텐데 나는 억울했다. 분명 내가 본 것은 황색 불이지 빨간 불이 아니었다. 따지고 들었더니 경찰은 곧장 딱지를 발부했다. 며칠 뒤 즉석재판을 받으러 갔다. 사람들이 줄을 서서 간단하게 재판을 받는데 순순히 제 잘못을 인정하는 사람은 하나도 없었다. 나처럼 빨간 불이 아니라 황색 불이었다는 둥 온갖 변명을 늘어놓았다. 하루 종일 그런 사람을 상대해야 하는 판사는 얼마나 괴롭겠는가? 온갖 사람의 항의를 듣는 둥 마는 둥 삼백 프랑, 오백 프랑 벌금형을 선고하는 것이었다. 내 차례가 되었다. 순간 니체의 말이 떠올랐다. 나는 불어를 잘 못하는 듯 더듬거리기 시작했다. 항의에 시달리던 터에 나 같은 사람은 처음이었던지라 판사의 얼굴에 미소가 떠올랐다.

"천천히 설명하세요. 프랑스 말은 내가 도와줄 테니까."

그래서 나는 손짓발짓 동원해가며 빨간 신호가 아니라 황색 신호에서 교차로를 지났다는 것을 더듬더듬 설명했다. 그러느라 제법 시간이 걸렸는데 판사는 나를 재촉하지도 않았고 화를 내지도 않았다. 내 말과 몸짓을 자기가 해석해가며 확인하더니 마침내 판사봉을 들었다.

"벌금 삼 프랑을 선고합니다."

그 말에 나도 모르게 입이 활짝 벌어졌다. 벌금 삼 프랑이라니. 커피 한 잔 값 정도였다. 내 앞사람들은 비슷한 사건이었는데 최하 삼백 프랑이었다. 프랑스에서는 경찰의 권위가 상당해서 경찰이 회부한 사건에 무죄판결이 나는 경우는 극히 드물다. 나 역시 무죄판결이 나리라고는 기대하지 않았다.

"감사합니다. 재판장님께서는 참으로 명판사이십니다."

너무 기쁜 나머지 나도 모르게 유창한 발음과 억양으로 감사인사를 하고 말았다. 주변 사람들의 눈이 휘둥그레졌다. 잠시 후 법정 안은 키득거리는 웃음소리로 가득 찼다. 판사도 어이없다는 듯 웃고 있었다. 연극이었다는 걸 알아차린 것이다. 그러나 이미 배는 떠난 후다. 그 나라 말을 못해서 덕을 볼 때도 있는 것이다.

다시 말하지만 외국어를 잘할 필요도 있고 잘하는 것은 좋다. 그러나 외국어를 모국어로 삼자는 것은 망발이다. 사업이든 학문이든 외국어를 모국어처럼 잘한다고 영어공용론자들이 좋아하는 국제경쟁력을 갖출 수 있는 것도 아니다. 외국어 능력보다는 사고력이나 비즈니스 능력이 더 중요하다. 외국어야 통역이라도 쓸 수 있지만 사고력이나 비즈니스 능력은 누구에게 빌릴 수 있는 것도 아니다. 외국어를 모국어처럼 잘하려고 시간을 낭비하느니 그 시간에 자기 전공에 필요한 다른 능력을 쌓는 것이 이른바 영어공용론자들이 그토록 애타게 부르짖는 국제경쟁력 제고를 위해서도 도움이 될 것이다.

딸애는 대학에 가면 한국말을 배우겠다고, 그 뒤에는 레지던트 시험에 합격하면 배우겠다고, 몇 번이나 굳게 약속했지만 여전히 일상적인 한국말 외에는 할 줄 모른다. 지현이로서는 나이 서른다섯이 되도록 집 밖에서는 별로 쓸모도 없는 한국말을 배우라고 성화인 내가 지겹기도 할 것이다. 그러나 나는 아직도 포기할 수가 없다. 지현이와 나란히 앉아, 금강산 다녀오는 길에 보았던 그 똥물 넘치던 변소의 참상을 한국말로 적나라하게 이야기하면서 내 동포의 절절한 고통을 함께 하고 싶고, 내 어릴 적 보았던 그 청청한 평양 하늘의 아름다움도 함께 하고 싶다. 똥물 넘치는 변소의 참상을, 청청하다는 말 속에 담긴 우주와의 연관성을 불어로 어떻게 설명할 것인가?

지현이와 내가 우리말로 우리 민족의 고통과 아름다움을 함께 나눌 수 있을 때 지현이는 내가 이 나이에도 어머니의 늙은 젖가슴을 만지고 싶어 하고, 어머니의 그 쉰 듯한 늙은 냄새까지 향기롭게 들이마시듯 애틋하고 정겨운 한국의 딸이 되어줄 것 같다.

언젠가 지현이가 제 어미와 서울에 다녀왔을 때였다. 넌지시 소감을 물어봤다.
 "한국에 가서 무얼 느꼈니?"
 "한국에는 인정이 있던데요."
 그랬을 것이다. 우리 어머니는 말할 것도 없고 어린 지현이를 처음 본 친척들조차 와락 끌어안고 살을 비비며 한바탕 눈물바람을 벌였을 것이다. 친척이라면 아예 한 가족이요, 남이라도 조금만 가까워지면 눈치코치 보지 않고 제 속마음까지 탈탈 털어 보이는 게 우리 민족의 특성 아니던가? 부모자식 간에도 서로의 거리를 존중하며 살아가는 프랑스에서 자란 지현이가 한국인의 그런 행동 앞에서 당황했을 것은 당연한 이치다.
 "그래, 그게 싫더냐?"
 "농!"
 나는 그게 한국인의 가장 중요한 특성인 '정(情)'이라고 자랑스럽게 말해주었다. 지현이는 뭔가를 깊이 생각하는 눈치였다. 프랑스 문화권에서 자란 지현이지만 제 살에 와 닿는 그 친숙감을 통해 막연하나마 한국인이라는 뿌리를 느낀 모양이다.
 정은 본래 고대 윤리학에서는 중요한 개념이었다. 정을 최초로 해석한 철학자는 중국의 순자(荀子)인데, 그는 정자성지질야(情者性之質也)라고 했다. 정이란 인간성의 특질이며 그 표현이라는 말이다. 정은 욕망이며, 현실이며, 칠정(기쁨, 노여움, 슬픔, 즐거움, 사랑, 미움, 욕심)이다. 불교에서는 즐거움, 노여움, 근심, 두려움, 사랑, 미움, 욕심이라 말한다.

인생의 악은 칠정에서 유래하기 때문에 정을 악으로 보기도 한다. 그러나 나는 정의 어두운 측면인 부정적 의미가 아니라 밝은 측면인 긍정적 의미를 이야기하고 싶다. 왜냐하면 프랑스 심리학자 메조뇌브(J. Maisonneuve)가 그의 논문 〈친화력의 심리사회학(Psycho-sociologie des Affinités)〉에서 말한 "의식 무의식 간에 자기의 이기주의적 입장을 초월하여 동석(同席)하는 '우리', 그 우리의 '연대감'에 천착하는 사람이 정을 참으로 아는 사람"이라는 견해에 동의하기 때문이다.

동양에서는 대체 어떤 사람을 가리켜 정을 아는 사람이라고 했을까? 최고의 아편은 밥이라는 사실을 아는 사람, 그리하여 때로 인심은 위태롭고 진리는 미묘하고 인정은 스스로 시달림을 탄식하는 사람이다. 또한, 무지와 무심이야말로 고단한 두뇌를 쉬게 하는 건강한 베개임을 아는 사람, 한두 군데 경구(警句)에 부딪쳐서 넘어진 김에 쉬어갈 줄 아는 사람, 신앙이란 하얗고 높게 자라는 백합 같은 것이라고 생각하는 사람, 그리하여 영혼의 궁궐을 지킬 줄 아는 사람, 창망하기 그지없는 바다에 떠가는 향기로운 섬들과 아름다운 난파를 하염없이 바라볼 줄 아는 사람, 산과 개울을 사랑하고 친구들과 허튼 소리를 하지만 여자에게는 정직한 사람, "아, 모도들 따사로이 가난하니"와 같은 시구를 조용히 음미할 줄 아는 사람, 육식보다 초식(草食)을 선호하는 사람, 충고보다 구원의 손길을 내미는 사람, 모택동의 공산당도 싫고 장개석의 국민당도 싫다는 사람, 고려 중엽까지 햇솜처럼 보들보들하던 우리나라 사람들의 성품이 이조시대에 이르러 장작개비마냥 뻣뻣해진 사실을 슬퍼하는 사람, 마치 두더지가 땅 속의 온기를 탐내듯 한 줌의 친절함에 목말라 하는 사람, "큰길을 걸어가는데 어찌 눈도 오고 비도 오지 않겠는가" 하면서 한바탕 껄껄 웃을 줄 아는 사람, 죽을 때까지 감격하는 능력을 잃지 않는 사람, 가난한 사람에게 겸허하게 돈을 쓸 줄 아는 사람, 박정희의 화를 겪고도 박정희 대통령이 지옥에 떨어지지 않기를 바라는 사람, 언어의 어쩔 수 없는 무상함을 알고 그 언어세계를 초월한 사람이다.

독일의 철학자 야스퍼스가 "인간을 완전히 파악했다는 철학이 있다면 그 철학은 조만간 사라질 것"이라고 갈파했듯이 인간은 아직도 미지의 연구대상이며 정 역시 쉬이 밝혀지지 않는 문제다. 정을 아는 사람은 궤변가의 탁월한 구변이나 능변가의 재빠른 말의 유희를 좋아하지 않는다. 망설임과 신중, 말을 하기 전의 시간만큼 말하고 난 후의 시간도 중요하다. 일정한 간격을 두고 말을 하고, 간격을 두고 말을 듣는 리듬에 말의 가치를 높이고 정을 나누게 하는 중요한 측면이 있다.

내 조국에 자유가 없음을, 최소한의 민주적인 질서마저 없음을 통탄하며 살아온 나이지만, 조국을 부끄러워한 적은 없다. 이역만리에 살면서 나는 늘 조국의 정이 그리웠다. 대부님처럼 서양인이면서도 깊은 정을 갖춘 사람이 없는 것은 아니나 대개의 프랑스 사람과는 칼로 무를 자르듯 분명하고 명쾌한 관계를 맺어왔다. 그런 만남에도 산뜻한 매력이 있긴 하다. 그러나 사람 사는 일이 산뜻하기만 한 게 아닌 다음에야 이리저리 얽히고설켜 옳지 않아도 쉽게 끊어내지 못하고 무작정 마음을 주고 마는 한국인의 정이 산뜻한 서구인의 관계보다 더 깊고 인간적이지 않은가? 한번 그 정을 맛본 사람은 산뜻한 서구인의 관계가 물에 물 탄 듯 술에 술 탄 듯 밍숭밍숭해 재미가 없다.

어느 날 지현이가 제 또래의 프랑스 남자를 집으로 데려왔다. 녀석은 차를 한잔 마시고 돌아갔다.

"아빠, 어때요?"

나도 어지간히 눈치가 없었다.

"뭐가?"

"그 친구 말예요."

"애가 착해 보이더구나."

그러자 지현이 얼굴이 오뉴월 꽃봉오리처럼 활짝 밝아졌다. 그때까지도 나는 몰랐다.

"결혼, 허락해주세요."

"뭐?"

서른이 넘었으니 결혼이 놀라울 건 없다. 문제는 내가 머리 노랗고 눈 파란 서양인 사위 볼 생각을 꿈에도 하지 않았다는 것이다. 민족정신이 투철하다고 해야 할지, 이런 문제에도 외눈박이 고집쟁이라고 해야 할지, 아무튼 나는 단호했다.

"안 된다. 결혼은 한국 사람과 해야지. 너는 한국 사람이야."

그러나 지현이는 나와 달리 프랑스에서 태어나 프랑스 교육을 받은 아이다. 핏줄 속에 한국인의 피가 흐르고 한국음식을 먹는다는 것 외에 지현이의 정신은 프랑스인인 것이다.

전에 이런 문제로 고민하는 친구들을 본 적이 있다. 대개는 시절이 어떤 시절이냐고, 한국에서 사는 한국 사람도 외국인과 결혼하는 경우가 많다는데 오죽하겠냐고 체념을 했었다. 그런 걸 보면서도 나는 전혀 고민하지 않았다. 내 딸이야 그러지 않겠지 하고. 자식 놓고는 장담하는 게 아니라더니 내가 그 짝이었다.

내가 꽉 막힌 사람인지, 아무리 생각해도 도무지 서양 아이를 사위로 맞을 엄두가 나지 않았다. 지현이는 무턱대고 역정부터 내는 나 때문에 일 년을 참고 기다리더니 마침내 아버지 허락 없이 결혼하겠다고 선언했다. 지현이의 첫 반항이었다.

"마음대로 해라. 나는 결혼식에 안 간다. 이제 너하고 나는 끝이니까 그런 줄 알아라."

내 '협박'에도 지현이는 착착 결혼식 준비를 해나갔다. 자식 이기는 장사 없다고, 결국 나는 지현이 결혼식에 참석할 수밖에 없었다. 다행히 사위는 착한 사람이다. 지현이와 동갑내기답게 잘 지내고 파리대학 교수이니 직업도 확실한데다 생각 반듯하고 미워할 구석이 하나도 없는데, 미안한 말이지만 도무지 정이 가질 않는다. 나는 아무래도 뼛속까지 골수 한국인인데 서양 사위가 아무리 반듯하고 정확하고 똑똑한들 내 마음에 들겠는가.

내 서양 사위는 우리 집에 올 때 언제나 달랑달랑 빈손이다. 돈이 없는 것도 아니고 예의가 없는 것도 아닌데 프랑스 풍속이 그런 것이다. 한국 아이였다면 없는 돈에라도 가끔은 위스키 한 병쯤 사들고 올 텐데, 나는 번번이 사위의 빈손을 쓸쓸하게 바라본다. 서양 사위 맞은 덕에 사위

놈과 이 얘기 저 얘기 밤이 이슥하도록 술잔을 기울이는 재미와는 연이 끊기고 말았다.

1992년 봄에 늙은 어머니가 파리까지 먼 길을 오셨다. 장남으로 태어나 장남대접 받으며 잘 자란 터에 그동안 찾아뵙지도 못한 죄가 마음에 걸려 공항에서부터 잠시도 어머니 곁을 떠나지 않았다. 내 방에서 어머니와 함께 자고, 음식을 내 손으로 대접하고, 밖에 나갈 때면 손을 잡고 다녔다. 팔팔한 청춘에 파리로 떠났다가 흰머리가 늘어서야 만나게 된 자식이 당신 손을 놓지 않는 게 어머니는 좋으셨던가 보다.
"내가 그렇게 좋으냐?"
언젠가 어머니는 그렇게 물으셨다.
"예, 어머니. 어머니가 세상에서 제일 좋지요."
그러자 어머니는 열여섯 소녀처럼 얼굴을 붉게 물들이셨다.
"나야 배운 것도 없고 해준 것도 없는데……."
세상에서 제일 큰 사랑을 주시고도 어머니는 해준 것이 없다며 얼굴을 붉히시는 것이었다. 먼 타국에서 박사학위까지 받게 가르쳐놓았더니 부모 곁을 지키지도 못하는 자식을 어머니는 한 번도 탓하신 적이 없다. 어려서 내가 술에 취해 말썽을 부리고 다닐 때도 어머니는 나를 나무라지 않으셨다. 모든 게 당신 탓이라고 자책하실 뿐이었다. 잘잘못을 뛰어넘어 그 죄까지 품는 것, 남의 죄까지 내 죄인 양 부끄러워하고 가슴 아파하는 것이 정의 적나라한 현시라고 나는 믿는다.
어머니를 모시고 파리 구경을 다니다가 내 친구가 하는 식당에 들렀다. 나는 파리의 한국식당 주인들과 친하고, 그들을 만나면 마음이 편하다. 그곳에나 가야 한국의 정을 찾아볼 수 있기 때문이다. 어머니를 모시고 갔더니 식당 하는 친구는 기어이 돈을 받지 않았다. 가는 식당마다 그랬다. 내 친구들은 불효하는 나를 대신해서 어머니를 대접하고 싶었던 모양이다. 간첩으로 몰려서 외롭게 살아가는 게 아닌가 하고 늘 나를 걱정하시던 어머니는 친구들의 그런 호의에 근심을 덜어내셨다.

"알고 보니 네가 독립군이구나."

독립군이 왜놈들에게 쫓겨 다니며 고생은 했을지언정 우리 동포로부터 괌을 받았던 걸 아시는 어머니가 내 친구들의 호의를 그렇게 해석하신 것이었다. 어머니는 민주화투사니 하는 것을 잘 이해하지 못하신다. 그래서 자식을 믿으면서도 늘 불안해하셨는데, 당신의 자식이 독립군처럼 사람들에게 대접받고 산다는 것을 확인하신 다음부터는 나를 자랑스러워하셨다. 내가 못한 효도를 식당 하는 내 친구들이 대신 해준 셈이었다.

식당 주인이 밥 한 끼쯤 대접하는 일이 뭐 어렵겠냐고 코웃음 치는 사람은 삶의 냉혹함을, 그 비정함을 모르는 소치다. 아무리 식당을 해도 사람에 대한 깊은 마음이 없이는 밥 한 끼 대접하는 일이 쉽지 않은 법이다. 파리의 한국식당 주인들은 부자가 아니다. 손이 다 부르트고 허리가 휘는 고통 끝에 간신히 밥술이나 먹게 된 사람들이다. 고생하며 살아온 그들 삶의 역정을 책에 담자면 몇 권으로도 모자랄 것이다. 그들에게 밥값은 돈이 아니라 자신들의 피땀이다. 그런 그들이 정성스레 대접해준 밥 한 끼가 나는 돈 몇천 프랑보다도 고맙고 귀했다.

파리에서 크게 식당을 하다가 나이 들었으니 고국에 가겠다며 서울로 돌아간 친구가 있다. 그는 파리보다 몇 배는 더 냉혹한 경쟁사회인 서울에 적응하지 못하고 빈털터리가 되어 다시 파리로 돌아왔다. 두 '달동네'가 하루는 카페에서 만났다. 내 주머니에는 몇 프랑도 없었다. 망설이는 기색을 눈치 챘는지 그가 씩 웃었다.

"나, 커피값 있어."

둘이서 맥주잔을 비우고 일어나는데 그 친구가 꼬깃꼬깃한 백 프랑짜리 지폐를 내게 조심스레 내밀었다.

"뭐야? 이젠 자네도 달동네잖아."

"괜찮아. 있으니까, 줄 만하니까 주는 거야. 내가 돈 없으면 이 형은 나 안 도와줄 거야?"

그런 게 바로 한국인의 정이다. 그 친구는 아직도 '달동네'를 면치 못하고 있지만, 그 부부의 마음에는 아직도 한국인의 정이 넘친다. 언젠가 잔뜩 취해 그 친구 집에서 아침을 맞았는데 전날도 밤늦게까지 일하고 파김치가 되어 귀가했던 그의 아내는 돈도 못 벌면서 하릴없이 술이나 축낸 남편과 내게 속을 풀라고 북엇국을 끓여주었다. 그 곱고 아리따운 마음을 서구의 합리로는 설명해낼 재간이 없다.

선(善)은 초조하지 않다

육십여 년을 살아오면서 한 가지 분명한 것은, 실패하면 실패할수록 나의 마음에 자유와 안정과 용기를 주는 것은 결국 참된 것, 바른 것밖에 없다는 사실이다.

이따금 친구들과 유쾌하게 어울릴 때가 있다. 몇 푼 안 되는 돈이라도 수중에 생기면 내가 친구들을 부를 때도 있고, 혹은 친구들이 마련한 술자리에 불려가기도 한다. 친구들의 나이는 이십대에서 육십대까지이고, 고향은 황해도와 함경도만 우연히 빠졌을 뿐 전국 육도가 다 들어 있고, 직업은 학생, 회사원, 요리사, 무직자로 다양하고, 총각도 있고 기혼자도 있고 이혼자도 있고, 부인과 사별한 홀아비도 있다. 파리에 온 지 이삼 년밖에 안 되는 신병도 있고, 삼십 년이 훨씬 넘은 고참도 있다. 학력도 초등학교에서 대학까지 섭섭지 않게 다 들어있다.

화제는 정치, 체류증 문제, 연애, 건강, 노후대책 등으로 분방하다. 모두들 고단한 생활에도 마음만은 총천연색의 부자로 살고 싶은 친구들이라, 대개는 점심때 모였다가 밤 열두 시가 지나서야 자리를 파하는데 더러는 저녁 일곱 시경에 모여 밤을 지새우기도 한다. 오래간만에 마음 놓고 조금씩 취하다 보면 때로는 한두 친구의 밉지 않은 허세도 등장하고, 혹은 산마루에 올라서서 사방을 훤히 굽어보는 그런 시원한 시각도 나타난다.

그러다가 술잔이 한두 차례 더 돌아 모두들 얼근하게 취할 양이면 급기야 횡설수설의 풍경이 벌어지기도 한다. 그것은 신선한 햇빛, 풀의 향기, 아름다운 새소리처럼 신이 인간에게 무상으로 준 선물일지도 모른다. 횡설수설에는 으레 웃음이 따르게 마련이다. 누군가의 그럴싸한 재담이나 추억담 끝에 타다 남은 불씨가 확 타오르듯 느닷없이 터지는 폭소는 가위 일품이다. 웃음이란 원래 술자리를 위하여 있는 것인지도 모를 일이다. 어떤 때에는 모두들 배꼽을 쥐고 얼굴 전체로 웃음을 터트린다. 술기운이 오묘하게 작용하기 때문일까. 하여간 술자리에는 억지웃음이란 게 없다. 악의 없는 횡설수설과, 그 횡설수설이 터트리는 폭소는 현대병인 '스트레스'에 상쾌한 특효약이라 아니할 수 없다.

그런 유쾌한 시선으로 나는 과거를 돌아본다. 인생 육십여 년을 살면서 나는 두 가지 측면에서 나의 한계를 받아들여야 했다. 첫째로 줄곧 실패해왔다는 것, 둘째로 이미 인생의 쇠퇴기에 이르렀다는 것. 이런 상황에서 최선의 삶은 무엇인가?

나의 실패는 오로지 나의 무능 탓인가? 1990년대 초에 한 젊은 안기부 직원은 내게 현실감이 없다고 지적했다. 옳은 말이다. 그러나 정확한 말은 아니다. 나는 적자생존의 그물에 얽매이고 싶지 않았을 뿐이다. 환언하면 성서의 구절처럼 "거만한 자들과 어울려 전리품을 나누는 것보다 마음을 낮추어 낮은 사람들과 어울리는 것이 낫다"(잠언 16 : 19)고 생각해왔다. 따지고 보면 현실이 좋고 나쁜 것을 따지지 않고 거기에 교묘하게 적응하는 것이 적자생존 아닌가.

나는 적응이나 성공 따위를 생각할 적마다 인류의 스승들을 떠올린다. 십자가에 매달린 그리스도, 독약을 마신 소크라테스, 상갓집 개로 조소당한 공자, 일 년 열두 달 동냥중으로 떠돌아다닌 석가모니. 그들의 삶들을 떠올리면 속세는 살기 힘든 세상임을 새삼 깨닫는다. 겨우 생물학적 수준의 약육강식이 연출되는 사회에서 성공하면 얼마나 성공하겠는가? 최고선 혹은 절대진리를 추구한 위대한 스승들의 '정당한 실패'가 오히려 광채를 뿜는다. 그것이 곧 승리이기 때문이다. "내가 세상을 이겼다"(요한 16 : 33)고 한 예수 그리스도, 동시대인들에게 '언제나 미소 짓는 사람'으로 불린 부처님을 상기해보라.

육십여 년을 살아오면서 한 가지 분명한 것은, 실패하면 실패할수록 나의 마음에 자유와 안정과 용기를 주는 것은 결국 참된 것, 바른 것밖에 없다는 사실이다. 그와 같은 결론에 도달한 나에게 고전은 참되고 아름다운 세계를 보여준다. 여기서 내가 말하는 고전이란 희랍철학, 기독교 사상, 불교철학, 주역사상, 유가사상, 노장철학과 그 밖의 고결한 사상들이다.

고전은 현대라는 불경(不敬)의 시대에 추수 때의 요르단 강처럼 깨달음으로 넘치고 들판의 우람한 올리브나무처럼 싱싱하다. 고전은 삶에 관한 근본적 시각과 본질적 성찰의 지침을 제공한다. 나는《대학》을 읽다가 "지어지선(止於至善)"에 이르러 탄복했다. 진리는 전 인류의 숙제이니만큼 성급하게 규정하지 말라고도 하지만, 이 대목에서 나는 총독 빌라도처럼 회의할 수가 없었다. 왜냐하면 하나의 깨달음이 복사꽃처럼 피어나듯 이 넉 자는 아름답다고 아니할 수 없기 때문이었다. 이 넉 자로 말미암아 선(善)은 초조하지 않다는 사실을 알았다. 선은 유유하고 명랑하고 자유롭다.

지어지선은 지극한 선의 경지에 들어가 머문다는 뜻인데, 지선의 프랑스 역어는 '최고의 완벽함(La plus haute perfection)'이다. 최고의 완벽함은 곧 완전무결인데, 완전무결한 존재는 바로 신이 된다. 동양에서는 지선을 주희(朱熹)처럼 "사물의 당연함의 표준(事物當然之極)"으로 보거나 왕수인(王守仁)처럼 "명덕과 친민의 궁극의 기준(明德親民之極則也)"으로 파악하는 등 철학적 사색으로 접근했고, 서양에서는 신으로 파악해 종교적 상상으로 접근했다. 완전무결, 곧 지선은 인간의 관념 속에서만 존재하거나, 현실적으로 존재하더라도 신처럼 눈에 보이지 않는 것이다. 성 안셀무스(Saint Anselmus)는 이 지선의 개념을 이용해 신의 존재를 본체론적으로 증명하려고 했다. 플라톤의 '선의 이데아'나 아리스토텔레스의 '순수형상'을 상기해도 좋으리라.

중국 한대(漢代)의 지식인들은 형상을 초월하는 철학을 통해 일상생활 속에서 허광(虛曠)을 딛고 살았다는 대목을 읽으면서 역시 독서는 잠시나마 고통을 잊게 하고, 사색은 포도주 못지않게 사람을 취하게 한다는 것을 알았다. 그러고 보면 철학은 인간의 삶을 끌어올리는 학문이다. 공자의 인정미(人情美), 노자의 졸렬미(拙劣美), 맹자의 부동미(不動美), 장자의 풍류미(風流美), 석가의 자각미(自覺美), 예수의 비극미(悲劇美), 소크라테스의 자약미(自若美), 어느 것 하나 버릴 것이 없지 않은가. 기독교의 신(神), 불교의 법(法), 도가의 도(道), 유가의 리(理)는 모든 것을 통섭(統涉)하고 본바탕으로 이끄는 존재, 즉 진리를 가리키는 용어들로서 문화권에 따라 달리 표현된 것이 아닐까. 진리에는 어떤 상표도 필요하지 않다. 진리는 기독교도나 불교도나 그 누구의 소유가 아니다.

과학사가인 조지프 니덤(Joseph Needham)이 중국어로 된 것 가운데 가장 심오하고 아름다운 작품이라고 극구 칭찬한 노자의《도덕경》도 나는 좋아하고, 평포직서(平鋪直敍)한 가운데 오히려 난데없이 나타났다가 난데없이 끊어지는《논어》도 좋아한다. 노장의 세계에는 '세상을 버리고 홀로 산다'는 독립의 기개가 있어 좋고, 논어의 세계에는 스승과 제자가 서로 주고받는 대화, 무엇인가 생동감이 넘치는 수작이 있어 좋다. 모름지기《도덕경》은 가을에 읽고《논어》는 봄에 읽어야 한다는 말은 그 때문이리라.

"화창한 봄날에 봄옷이 다 되거든 친구 대여섯 명과 동자 예닐곱 명을 데리고 기수(沂水)에 가서 목욕하고 무우(舞雩)에 올라 바람 쐬며 노래나 읊다 돌아오겠습니다."

논어에서 내가 가장 좋아하는 구절이다. 이 말을 한 증점(曾點)의 가슴속, 그 유연한 즐거움을 나는 알 것만 같다. 증점은 궁색하고 구차하다

하여 세속으로 치닫지 않고 자기의 위치를 높다랗게 지킨 것이다.

자비행을 실천하려 해도 명예와 이익, 권력욕 때문에 도저히 할 수 없다는 슬픈 깨달음이야말로 진실로 자기를 발견한 자의 고백이다. "인생을 돈벌이하는 장터로 생각하면서"(《성서》 지혜서 15 : 12) 모든 자원을 고도의 물질생활을 위해 마구 써버리는 서구식 현대생활이 과연 궁극의 길인가에 관해 우리는 끊임없이 질문해야 할 것이다. 막스 베버는 그의 저서 《종교사회학》에서 자본주의 경제구조를 가지고는 도저히 불교의 가치관을 설명할 수 없다고 고백했다.

준경이가 태어난 다음 해에 나는 직장을 그만두었다. 척추에 이상이 생겼기 때문이다. 준경이가 정상적인 생활을 못하기에 그 아이를 돌보려는 마음도 있었다. 가족 중 누군가는 항상 준경이 옆에 붙어 있어야 했다. 직장을 그만둔 후 삼 년 동안은 봉급의 구십 퍼센트를 실업자수당으로 받고, 이 년간은 칠십 퍼센트를 받았다. 오 년간의 실업자수당 지급이 끝나면서 나는 궁색해지기 시작했다.

퇴계 이황은 쉰이 되도록 집 한 채 없었는데, 고을 원님이 "이렇게 누추한 집에서 어떻게 사느냐?"고 묻는 말에 "습관이 되어 괜찮다"고 했단다. 그리고 벼슬자랑을 하는 사람에게 "나에게는 학문이 있다"고 응수하고, 돈 자랑을 하는 사람에게는 "나에게는 의리가 있다"고 응수하며 조금도 기가 꺾이지 않았다. 중국 진(晉)나라의 노포(魯褒)는 세상 사람들이 돈을 너무 좋아하는 것을 비꼬면서 《전신론(錢神論)》을 지었는데, 거기에 "세상 사람들은 돈을 형님(錢兄)이라 부른다"고 썼다. 또 왕이보

(王夷甫)라는 사람은 돈이란 말을 입에 담기 싫어 돈을 그저 '그것(阿堵)'이라고 불렀다.

　동서양을 막론하고 고대사회에서 인간은 '자연'으로 간주됐다. 한 그루 나무가 항시 제 모양을 지니고 있듯이, 인간도 시간의 흐름에 따라 변화하는 것이 아니라 타고난 본성에 충실한, 일정한 모습을 지닌 '존재'였다. 그러므로 소크라테스가 "너 자신을 알라"고 했을 때의 '너'는 고정된 자연인 인간, 일정한 모습을 지닌 존재인 인간이었다.

　그런데 프로이트와 마르크스에게는 인간이 고정된 존재가 아니라 시간의 흐름에 따라 무상하게 변화하는 역사의 산물이다. 인간은 자기의 욕구를 충족시키기 위해 타인을 사물화, 도구화한다. 자기의 우월성을 과시하기 위해, 타인을 지배하기 위해 인간은 현재의 자기 모습, 있는 그대로의 자기 모습을 숨기고 자기의 장래 모습, 자기가 장차 되고 싶은 강자의 모습, 즉 '강자의 가면'을 빌려 쓴다. 여기서 인간사회의 희극이 연출된다. 힘의 관계, 힘의 놀이가 작용하는 것이다.

　타인의 힘에 눌리는 인간은 위기감에 젖게 마련이다. 그래서 프롤레타리아는 부르주아의 막강한 힘에 짓눌려 불안을 느끼고, 약자는 강자와의 관계에서 열등한 위치 때문에 의식에 장애를 느낀다. 힘의 놀이에서는 법보다 주먹(권력)이 가깝다. 법이 있어도 그 법은 대부분의 경우 강자를 구속하지 못한다. 이런 현상은 서양문명의 경쟁구조에서, 특히 미국문명의 영향 아래 있는 한국 사회의 경쟁구조에서 뚜렷하게 나타난다.

　힘의 놀이는 부르주아의 출현과 더불어 더욱 교묘해졌다. 부르주아는 산업혁명을 주도하고 대량생산을 가능케 하는 분업을 고안하여 막대한 돈을 벌었다. 그 돈의 힘으로 정치권력을 장악한 부르주아는 매주 엿새간의 노동을 법으로 확립하고 급기야 야간노동, 여자와 미성년 아동의 노동까지도 동원했다. 사용가치를 교환가치로, 구체적인 것을 추상적인 것으로, 개성적인 것을 몰개성적인 것으로, 시간을 상품으로 전환시키고, '시간은 돈'이라는 격언을 만들어 널리 보급했다.

교환가치에 의한 사용가치의 억압 때문에 인간과 사물의 유용성마저 부정되기에 이른 것이다. 사용가치는 질적 가치다. 그것은 좋은 것과 나쁜 것, 유용한 것과 해로운 것, 만족스러운 것과 만족스럽지 못한 것의 개념으로 표현된다. 교환가치는 그와 반대로 질의 유무가 아니라 양의 적고 많음으로 표현된다. 모든 것의 양적 측정가능성, 완전한 예측가능성은 통제권, 지배권, 결정권 따위의 장악을 목표로 하는 타산적이고 공리적인 인간형을 출현케 하는 데 크게 기여했다.

16~18세기만 해도 봉급생활자들은 일주일에 사나흘간만 일했다. 생활에 필요한 만큼의 돈만 벌었던 것이다. 그러나 부르주아에 의해 세뇌된 봉급생활자들은 스스로 노동에 관한 자본주의적 도덕률을 자신에게 하나의 의무로 부과하기에 이르렀다. 생산과정의 분업, 분업에 내재하는 전문화와 흥미의 상실 때문에 육체의 어떤 기관은 오랫동안 쓰이지 않아 쇠약해지고 정신현상은 다수의 조각들로 분할되어 본래의 조화로운 균형을 잃고, 육체적 혹은 정신적 질병 때문에 허약해졌다.

부르주아의 힘은 돈에서 나온다. 돈이란 무엇인가? 셰익스피어에 의하면 눈에 보이는 신이요, 루터에 의하면 속세의 신, 즉 사탄이다. 신이 거룩한 말씀으로 만물을 창조하셨듯이 사탄은 만사를 돈으로 해치운다.

금(金)을 가리켜 고대 바빌론에서는 지옥의 똥, 멕시코의 원주민 아스텍 족은 신들의 똥, 멜라네시아의 가젤반도에서는 바다의 똥이라고 불렀다. '돈＝똥'이라는 등식은 오래전부터 지구상에 널리 퍼져 있었던 모양이다.

그러면 이 등식은 어떻게 성립되었는가? 보르네만(Ernest Borneman)의 탁월한 연구서 《돈의 정신분석학(Psychoanalyse des Geldes)》은 우리에게 그럴싸한 암시를 준다. 대변은 아기의 첫 생산물이요, 첫 소유물이요, 첫 저축금이다. 그리고 대변은 아기에게 '힘'을 준다. 어머니가 요구하는 시간에 맞추어 어머니가 갖다놓은 요강에 대변을 보면 어머니가 만족하고, 그와 반대로 아무 때나 옷이나 요에 대변을 보면 어머니가 화를 낸다. 아기는 대변을 갖고 자기가 하고 싶은 것(어른을 즐겁게도 하고 노엽게도 하는 것)을 할 수 있음을 알고 스스로 힘을 느낀다. 그리고 대변을 가능한 한 오랫동안 뱃속에 가지고 있는 즐거움, 환언하면 '소유의 쾌락'을 발견한다. 자본주의의 정신구조는 바로 이 소유의 쾌락과 돈(똥)의 만능을 믿는 유치한 유아기의 환상에 근거한다는 것이다.

하여간 돈이 신이든 똥이든, 그것은 우리네 인간생활에서 중요한 구실을 하는 것이 사실이다. 프로이트의 간결한 표현을 빌리면 "똥(돈)은 양식이 된다(L'excrément devient aliment)." 그리하여 돈 없이는 세상의 궁지에서 헤어나지 못한다. 여기서 간과할 수 없는 것은, 금전욕은 결코 만족을 모른다는 사실이다. 정신분석학자 보르네만(E. Borneman)은 "인간의 자연적 욕구는 대부분 억압되고, 그 자리에 돈벌이가 들어섰다"고 말했다. 탐욕, 경쟁, 호전성, 소유를 위한 소유의 무한한 욕망 때문에 인간은 그 원천적인 자연스러움을 잃고 그 근원적인 건강성을 잃었으며, 생명의 존엄성을 깊이 느끼는 아름다운 감정을 잃었다. 본래의 인간성을 상실한 인간은 교활하고 냉랭하고 인색하고 졸렬한 의식을 지닌다. 이런 의미에서 돈은 강박신경증의 물질적 형태다.

과식하면 탈이 나듯 무제한의 금전욕은 결국 병적 현상을 초래한다. 미다스(Midas)의 전설은 금전욕의 병적 현상을 잘 보여준다. 프리기아의 왕 미다스는 주신(酒神) 디오니소스에게 자기가 손으로 만지는 것은 모두 금이 되게 해달라고 요구해서 그 소원이 실현되었다. 그 뒤 그는 물을 마실 수도, 음식을 먹을 수도, 사랑할 수도, 몸을 따스하게 덥힐 수도 없게 됐다. 왜냐하면 물도 음식도 여자도 옷도 그의 손이 닿자마자 차갑고 딱딱한 금으로 변했기 때문이다. 막대한 돈의 소유자도 결국은 돈 때문에 피해를 본다. 돈의 어리석음, 돈의 맹목성과 부정성을 이처럼 명백하게 그려낸 해학적인 신화는 달리 없다.

돈은 야누스의 얼굴이다. 한편으로는 물질적 만족, 한편으로는 정신적 빈곤이라는 두 얼굴을 극명하게 보여준다. 예나 이제나 가난은 경건한 삶의 시금석이다. 그래서 유가에서는 극기(克己)를, 도가에서는 과욕(寡慾)을, 불가에서는 아예 무욕(無慾)을 주장한다. 물질적 욕구의 충족이란 동양에서는 상상할 수 없는 금기였다. 우리 인류에게는 오직 두 가지 본능적 욕구가 있다. 그중 하나는 생명에 대한 욕구이며, 또 하나는 광명(光明, 즉 진리)에 대한 욕구이다.

1990년 초봄이던가. 어느 날 밤 나는 꿈을 꾸었다. 광활한 우주 한가운데

산이 우뚝 솟아 있었다. 계곡마다 봉우리마다 청청한 기운이 충만했다. 그 청청한 산마루에서 나는 동자승이었다. 경건한 자세로 연로한 스승 앞에 합장하고 서 있었다. 속세의 냄새가 털끝만큼도 없었다. 산은 청청 무구(靑靑無垢), 사람은 청정고귀(淸淨高貴). 그야말로 도잠(陶潛)의 무릉도원이나 이백(李白)의 별천지와는 또 다른 경지였다. 몇 분간이었을까, 잠에서 깬 나는 청청무구, 청정고귀의 감각을 그대로 간직했다.

어머니가 파리에 오셨을 때 그 꿈 이야기를 해드렸더니 "네가 전생에 중이었나 보다" 하셨다. 프로이트식 해석이나 융식 분석을 하지 않더라도 대체로 꿈이라는 것은 복잡한 의식과정을 거치지 않고 불교에서 말하는 본래면목(本來面目), 곧 자기의 참모습을 알게 한다는 것인데, 나는 그 꿈에서 내가 추구하는 삶이 무엇인가를, 그리고 그 삶의 가능성을 잠깐이나마 엿보았다고 생각한다.

우리는 작은 산보다는 히말라야 산맥에 우뚝 솟은 에베레스트 산에 경탄한다. 왜냐하면 에베레스트 산은 높고 크고 아름답기 때문이다. 인류의 스승들은 바로 에베레스트 산과 같은 존재로 우리의 혼미한 정신을 흔들어 깨워 신의 장엄한 경지에까지 끌어올린다. 그리고 그들은 아무리 위대하고 고귀해도 우리와 똑같은 인간이라는 사실 때문에 우리에게 무한한 친근감을 준다. 그들은 신격화를 원하지 않았다. 야스퍼스에 의하면 예수도 자기의 신격화를 허락하지 않았고, 실론의 선사 월포라 라후라에 따르면 석가모니는 순수하게 인간으로 남아 있기를 원했다. 스승의 신격화는 철학의 포기를 의미한다. 어떠한 인간도 인류 전체를 대표할 만큼 '절대적'으로 완전무결한 존재는 아니기 때문이다.

그들은 대체 어떤 사람이었을까? 우선 석가모니는 귀족이었고 소크라테스, 공자, 예수는 서민이었다. 그들은 일정한 공동체에 속했고, 따라서 일정한 생활양식을 받아들였다. 그들의 심리학적 특성을 보면 가정생활에는 관심이 없었고 기본적 태도는 남성적이었다. 그러나 그것은 어떤 의식적인 원칙에 근거한 것은 아니었던 것으로 보인다. 그들은 때로 오랜 명상에서 오는 고독과 침묵의 성향을 보여주었다. 석가모니를 제외한 세 사람은 신성(神性)에 봉사하고 인류를 구제할 필요성을 자각했다. 그들은 자신의 삶에 대한 태도, 행위, 체험, 가르침을 통해 인간의 척도를 세웠다.

그들은 인간의 근본적인 변화를 요구했다. 소크라테스는 사고의 진보를 통해, 석가모니는 무욕과 세계 ─ 여기서 '세계'는 '부서질 장소'란 뜻의 범어 lokadhatu의 번역어로 고(苦) 대신에 사용되는 말 ─ 의 소멸을 통해, 공자는 자율적 도덕의 완전한 습득을 통해, 예수는 오로지 신의 뜻에 복종하는 것을 통해 그것이 가능하다고 보았다. 그들은 상황에 따라 설교와 담론에 다채로운 변화를 주면서 인간의 가장 깊은 내면에 호소했다. 궁극적인 진리는 단지 간접적으로만 전달될 수 있을 뿐이어서 그들은 독창적인 이미지, 논리적 모순, 그리고 상징적인 표현을 즐겨 사용했다.

오늘날 정치는 운명이다. 가장 중요한 결정이 정치권에서 행해지기 때문이다. 그런데 정치가들은 좌우를 막론하고 심리학을 의심의 눈초리로 바라본다. 심리학이 정치의 일정한 분야와 연관되어 있어서가 아니라

종래의 상투적 사고와 정치적 도그마를 사실상의 명료성과 과학적 논증으로 대치하려는 심리학의 경향 때문이다.

나치 독일에서는 아리안 인종의 유전적 우수성을 인정하기를 거부한 심리학자들이 생계를 위협받았고, 소련에서는 심리학이 '부르주아 심리학'으로 규정되고 공산당 중앙위원회의 결정과 지시에 따라 개인차를 측정하는 지능검사가 시행됐다. 독일 태생의 영국 심리학자 아이젠크(H.J. Eysenck)에 따르면 사회심리학이 어느 나라보다도 발달했다는 미국에서도 심리학자들은 '위험한 볼셰비키'로 간주되고, '사회과학'이라는 말 자체가 보수 성향의 기업가들에게 혐오감을 준다고 한다. 이런 현상은 모두 경건한 삶보다는 권력을 맹목적으로 추구하기 때문이다.

1922년에 중국 철학자 후스[胡適]는 차이위안페이[蔡元培], 딩원장[丁文江] 등 열여섯 명의 연명으로 '우리의 정치주장'을 발표하고 '호인정부(好人政府)'의 구성을 제창했다. 아무리 유능해도 도덕적 결함이 있는 권력자의 통치는 부정적일 수밖에 없다고 본 것이다. 후스는 빈궁, 질병, 우매, 부패, 혼란을 당시 중국의 오대 적으로 지적하고, 정치가들에게 사상투쟁을 그치고 이에 대한 구체적인 해결방안을 제시하라고 요구했다.

아이젠크 교수는 1953년에 펴낸 그의 저서 《심리학의 사용과 남용(Uses and Abuses of Psychology)》에서 정치활동을 직업으로 택할 정치후보자들에게 윤리적 감수성의 유무고하(有無高下)를 측정하고 싶다는 견해를 피력했다. 프랑스의 정치인 클레망소(Georges Clemenceau, 1841~1929)가 "전쟁은 아주 중요한 문제여서 장군들에게만 맡길 수 없다"고 말했던 것과 같이, 정치는 세계에 대한 윤리적 비전이 결여된 정치가들에게 위임할 수 없는 극히 중요한 분야다. 미숙한 정치가들의 특징은 마치 어둠에 눈이 익듯 사사로운 이해관계에 너무 재빠르다는 것, 그리고 이해관계에 따르는 경솔한 의견과 그 의견의 절대시에 있다.

권력의 획득과 유지를 위해 항상 악전고투하는 정치가들이 어떻게 우리에게 희망의 길을 열어주겠는가? 일반 시민들이 능률적으로 참여할 수 있는 건전한 민주주의 제도를 하루속히 확립해야 할 이유가 여기에 있다.

나는 스피노자의 《윤리학》을 즐겨 읽는다. 평생을 박해 속에서 렌즈 닦이로 생계를 유지했지만 누구보다도 충만한 영혼으로 살다 간 스피노자, 인간의 한계를 인정하면서도 우리를 신을 향한 지적인 사랑으로 이끌어주고 어떻게 하면 경건하게 살 수 있는가를 보여준 스피노자, 민주주의를 가장 자연스러운 정치제도라고 확신했던 소박한 철학자 스피노자. 몇 년 전부터 읽고 또 읽고 있지만 그때마다 새로운 감동을 주는 지행합일(知行合一)의 철학자다. 이 지상에 스피노자의 철학이 있다는 것은 정녕 인류에게 행운이다.

선(善)은 곧 생명이며, 어떤 고난에도 굴하지 않고 착하게 사는 것은 그 자체가 이미 일종의 행복이다. 그리고 선의 궤도는 우주의 궤도처럼 아름답다. 내가 좋아하는 작가 린위탕은 그의 자서전 《팔십자서(八十自敍)》에서 이렇게 말한다.

"생명, 이 귀중한 생명은 아름답다. 장생불로 못하는 것이 한스럽다. 그러나 우리의 생명은 바람 앞에 가물거리는 등불과 같다고 이지(理智)가 일러준다. 친구는 갈수록 적어지고, 많은 사람들이 떠나갔다. 후스도

가고, 장몽린도 가고, 스탈린과 히틀러도 갔다. 노년기에 이르면 성공했든 실패했든 누구나 쉴 권리가 있다."

그렇다. 겨울이 오면 그 해가 풍년이었든 흉년이었든 농부들은 쟁기를 거두고 쉴 권리가 있다. 자연의 법칙이 그렇기 때문이다. 옛 사람들이 "소인은 가난을 오래 견디지 못하고, 쉴 줄을 모른다"고 한 것은 한가로운 삶에는 반드시 기반이 있어야 함을 지적한 말이다. 그 기반이란 무엇인가? 그것은 '인간적 성숙'이다.

돈과 속도를 숭상하는 산업혁명 이후의 서양인들은 그 전의 사람들보다 유치하다. 그것은 신비로운 방법으로 인간을 성숙시키는 한가로운 시간을 가지지 못하게 됐기 때문이다. 산업혁명 이후의 턱없이 분주한 생활은 인간의 성숙을 불가능하게 했을 뿐 아니라 오히려 퇴행을 강요하고 있다. 일 년 열두 달 '메트로(Métro, 전철), 불로(Boulo, 일), 도도(Dodo, 잠)'를 반복하는 생활과 어른의 유치증(幼稚症) 사이에는 밀접한 관계가 있어서, 인간이 돈벌이에 너무 시달리면 바람직한 인격의 성숙은 불가능해진다.

철학자 니체는 모든 인간은 노예와 자유인으로 분류된다면서, 하루의 삼분의 이가 자기 자신을 위해 쓰이지 못하면 그 사람은 노예라고 말했다. 시간은 돈보다 더욱 귀중하고, 한가로운 시간이야말로 우리의 무의식이 비로소 창조적 활동을 하는 시간이기 때문이다. 우리는 한가로운 가운데 은밀하게 몰두해 있는 것들에 대해서만 신적 에너지가 가득 찬 열광을 느낀다. 그와 같은 열광을 느낄 때 우리는 세상에 대한 사랑을 자각하게 된다. 그리하여 죽은 언어를 버리고 산 언어를 택하며, 겁쟁이처럼 세상을 어영부영 좇아가는 피동적인 태도를 버리고 세상을 비판적으로 바라보는 능동적이고 건설적인 태도를 취한다.

현대세계는 이념적 질서를 확립하기 이전에 사실적 힘에 의한 질서로 재편되는 것 같다. 단순한 힘에 의해 사회질서가 구축되고, 그 힘도 일반 시민들의 희망보다는 권력자들의 의지를 대표하는 힘인 것 같다. 지속적이고 만족할 만한 사회질서는 사실적 힘의 견고함에 지선의 이상주의를 결합함으로써만 가능할 것이다. 이 일을 성취하기 위해서는 하나의 새로운 철학이 필요하리라.

외눈박이의 두 눈 뜨기

세상에는 남자와 여자가 있고 음지와 양지가 있고 하늘과 땅이 있다. 이처럼 세상이 음과 양으로 조화를 이루듯 사회는 좌익과 우익의 견제와 균형 속에서 발전하는 게 아닐까?

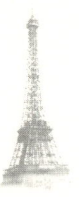

언젠가 파리 시장 선거전을 텔레비전으로 보았다. 우익이 강세를 보이던 파리에서 처음으로 동성애자임을 스스로 밝힌 좌익 후보가 앞섰기에 제법 흥미진진했다. 그러나 정작 내 마음을 빼앗은 것은 그들의 정견이 아니라 넥타이였다. 우익 대표인 세갱은 붉은 넥타이를, 좌익 대표인 들라노에는 푸른 넥타이를 매고 있었던 것이다.

문득 예전에 내가 샀던 빨간 자동차가 떠올랐다. 나는 왜 하필 빨간 자동차를 샀을까? 내 심리를 심층분석해 보지는 않았다. 중고차라 선택의 폭이 좁기도 했고 빨간 차가 그냥 예뻐 보였을 수도 있으며, 자동차는 검은색이어야 한다는 한국 사람들의 일반적인 생각에 대한 반발일 수도 있고, 어쩌면 레드 콤플렉스에 대한 역반응일지도 몰랐다. 더 우스운 것은 내 차를 보는 사람들의 시각이었다.

"빨갱이라 역시 빨간색을 좋아하는구먼."

레드 콤플렉스에 찌든 남한 사람들은 빨간색만 보면 공산당을 떠올린다. 한국 사람에게는 빨간 사과도 빨간 토마토도 속이 빨간 수박도 모두 공산당의 상징이다. 하기야 나도 공산당을 무슨 괴물쯤으로 생각하던 시절이 있었다. 공산주의자가 나와 똑같은 보통사람이라는 것이, 그 지당한 사실이 오히려 내게는 충격이었다.

〈르몽드〉에 누구나 쓸 수 있는 칼럼난이 있는데, 거기에는 누가 글을 쓰든 이름과 직업만 소개된다. 대통령이 쓰면 직업란에 대통령이라고 기재되고, 노동자가 쓰면 노동자라고 기재된다. 대통령과 노동자가 동등하게 실리는 난이라니, 그것부터가 내게는 충격이었는데 어느 날 칼럼의 직업란에 이렇게 적혀 있었다. "신부, 목수, 공산주의자." 신부는 정신의 직업이고, 목수는 돈을 버는 육체의 직업이며, 공산주의자는 아마 이념의 직업인 모양이었다. 신부이면서 목수일로 돈을 버는 것은 신선했고, 신부가 공산주의자라는 것은 놀라웠다. 그는 그 칼럼에 공산주의는 20세기의 기독교라고 주장했다. 나는 그 칼럼을 오래오래 들여다보았다. 나는 지금까지 외눈으로 세상을 보며 살아왔구나.

나만 외눈박이는 아니었다. 1995년 가을에 한국의 유명한 시인과 작가 열세 사람이 프랑스 문화부의 초청으로 파리를 방문했다. 오랫동안 파리에서 살아온 한국 사람이라면 그 정도 일에도 괜히 어깨가 들썩거려지고 기고만장해진다. 약소민족 출신으로 늘 설움만 받아온 탓일 게다. 때때로 엉뚱한 짓거리를 하는 통에 도깨비라는 별명을 가진 J가 불쑥 제안했다.

"형님, 그 양반들이 한국을 빛내주러 왔으니 가만있을 수 없잖아요? 돈은 내가 다 낼 테니 하룻밤 술잔치라도 벌이자고요. 형님이 가서 말 좀 해봐요."

그 마음이 얼마나 갸륵한가, 고생고생해서 번 돈을 내 조국을 빛내러 오는 동포를 위해 쓰겠다니. 내가 적격이라고 떠미는 바람에 문인들이 묵고 있는 호텔을 찾아갔다. 말로만 듣고 책으로만 보았던 내로라는 한국의 문인들이 모두 모여 있었다.

"저는 파리에 사는 이유진이라고 합니다. 선생님들께서 이렇게 한국 문학을 프랑스에까지 빛내주셨다고 감동해서 술을 한잔 사겠다는 사람이 있습니다. 시간이 괜찮으시겠습니까?"

다들 즐거워했다. 그런데 가만 생각해보니 그들이 나중에 한국에 되돌아가서 내가 간첩으로 몰린 사람이라는 것을 알게 되면, 혹시 내가 진짜 간첩이 아닐까 오해할 수도 있을 것 같았다.

"그런데 저, 제 신분을 미리 밝혀야 할 것 같습니다. 제가 보잘것없는 사람이지만 칠십구 년에 한 후배의 망명을 도와주었다가 간첩으로 몰렸습니다. 이 말씀을 안 드리면 나중에 속았다고 원망하는 말을 들어도 제가 할 말이 없을 테고, 그래서 지금 말씀드리는 건데…… 제가 이북하고 관계없다는 것은 사람들이 다 알고 있습니다."

동시에 몇몇의 얼굴이 확 굳어졌다. 그중에는 민주화운동으로 널리 알려진 시인도 있었다. 한 사람은 내 말이 끝나기 무섭게 자리를 피해버렸다. 신경림 시인 한 분만 태연했다. 상황이 그쯤 되니 저녁이고 뭐고 판은 깨진 터, 더 이상 할 말도 없고 해서 자리에서 일어났다. 신경림 시인이 나를 따라 일어섰다. 문 쪽으로 걸어가는데 민주화운동으로 알려진 K시인이 부랴부랴 쫓아 나오더니 안 했으면 좋았을 말을 한마디 거드는 것이었다.

"이거 죄송하게 됐습니다. 우리 둘만 있으면 괜찮을 텐데……."

말인즉슨 신경림 시인과 자기만 있으면 상관없는데 다른 문인들이 있어서 조심을 했다는 것이었다. 비굴하게 느껴졌다. 그 말에는 대꾸도 하지 않고 나는 신경림 시인에게 악수를 청했다.

"오늘 참 감사합니다. 다들 도망치는데 신 선생님만 태연하시군요. 아주 기쁩니다. 또 언제 뵐는지는 모르겠지만 제 기억에 남을 겁니다."

문 밖까지 배웅하려는 신경림 시인을 내가 막아섰다. 괜히 나와 단둘이 있는 광경을 남들에게 보였다가 그에게 작은 피해라도 생기게 하고 싶지 않았다.

"남들이 오해할지도 모르니 여기서 그만 들어가십시오. 정말 감사합니다. 문까지 배웅해주신 걸로 알겠습니다."

박정희나 전두환, 노태우 독재정권 시절의 일이 아니었다. 이른바 문민정부가 들어선 뒤였는데도 한국 최고의 지성인이라는 작가들까지 빨간색이라면 뭐가 됐든 일단 눈부터 질끈 감고 보는 것이었다.

1947년까지만 해도 공산주의는 우리 사회에서 금기가 아니었다. 자기 권력욕을 채우기 위해서였겠지만 이승만 박사도 공산주의자들에게 협력을 요청했다. 그때만 해도 좌익과 우익이 친구인 경우도 많았다. 소설 《임걱정》으로 유명한 홍명희 선생은 좌익이었지만 정인보 같은 우익 인사와 친구였고, 한용운 스님도 불교사회주의를 주창한 분이지만 우익인 송진우 씨와 술자리를 같이하는 다정한 친구였다. 우익이든 좌익이든 누가 옳고 그름을 떠나 적어도 그 시절의 사람들은 두 눈으로 나보다 더 넓게 세상을 보고 살았던 것이다. 누가 내 정신을, 우리 민족의 정신을 외눈박이 불구로 만든 것인가.

프랑스에서는 선거 때가 되면 텔레비전 각 채널에서 정치토론이 벌어진다. 토론 프로에서는 좌우익이 한자리에 나와 정책을 놓고 치열한 설전을 벌인다. 1969년 대통령선거 때였다. 르카뉘에라는 전직 철학교수가 온건우익으로 출마해서 토론 프로에 나왔다. 르카뉘에는 우익의 대표인 퐁피두가 부패했다고 신랄하게 공격을 퍼부었지만 1차투표에서 탈락했다. 그러자 그는 2차투표에서는 퐁피두를 지지하고 나섰다. 2차투표에서 퐁피두와 공산당 대표 뒤클로가 맞붙게 되었는데, 어느 토론 프로에서 뒤클로가 르카뉘에에게 물었다.

"당신은 퐁피두가 부패했다고 공격했는데 나는 썩지 않았다. 그런데도 당신은 퐁피두를 찍으려 하는가?"

"그렇다. 나는 퐁피두를 찍을 것이다. 그 이유를 모르겠는가?"

"말해봐라."

"당신은 대통령이 되면 죽기 전에는 절대로 그 자리에서 물러나지 않을 사람이다. 그리고 자유선거를 결코 하지 않을 것이다. 지금까지 공산주의 사회에서 스스로 물러난 사람이 단 한 명이라도 있는가? 스탈린과 모택동을 봐라. 내가 말한 대로 퐁피두는 썩었다. 그러나 그는 프랑스 유권자들이 당신은 이제 물러나라고 하면 물러날 사람이다. 비록 썩기는 했지만, 퐁피두는 민주주의를 아는 사람이다. 그래서 나는 퐁피두를 찍을 것이다."

공산당 대표는 아무 말도 하지 못했다. 프랑스 사람들은 그런 자유로운 토론을 보면서 정치를 배운다. 프랑스에서 정치는 소수의 독점물이 아니다. 어떤 사안을 둘러싸고 토론이 벌어지면 판사, 검사, 장관, 의사, 교수는 말할 것도 없고 노동자, 상인 할 것 없이 차례차례 발언권을 얻어 자기 의견을 말한다. 초등학생이 참석해서 거침없이 자기 생각을 밝히는 토론도 본 적이 있다. 그렇게 자라난 아이들이 우리처럼 레드 콤플렉스에 시달릴 수 있겠는가? 그런 국민이라면 감히 박정희처럼 자기를 반대한다고 아무나 공산주의자로 몰아붙여 사형을 선고할 수 있겠는가?

나는 좌익도 우익도 아니다. 세상에는 남자와 여자가 있고 음지와 양지가 있고 하늘과 땅이 있다. 이처럼 세상이 음과 양으로 조화를 이루듯 사회는 좌익과 우익의 견제와 균형 속에서 발전하는 게 아닐까? 음양은 대립하는 게 아니라 상호 보완하는 것이다. 대립의 이원론에서 출발한 서양의 역사는 피 튀는 전쟁으로 점철되었지만, 너와 내가 다르지 않다는 일원론의 동양에서는 전쟁보다 외교적 합의가 더 많았다.

시인 장 콕토(Jean Cocteau)는 "서양 사람들이 보기를 그치는 곳에서 동양 사람들은 비로소 바라본다"고 했다. 그래서인지 요즘에는 음양사상을 연구하는 서양 학자들이 점차 늘어나고 있다. 그런데도 정작 동양 사람들은 자기네의 고유한 전통을 까맣게 잊어버린 채 서양 뒤를 쫓느라 애쓰고 있다.

언젠가 제네바 뒷골목에서 술자리를 함께 했던 국제법학 박사라는 사람은 큰 공부 하자고 서구에 와서는 국제법상 한일합병은 합법적이라는 망발을 늘어놓아 나를 화나게 했다. 그래서 내가 물었다.

"당신 일본인이요?"

"한국 사람입니다."

"설마? 한국말 잘 하는 일본 사람 아니요? 한국인이 어떻게 그런 말을 할 수가 있단 말이요?"

그러자 그자는 정색을 하는 것이었다. 자기는 한국인이지만, 뭐 학문적 양심을 가지고 말하는 것이라나? 도대체 국제법이란 게 뭔가? 강대국들이 자신들의 이익을 지키기 위해 저들끼리 둘러앉아 타협해서 정한 것이다. 왜 우리가 강대국의 이익을 대변하는 국제법이라는 안경을 끼고 우리 역사를 바라봐야 한단 말인가.

세상에는 나처럼 눈먼 사람들 천지다. 저 태어난 가난한 동양이 부끄러워 한 눈 질끈 감고 한 눈으로 서양의 뒤꽁무니만 부지런히 쫓는 사람들, 독재정권이 두꺼운 안대로 가려놓은 눈을 여태껏 뜨지 못한 사람들. 음양이 있듯 사람은 눈도 두 개다. 나는 그 두 개의 눈으로 세상을 똑바로 보고 싶다. 심청이가 아비 눈을 뜨게 하려고 인당수에 몸을 던졌듯 수많은 젊은이가 두 눈 똑바로 뜨고 살자고 제 젊음을 활활 불살랐으니, 이

제 심봉사가 눈을 뜨듯 우리도 번쩍 눈을 뜰 만한데 조국에서 들려오는 소식은 실망스럽기만 하다. 그동안 반공 이데올로기의 보루가 돼왔던 국가보안법 폐지 문제조차 아주 최근까지 금기였다.

"법은 의복과 같다. 법과 의복은 봉사해야 할 사람 몸에 꼭 맞게 만들어져야 한다."

현대 민주주의 정신의 대변자 로크(J. Rocke)의 말이다. 국가보안법은 민주주의 시대를 살아가는 성숙한 시민에게 꼭 맞는 법이 아니라 '국가를 위하여'라는 미명 아래 건강한 시민들의 숨통을 죄는 구실에 지나지 않는다. 지난 시기의 냉전과 이데올로기에 집착하는 시대착오적 유물인 국가보안법은 조만간 이뤄내야 할 남북화해와 민족통일에 필요한 민족적 각성과 창조적 사고, 즉 한국 시민들의 자연적 권리를 억압하는 악법이다. 사회가 발전하기 위해서는 새롭고 성실하고 생산적인 사고가 필요하다. 언제까지 우리는 빨간색만 보면 공산당을 떠올리며 공포에 떨 것인가.

나 역시 서울에서는 레드 콤플렉스를 앓고 있었고, 파리에 와서야 비로소 그 미망으로부터 벗어났음을 이미 고백했다. 무엇보다 내 눈을 뜨게 해준 것은 내가 직접 대면한 북한 사회와 북한 사람들이다. 북한 사회의 모순에 대해서는 더 이상 거론하지 않겠다. 그러한 모순이 있어도 북한에는 남한과 다를 바 없는, 정이 넘치는 내 민족이 살고 있다.

파리에서 중국식당 '차이나타운'을 운영하던 전영희 선생이라는 이가 있다. 삼일운동 직후인 1920년대 초 중국 상해로 망명해 임시정부에서 일을 돕다가 프랑스에 정착한 그는 우리 부부를 가르송(Garçon, 급사)으로 써주고, 형편없는 내 숙주나물을 사준 양반이다. 그는 가난한 한국 유학생들에게 일종의 은행이었다. 궁할 때 몇 차례 그 양반에게 돈을 빌려 썼던 나처럼, 많은 유학생들이 그분 신세를 졌다. 나처럼 몇 푼 안 되는 푼돈에서부터 서울 갈 비행기 삯까지, 유학생들의 이런저런 사연을 들으면 전 선생은 일단 돈부터 빌려 주었다. 돌려받은 돈보다 떼인 돈이 더 많다고 넋두리를 하면서도 한 번도 유학생들의 곤궁한 형편을 외면하지 않았다.

착한 사람에게는 왜 더 큰 시련이 내리는지, 그분은 함께 살던 프랑스 여자의 아들에게 전 재산을 빼앗기고 알거지가 된데다 반신불수로 움직일 수도 없는 처지가 됐다. 전 선생을 알던 사람들이 그래도 그가 한국 사람이니 한국 정부가 책임져야 되지 않겠느냐고 한국 대사관에 몇 차례 도움을 청했지만 묵묵부답이었다. 반신불수인 전 선생을 책임진 것은 북한이었다. 자신들의 인도적인 행위를 선전하기 위한 속셈이었다 하더라도, 늙고 쓸모없는 전 선생을 데려가 봐야 얼마나 큰 선전효과가 있었겠는가. 그래도 북한에는 제 동포를 책임지려는 최소한의 정은 남아 있구나, 나는 북한을 다시 보았다.

진주쯤 가서 늙은 퇴기와 여생을 보내고 싶다던 전 선생은 그렇게 해서 아무 연고도 없는 북한 땅으로 가게 됐다. 아마 지금쯤은 돌아가셨을 것이다. 돈도 잃고 늙고 병들었지만 그래도 조국 땅에서 동포의 품에서 살다 돌아가셨을 테니 아주 복 없는 인생은 아니었다고, 전 선생이 생각 날 때마다 나는 그렇게 나를 위로한다. 북한 사람들도 때로는 아름답지 않은가?

　1989년 봄이었을 것이다. M 여사의 집에 초대받아 갔다. 문을 들어서니 주인이 반갑게 맞는데 그 곁에 웬 남자와 여자가 서 있었다. 그들의 가슴에는 작은 김일성 배지가 꽂혀 있었다. 그 밖에 내가 잘 아는 B 여사가 와 있었고 처음 보는 J 여사도 있었다.

　인사가 끝나고 모두 자리에 앉자 음식이 나왔다. M 여사는 호남 사람으로 음식솜씨가 일급 요리사 못지않고 손이 커서 양도 푸짐하게 내놓았다. 술도 포도주에 위스키까지 실하게 준비돼 있었다. 모두들 화기애애한 가운데 이런 이야기 저런 이야기 끝없는 이야기를 즐기다가 저녁밥까지 새로 차려 먹고서야 헤어졌다. 북쪽 사람들을 남쪽 사람의 가정에서 만나보기는 그때가 처음이었다.

　얼마 후 내가 답례로 그날 함께 했던 사람들을 초대했다. 물론 북쪽 사람들도 왔다. 그 후 한 달이 지났을까. 이번에는 북쪽의 K 여사가 우리 남쪽 사람들을 초대했다. 사상이니 체제니 그런 것을 떠나서 이렇게 자연스럽게, 스스럼없는 관계가 이뤄지고 보니 여기 파리에서는 이미 남북통일이 된 것이나 다름이 없어 보였다. 언제부터인가 나는 K 여사 집을 '향미네'라고 부른다. 고등학생인 그 집 큰딸 이름이 향미이기 때문이다.

　하루는 향미 어머니가 집을 좀 고쳐야겠다면서 교포 중에 적당한 사람이 없느냐고 물어왔다. 프랑스 사람에게 일을 시켜서 돈을 주느니 기왕이면 동포에게 공사를 부탁하고 돈을 주자는 것이 향미 어머니의 뜻이었다. 마침 그때 친구 P가 그 방면 일을 하고 있어서 의사를 물었더니 좋다고 받아들였다. 향미네 집은 정말 많이 고쳐야 할 만큼 낡아 있었다. P는 전기시설이며 수도시설이며 목욕시설 일체를 새로 갈았다. 공사가 아마 보름 이상 걸렸을 것이다. 공사가 잘 끝나서 향미네도 만족하고 공사를 맡은 P도 만족하고 나도 기뻤다.

어느 날 향미네 집에서 이북 학생들을 만났다. 프랑스 장학금으로 공부하고 있다는 이십대의 젊은 학생들이었는데 매우 순박했다. 한 학생은 경제학을 공부한다고 했다. 준경이를 데리고 향미네와 그 학생들과 함께 퐁텐블로 부근의 개울에 가서 펄펄 뛰는 싱싱한 물고기를 잡아 포도주를 곁들여 회를 먹기도 했다.

파리에서 이북 사람들과 만나는 것은 어려운 일이 아니다. 사실 사상이니 체제니 하는 것은 우리 같은 평민들의 문제는 아닐지도 모른다. 양쪽의 권력이 개입하지 않는다면 우리 남북의 동포끼리는 매일같이 웃으며 더불어 살 수 있으리라. 파리의 몇몇 동포들은 상투적 대결의 완고한 틀을 깨고 서로 만나서 이심전심으로 대화를 나누고 평화롭게 공존하는 데 성공했다.

일찍이 천백오십 년 전 황벽(黃檗) 선사가 갈파했듯이, 이심전심의 심(心)은 참으로 쾌청한 것이다. 파리에서 남북 동포가 이심전심을 할 수 있었던 것은, 미국과 소련이 부추긴 남북대결이라는 악의 막다른 골목에서 만나지 않고 오천 년 역사를 함께 살아온 동포애라는 선의 길에서 만났기 때문이었다.

나는 파리에서 남북대결이라는 거대한 사악이 정당한 역사의 궤도에서 떨어져나가 꺼지는 것을 보았다. 동포애가 한갓 낱말만일 수는 없다.

그것은 하나의 가치이며 견고한 힘이다. 아름다운 리듬으로 내일의 역사에 쓰일 소중한 에너지다. 같은 민족으로서 따뜻한 마음을 잃는다면 무엇보다도 우리 자신의 인생이 외롭고 비참해진다. 그리고 오늘날의 분단 상태는 소모적이며, 백 년 전 이조말기 때처럼 양쪽 모두를 미국, 일본, 중국, 러시아의 각축전에 계속 시달리게 할 뿐이다.

답답하고 숨 막히고 부끄럽던 청춘

그저 답답하고 숨이 막힐 뿐이었다. 어디서 싱그러운, 폭력이 섞이지 않고 순수한 자유의 공기를 좀 마셨으면…. 스물서넛, 내 청춘의 꿈은 고작 그거였다.

네 시간째 교수는 이야기책 읽듯 노트를 읽어 내리고 있었다. 그러면서 간혹 고개를 들어 안경 너머로 학생들이 필기를 하는지 안 하는지 강당 안을 둘러보았다. 선배들 말에 의하면 교수가 동경제대 다니던 시절에 만든 노트를 몇 년째 읽어주고 있다는 것이었다. 우리가 중학생인가, 허구한 날 필기만 하고 앉았게.

그 교수만 그런 게 아니었다. 열에 아홉은 노트를 읽어주고 필기를 시키는 게 강의의 전부였다. 하긴 대학 졸업장만 있으면 교수가 되던 시절이었다. 우리말로 된 심리학 교과서 한 권 없었다. 나는 1학년 내내 영어, 불어 공부만 했다. 그리고 광화문의 외국책방을 들락거리며 심리학 외서나 잡지 따위를 주문해서 보았다. 학교에서 배우는 것보다 그런 책들을 통해 혼자 공부하는 게 더 나을 정도였다.

심리학이 아니고 다른 것을 전공했으면 좀 달랐으려나? 다른 학문을 전공했어도 상황이 달랐을 것 같지 않다. 불문학과나 국사학과 교수들도 노트에 머리를 박고 읽기 바빴다. 이럴 줄 알았으면 대학 같은 거 쳐다보지도 않는 건데, 펜을 놓고 창밖으로 시선을 돌렸다. 며칠 전만 해도 가을햇살에 찬란하게 빛나던 은행잎이 생기를 잃은 채 부석부석한 얼굴로 바람을 맞고 있었다.

"자네는 필기 안 하나?"

교수의 시선이 나를 향하고 있었다. 나는 벌떡 일어나서 책상 위의 책과 노트를 가방 안에 쑤셔 넣었다.

"뭔가?"

"교수님, 공부 좀 하십시오."

교수의 얼굴이 벌겋게 달아오르는 것을 보면서 나는 거침없이 등을 돌렸다. 쥐죽은 듯 조용한 강의실에 내 발소리만 울렸다. 한두 번 있는 일도 아니었다. 가르치는 교수가 답답해 보이면 나는 거침없이 대들었다. 한두 분을 제외하고는 내 갈증을 채워주는 교수가 없었다. 언젠가 한국 심리학은 왜 안 가르쳐주느냐고 물은 적이 있다. 교수는 별 고민도 없이 대답했다.

"심리학은 역시 서양 심리학이지. 동양에 무슨 심리학이 있나?"

어린 마음에도 교수의 대답이 우스웠다. 사람 사는 동네에 왜 심리 문제가 없겠는가. 연애도 정치도 사람이 관계하는 일인 한 심리 문제가 개입할 수밖에 없다. 동양의 심리학은 학문으로는 정립되지 않았겠지만 시 속에, 철학 속에 녹아 있지 않겠는가. 서양 심리학을 받아들이는 과정이라 동양 심리학은 아직 정리가 돼 있지 않다는 정도로 대답할 수도 있었을 텐데……. 최소한의 학자적 고민이나 솔직함도 없는 교수의 대답에 나는 화가 났고 절망했다. 그런 교수들 앞에서 나는 거침없이 가방을 꾸려 강의실을 떠났다. 당신들도 충격을 좀 받아야 하지 않겠는가. 학생에게라도 자존심을 다쳐야 굳은 머리가 깨어나지 않겠는가.

밖은 아직 햇살이 눈부신 대낮인데 술이 당겼다. 에라, 모르겠다며 오후 강의를 죄다 포기하고 학교를 빠져 나오는데 종교학과에 다니는 홍정희가 내 어깨를 툭 쳤다.

"잘 만났다. 우리 커피 한잔 하러 가자."

우리는 단골 다방 쪽으로 걸음을 옮겼다. 웬일인지 녀석의 어깨가 당당했다.

"유진아, 나 어제 문학전집 팔았다."

"왜?"

"너한테 한턱내려고."

정희는 전라도 나주 출신으로 그야말로 어렵게 살고 있었다. 자취방 얻을 돈도 없어서 교회 마당을 집으로 삼고 사는 녀석이었다. 녀석은 입학 후 줄곧 낡아빠진 진바지만 입고 다녔다. 사시사철 그 바지뿐이었다.

별로 친하지 않았을 때 내가 지나가는 말로 타박을 했다.

"야, 너는 만날 그 옷만 입냐? 좀 바꿔 입고 다녀라."

그 친구가 우물쭈물했거나 기분 상했다는 모습을 보였다면 우리의 인연은 그것으로 끝났을 것이다. 녀석은 한 점 구김살 없는 어조로 내 말을 받았다.

"야, 이 자식아, 건방진 소리 마. 나는 교회 마당에서 자는 사람이야. 그럴 돈이 어딨어!"

가난쯤이야 발가락의 때쯤으로 여기는 녀석의 패기가 마음에 들었다. 우리는 의기투합했다. 그런 정희가 나에게 한턱내려고 지난해에 월부로 사 두었던 한국문학 전집을 팔았다는 것이었다.

"미친 자식. 주머니에 돈 있는 놈이 쓰면 되는 거지, 귀한 책은 왜 팔아?"

정희는 고등학교 시절부터 거릿잠을 잤다. 그런 녀석에게 문학전집은 아마 재산목록 1호였을 것이다. 정희는 씩 웃으며 내 등을 호기 있게 두드렸다.

"너한테 커피 한잔 얻어먹었다고 기죽고 싶지 않아 그랬다. 가자, 오늘은 내가 살게."

한뎃잠을 잘지언정 자존심 하나는 시퍼렇게 살아 있는 녀석이었다.

"그래, 가자. 귀한 네 커피 좀 먹어보자."

정희가 문학전집을 판 돈으로 산 커피를 마시고 다시 술집으로 옮기자마자 내가 말했다.

"나, 군대나 갈까봐."

"언제?"

"당장."

"기말시험이 남았는데?"

"만사가 시들해. 학교도 재미없고. 그냥 당장 가야겠어."

진심이었다. 사일구 뒤끝의 어수선한 세상도, 늙은 교수들이 노트나 읽어주는 대학 분위기도 다 싫었다. 내게는 비상구가 필요했다. 군대는 비상구가 되어줄 수 있을까?

그날 나는 억병으로 취했다. 어디서 어떻게 정희와 헤어졌는지, 정신을 차리고 보니 내가 전차에서 내리고 있었다. 종로4가였다. 오전부터 술을 마신 터라 거리에는 희미한 빛의 잔해가 부옇게 퍼져 있었다. 비틀거리며 걷는데 누군가 내 팔을 꽉 잡았다. 거지 노인네였다. 노인네는 눈을 부릅뜬 채 나를 노려보고 있었다. 내 팔을 붙잡은 그 힘은 거지 노인네라고 할 수 없을 만큼 억셌다. 아무리 취했다고 해도 노인네 하나 뿌리치지 못할 정도는 아니었는데 나는 이상하게 그의 시선에서 벗어날 수가 없었다. 잠시 후 노인은 내 팔을 놓고 인파 속으로 사라져버렸다. 나는 그 자리에 못 박힌 듯 한동안 서있었다. 뒤통수를 한 대 얻어맞은 느낌이었다. 나를 바라보던 추레한 거지 노인네의 눈빛이 꼭 에라, 이 한심하고 불쌍한 놈아, 라고 말하는 것만 같았던 것이다.

그해부터 생긴 학보병으로 입대하면 군생활을 편하게 할 수 있었지만 일반병을 선택했다. 어디 전방에나 가서 한 삼 년 푹 썩고 싶었다. 그렇게 해서 괴로운 청춘의 시기가 지나갔으면 했다. 그러나 군대는 도피처가 아니었다. 군대는 숨 막히는 한국사회의 축소판 정도가 아니라 모순의 집약판이었다. 바깥세상도 견디지 못하던 내게는 감옥이나 다를 바 없었다.

다른 고생은 별것 아니었다. 한때 부잣집 도련님 행세를 하며 살았지만 먹는 것 입는 것 자는 것쯤은 그럭저럭 적응할 만했다. 그러나 맞는 것은 견디기 어려웠다. 잘못도 없는데 그저 군대라서 때리는 것이었다. 하루는 소대 선임하사가 엎드려뻗쳐를 시키더니 다짜고짜 몽둥이질을 시작했다. 제일 처음 맞은 친구는 몸집이 아주 좋았는데 한 대를 맞더니 폭 고꾸라졌다. 나는 문을 박차고 도망쳤다. 두어 시간 여기저기 기웃거리고 다니다가 백마 위스키를 한 병 샀다. 훈련소 부근에 술 파는 데가 많고, 훈련이 끝나면 술집에도 몰래 다닐 수 있던 시절이었다. 위스키를 들고 선임하사를 찾아갔다.

"왜 갑자기 성을 내고 그래요? 이거나 잡수세요."

선임하사는 맞지도 않고 도망친 내가 건네는 술을 기꺼이 받았다.

"어, 그래. 한잔 해야겠어. 마누라가 덤벼서 한 대 패주고 나왔더니 성질이 나서 말이야."

소대 전체가 몽둥이로 맞은 이유가 선임하사의 부부싸움 때문이었던 것이다. 그 선임하사는 특별히 나쁜 사람은 아니었다. 개인적으로 만나면 그저 보통의 선량한 남자였다. 그런 그도 제복만 입으면 기분이 나쁘다는 이유로 아무나 때릴 수 있는 곳, 군대는 그런 곳이었다. 지긋지긋했다. 도망쳐 나온 바깥세상보다 더한 곳이었다.

첫 휴가 때 아버지께 말씀드렸다.

"나와야겠습니다. 군대생활, 의미가 없습니다."

무슨 방법을 동원하셨는지는 모르지만, 겉도 속도 멀쩡했던 나는 신경과 진단을 받고 병참학교 바로 옆 63육군병원에 입원했다. 그곳에서 나는 부끄러웠다. 진짜 의병제대를 해야 할 친구들은 돈도 없고 백도 없어 몇 달째 제대를 기다리고 있었다. 한 친구는 간질 때문에 하루가 멀다 하고 발작을 했다. 그 몸으로도 군대에 끌려온 것이었다. 정말로 제대해야 할, 돈 없고 백 없는 친구들은, 부끄럽기 짝이 없어 차마 눈길도 마주치지 못하는 내 손에 자신들의 주소가 적힌 종이쪽지를 쥐어주었다. 농투성이로 살아온 그들의 투박하고 거친 손의 감촉이 나를 더 부끄럽게 했다.

"꼭 한번 놀러 오그래이."

내게 진심으로 마음을 열어 보인 그들의 다정한 말을 뒤로 한 채 나는 도망치듯 군대를 떠나왔다. 이번에는 나쁜 놈까지 되어서. 그들은 내가 백을 이용해서 거짓 의병제대 한다는 것을 눈곱만큼도 눈치 채지 못했을 것이다. 이른바 대학생 신분으로 군대에 온 녀석들의 어쭙잖은 권위와 폭력에 맞서 자신들 편에 섰던 나 역시 결국은 그들과 다름없는 기득권 세력이었다는 것을 몰랐을 것이다. 어쩌면 나는 눈에 보이는 폭력을 행사하는 놈들보다 더 나쁜 놈이었다.

자신이 나쁜 놈이라는 사실을 인정한다는 것은 아주 고약했다. 나쁜 놈이라고 단정하고 나니 자살밖에 할 게 없었다. 위스키랑 수면제를 섞어 먹고 한강물에 빠져버릴까, 가만히 누워 있으면 그런 생각만 떠올랐다. 버스를 타고 있으면 내 몸이 허공에 떠있는 것 같았다. 밖으로 뛰쳐

나왔다. 주머니에는 아버지가 주신 돈이 잔뜩 들어 있었다. 주머니에 돈이 많을 때는 종로에 있는 바에서, 돈이 떨어지면 낙원동 막걸릿집에서 술을 마셨다. 재벌 아들처럼 아버지 돈을 쓰고 다녀도 죄책감 같은 건 들지 않았다.

아버지는 광복 직후 이북에서 맨손으로 월남하셨다. 1946년인가, 아버지는 나뭇조각 몇 개로 작은 리어카를 만드셨다. 거기에 배, 사과, 복숭아 따위를 올려놓고 과일장사를 시작하셨다. 나는 학교가 끝나면 쪼르르 아버지에게 달려갔다. 사과가 먹고 싶어서 침이 꿀딱꿀딱 넘어갔지만 저걸 팔아야 우리 식구가 밥을 먹을 수 있다는 생각에 군침을 삼키면서도 참았다.

어느 날 제복을 입은 경찰 두 명이 다가왔다. 그들은 돈도 내지 않은 채 아버지의 사과를 집어먹기 시작했다. 하나로 그치는 게 아니었다. 아버지도 나도 긴장한 눈으로 두 사람이 먹는 것을 지켜보고 있었다.

'저러면 우리 할머니 할아버지 오늘 저녁 굶으실 텐데……'

어린 나는 속이 탔다. 아버지 눈치만 살폈다. 경찰이 먹는 사과, 배, 복숭아 수가 늘어날수록 아버지 눈에 핏발이 일어서고 있었다. 그들이 일곱 개짼가를 집어 들었을 때였다.

"이 개자식들! 네놈들이 사람이냐!"

아버지는 벽력같은 고함과 함께 순식간에 경찰 둘을 땅에 메다꽂으셨다. 아버지는 성북경찰서로 끌려가셨다. 다행히 곧 풀려나기는 했다. 아버지는 그런 분이셨다. 한번 화가 나면 불같이 무서웠고 도리가 아닌

일에는 포효하는 분이었지만 가난한 사람들에게는 따뜻한 이웃이었다.

어느 해인가 설 전날 아버지는 쌀을 가득 실은 트럭을 타고 돌아오셨다. 아버지는 나더러 통장님을 모셔오라고 했다.

"우리가 오랜만에 쌀밥 먹을 처지가 됐습니다. 하루만이라도 다같이 나눠먹고 싶어서 쌀을 좀 가져왔습니다. 통장님께서 알아서 나눠주십시오."

익산에서 초등학교를 졸업하고 1952년 가을에야 서울로 돌아온 나는 첫 학기를 건너뛰고 경동중학교 1학년 2학기에 편입했다. 첫 학기 공부를 안 했더니 공부에 흥미가 생기지 않았다. 집안형편은 여전히 어려웠고, 전쟁 중이라 학교도 공부할 분위기가 아니었다. 교실에는 책상도 없어 백 명이 훨씬 넘는 학생들이 마룻바닥에 쭈그리고 앉아 수업을 했다. 2학년이 됐지만 아주 간단한 영어문장조차 읽을 줄도 쓸 줄도 몰랐다.

고등학교 1학년 성적표가 나왔다. 무슨 맘이었는지 아버지 회사로 가서 보여드렸다. 공부는 못했어도 성적표는 꼬박꼬박 보여드렸다. 아마 아버지가 한번도 나무라신 적이 없어서였을 것이다. 이북에서 맨발로 넘어온 후 초등학교부터 다니는 둥 마는 둥했기 때문에 공부를 잘한 적이 한번도 없었다. 아버지는 엉망인 성적표를 힐끗 보시고는 그만이었다. 그런데 이번에는 달랐다.

"이 성적 가지고 서울대 들어가겠니?"

나무람이 아니라 걱정하는 투였다. 그때 주위엔 회사 사람들이 있었다. 얼굴이 확 붉어졌다. 아버지가 사람들 앞에서 나를 망신 주시는구나.

아버지에게 화가 났다. 그 분노는 곧 나 자신에게로 향했다. 얼마나 바보 같으면 아무리 아버지한테라지만 사람들 앞에서 모욕을 당하겠는가.

이튿날 나는 동대문시장으로 달려갔다. 헌책방에서 중학교 1학년부터 고등학교 3학년까지의 영어, 수학 참고서를 전부 샀다. 그리고 그날부터 매일 새벽 두세 시까지 영어, 수학만 공부했다. 이틀이 멀다 하고 코피를 쏟았다. 육 개월을 그렇게 했더니 육십 점 수준이던 영어, 수학이 구십 점을 넘었다. 중학교에 입학한 이후 사 년간은 공부 잘하는 친구 옆에서 커닝을 했는데, 고등학교 2학년 2학기부터는 다른 친구들이 내 옆에서 커닝을 했다. 단 한번 아버지가 성적표를 보고 하신 말씀 덕분에 서울대에 들어가게 된 것이었다.

대학에 가서는 왜 그렇게 술을 많이 먹었던지……. 어느 날 어머니는 하얀 머릿수건을 쓴 채 멍석에 널어놓은 붉은 고추를 거둬들이고 계셨다. 그날도 나는 곤드레만드레 술에 취했다. 어머니는 오랜만에 일찍 들어온 내 얼굴을 슬쩍 쳐다보셨다.

"또 술을 했구나. 그렇게 술이 좋으니? 남정네들이란……."

그러면서 핼쑥한 얼굴 위로 한 가닥 웃음을 지으셨다. 나는 어머니 옆으로 가 멍석에 털썩 주저앉았다. 세상이 빙글빙글 어지러웠다.

"아까 시장엘 가는데 말이다. 저 밑에 구멍가게 있잖니. 그 옆집에서 한 할아버지가 뒷짐을 지고 왔다갔다 하시지 않겠어? 그래 무슨 일이냐고 물었지. 혹 그 집에 오신 손님인가 하고. 할아버지가 우물쭈물하시더니 그 집 문 앞을 가리키시더라. 봤더니 정종 한 병이야. 손님이 왔다가 사람이 없으니까 대문간에 놓고 간 게지. 할아버지는 그 술이 드시고 싶어서 그렇게 남의 집 대문간을 떠나지 못하셨던 게야. 남의 술에 차마 손을 댈 수는 없고 말이야. 술이 그렇게 좋으냐?"

대답 대신 나는 피식 웃었다. 술이 좋기는 했다. 잘 마신 술은 마음의 거품을 걷어내고 진심에 도달하게 하는 힘이 있었다. 기쁨이든 슬픔이든 괴로움이든 술을 마시고 가 닿게 되는 그 마음의 바닥이 나는 좋았다. 그래서 친구지간에 술을 마시면 서로의 진심이 교통하게 되는 것 아닌가.

"그래서 어떡하셨어요?"

"뭘 어떡하니? 술 좋아하는 네 생각도 나고, 오죽 술이 좋으면 저러실까 싶더라. 술 한잔 맘대로 못 자시는 노인네가 안됐기도 하고. 그래서 내가 술 한잔 받아드렸다."

어머니는 그런 분이다. 내가 고등학교에 다닐 무렵부터 아버지가 제법 돈을 벌기 시작하셨지만 어머니는 늘 소박하게 사셨다. 돈이 좀 생겼다고 집안일에서 손을 떼지도 않으셨다. 무엇이 어머니를 저토록 굳건하게, 묵직하게 버티게 하는 걸까? 나도 어머니처럼 아버지처럼 흔들림 없이 반듯하게 살고 싶었다. 술에 취해 흔들리는 내 어깨에 어머니의 손이 얹혔다. 옷 위로도 까실함이 느껴지는 어머니의 손길이, 그러나 세상 무엇보다 부드러운 어머니의 손길이 하염없이 내 등을 쓸어내리고 있었다. 그 어머니의 손길로도 흔들리는 내 청춘은 바로 서지 못했다. 술에 취해 비틀거리며 청춘의 시간들이 흘러가고 있었다.

마음이 심란하면 나는 곧잘 홍제동 너머 달동네에 사는 홍순민 선생을 찾아갔다. 홍 선생은 불문학을 가르치는 강사였는데, 내가 존경하는 스승이었다. 광복 직후 경성대학에 들어가서 서울대 문리대를 다니신 홍 선생은 대학졸업장이 없었다. 뛰어난 실력에도 그놈의 졸업장이 없어 만년 강사나 하고 있는 선생이 딱해서 왜 졸업을 안 하셨냐고 물었더니 선생은 콧방귀를 뀌었다. 그까짓 것 졸업하면 뭐하느냐는 것이었다.

그 패기가 좋아서 나는 걸핏하면 정종 한 병을 사들고 아침부터 선생 댁을 찾아가곤 했다. 내가 홍 선생께 배운 것은 불문학이 아니라 인생이었다. 선생은 가난했다. 장마철이면 천장에서 비가 새는 바람에 방안에 온갖 그릇을 늘어놓아야 하는, 말 그대로 네 벽이 있으니 집인가 보다 하는 달동네였다. 그때만 해도 전화가 없어 선생을 뵈려면 그날 운에 맡기고 터덜터덜 산동네를 기어올라야 했다.

"선생님도 참, 집이 이게 뭐예요? 비나 새지 말아야지."

아마 함지에 떨어지는 빗소리를 안주 삼아 아침부터 정종을 들이키던 어느 날이었을 것이다. 내 타박에 홍 선생은 갑자기 엉뚱한 말씀을 꺼내셨다. 장덕순 선생이 매달 벽돌을 한 장씩 사더란다. 그걸로 무얼 할 거냐고 묻는 말에 집은 갖고 싶은데 대학교수가 무슨 돈이 있니, 벽돌을 한장 한장 사모아 그걸로 벽돌집을 지을 생각이지, 했다는 것이었다. 내가 그래서야 어느 천년에 집을 짓겠느냐고 했더니 홍 선생은 홍, 하고 내 말을 짓뭉개고 말씀을 이으셨다.

"어느 날 안수길 선생이 장덕순 선생 집에 놀러갔다가 그 벽돌을 봤어. 장 선생, 벽돌은 왜 쌓아놓는 거요, 안 선생이 그렇게 물은 거야. 거,

집 하나 가져보려고 그럽니다, 하는 장 선생 대답에 안 선생이 뭐라고 했겠어?"

"……."

"네 벽이면 됐지 무슨 화려한 벽돌집이요, 하셨더랬지. 거기서 장 선생이 입을 다물었단다."

나는 고개를 끄덕였다. 장 선생님도 임자를 만나면 입을 다무는구나. 나는 홍 선생의 그런 말들이 좋았다. 홍 선생은 홍익대학에서 일 년째 월급도 받지 못하면서 아이들을 가르치고 있었다. 홍 선생의 가난은 아름다웠다.

누런 신문지로 도배된 홍 선생네 빈한한 벽에 기댄 채 나는 아무런 꿈도 없는 나의 청춘이 부끄러웠다. 나는 그저 답답하고 숨이 막힐 뿐이었다. 어디서 싱그러운, 폭력이 섞이지 않고 순수한 자유의 공기를 좀 마셨으면……. 스물 서넛, 내 청춘의 꿈은 고작 그거였다.

사일구, 오일륙, 그리고 파리 유학

조국의 암담한 현실이 답답해 떠나긴 했지만 그것이 조국과 영원히 이별하는 길이 되리라고는 어렴풋이도 눈치 채지 못했다. 그저 위태로운 갈지자로 두서없이 지나온 내 잿빛 청춘과 이별하는 것으로만 알고 있었다.

1962년 가을, 대학 졸업을 몇 달 앞두고 나는 불안했다. 해가 기울수록 자꾸 마음이 달떴다. 대학 졸업을 하면 무얼 한다? 대학원? 내 보기에 대학원은 한마디로 허울뿐이었다. 취직? 이건 당초부터 거부반응을 일으켰다. 한창 젊은 나이에 일개 월급쟁이가 되다니! 차마 그럴 수는 없었다.

정국은 어수선했다. 하루는 동숭동에선가 우연하게 H를 만났다. 그는 다짜고짜 저 하고 싶은 말을 꺼냈다.

"어제 박정희 장군하구 담판했어!"

그는 서울대 대표로 사일구 이후 소위 정치에 들떠 있었다. 뭘 담판했다는 건지 내용은 문제가 아니었다. 그냥 군부 쿠데타 세력의 강자와 마주앉아 담판한 사실만 중요한 모양이었다. 한마디 아니할 수 없었다.

"야 임마, 총칼하고 뭘 담판했다는 말이냐? 그 사람은 총칼이야. 총칼은 대화를 몰라. 너 대학원 갈 생각이나 해!"

한두 해 사이에 우리나라는 소용돌이에 빠진 것 같았다. 이승만 박사가 하와이로 빠져나가고, 민주당이 둘로 갈라졌다. 장면 정권이 서고, 진보주의자들이 다시 등장하고, 일부 학생들이 정치판에 뛰어들고, 그 밖에 어중이떠중이들이 모두 정치, 정치, 하고 날뛰는, 그야말로 광복직후 같은 혼란을 틈타서 이번에는 군인들이 몰래 한강을 건넜다. 오일륙 군사쿠데타가 일어난 것이다. 나는 자꾸 감정이 메마르고 있었다.

사일구가 발발하기 전이다. 을지로1가에서 명동으로 들어가는 길이었다. 부근에 내무부가 있었다. 내무부 앞 보초는 진짜 총을 들고 있었다. 제복이나 관공서 앞에만 가면 왜 건들거려지는지, 한껏 건들거리며 지나는 나를 누군가 붙잡았다. 민간인 복장을 한 형사였다.

"신분증 내놔."

"당신 누구요? 왜 다짜고짜 반말이요? 신분증은 왜 보재요?"

내무부 보초 앞에서 검문을 하는데 어린놈이 대들자 형사는 기가 막히는 모양이었다. 그는 다짜고짜 내 가방을 뒤지기 시작했다.

"남의 가방은 왜 뒤지는 거요?"

"삐라 들어 있지 않아?"

"잘 뒤져봐요, 나오나."

삐라가 있을 리 만무했다. 나는 그때나 지금이나 누가 찍어 누르는 것은 딱 질색이다. 다짜고짜 반말이나 내뱉으며 남의 가방 뒤지는 형사에게 밸이 꼴렸다.

"늘 이렇게 시민을 괴롭힙니까?"

"빨갱이 잡으려고 그러는 거지."

"그럼 빨갱이나 잡을 일이지 왜 무고한 시민을 괴롭히는 거요!"

뒤에서 듣다 못한 보초가 한마디 거들었다.

"저 새끼 잡아넣어!"

"그래, 한번 잡아넣어 보시오. 어떻게 되나……."

형사가 씩 웃으며 내 등을 떠밀었다.

"학생이 배짱 하난 좋구먼. 빨리 가봐."

우리나라는 빨갱이를 잡는다는 명목으로 지나가는 시민 누구에게든 신분증을 요구하고 가방을 뒤질 수 있는 나라였다. 답답하고 짜증스러웠다. 역사니 정치니 일자무식인 내가 사일구 데모 행렬에 합류해서 경무대 앞까지 진출한 것은 그런 답답함 때문이었을 것이다. 무수한 학생들 틈에서 내가 생각한 것은, 막연했지만 총칼로 권력을 행사하지 않는 민주주의였다. 경무대에서 발포가 시작되고, 총소리에 쫓겨 뒤도 안 돌아보고 달리면서 그런 민주주의는 순식간에 연기처럼 흩어져버렸다. 당장 급한 것은 민주주의가 아니라 내 목숨이었다.

그날의 무고한 죽음들 덕분에 반만년 유구한 역사에 처음으로 민주국가를 세운 듯도 싶었다. 그러나 해가 바뀌니 무장한 군인들이 경무대를 접수했다. 가난과 고통에 찌든 나라, 사상과 신념이 허약한 나라는 어차피 총칼들이 지배하게 마련일까?

지금도 나는 어느 석간신문에서 본 군사쿠데타의 주역 박정희 소장의 사진을 분명하게 기억하고 있다. 군사쿠데타를 일으킨 그가 서울시청 앞거리에 병력을 끌고 나타났을 때의 사진이다. 간편한 잠바에 군화, 별 두 개가 박힌 모자에 새까만 안경, 그는 부동자세로 뒷짐을 지고 있었는데 오른손에는 벌써 채찍 같은 것이 들려 있었다. 나는 그 사진만으로도 소름이 끼쳤다.

오스트리아의 정신의학자 아들러가 말한 '권력 콤플렉스'가 온몸에 꽉 찬 사람, 한 알의 바둑돌로 바둑판 전체를 흉한 긴장의 판국으로 몰고 가는 사람, 악착같고 방자한 사람으로 비쳤다. 그는 군대로 돌아가겠노라 했지만 오일륙은 목숨을 건 투자였다. 그런 투자를 해놓고 맨손으로 떠난다는 건 인간을 초극한 행위일 것이었다. 황성모 교수가 지도하는 '민족주의 비교연구회'에 나가던 C는 벌써부터 형사가 집으로 찾아온다면서 이집 저집 숨어 다니고 있었다. 서울 어디나 제복 입은 사람들 천지였다. 이승만의 독재보다 더 살벌한 군사독재의 전조였다.

정치판도 싫고, 대학원 진학도 싫고, 취직하기도 싫고, 오일륙도 싫고……. 나는 혼자 끙끙거렸다. 제기랄, 우리나라는 왜 이 모양일까. 혼자 전전긍긍하다가 어느 날 아침 돌개바람 같은 아이디어가 머리에 떠올랐다. 불어를 배우러 다니던 명동의 성 바오로 수녀원에서 르네 수녀의 평온한 얼굴을 보는 순간이었다. 외국 유학! 그렇다. 좁고 초라하고 별 볼일 없는 서울을 훨훨 떠나자. 그 순간부터 쾌활한 기운이 조금씩 돌고 장래의 유학생활이 어렴풋하게 눈앞에 너울거리기 시작했다.

여러 가지 궁금증이 생겼다. 외국사람들은 도대체 어떻게 살고 있을까? 아무튼 우리처럼 바보같이 살지는 않겠지? 외국에는 꼭 하나쯤은 청신한 세계가 있을 것 같았다. 세계지도를 펼쳐놓고 들여다보았다. 그런데 이상하게 어느 여행길에 보았던 가난하기 짝이 없던 우리 시골풍경이 펼쳐졌다.

대학에 입학한 이래 여름방학이면 나는 주머니에 돈 몇 푼 찔러 넣고 무작정 기차를 탔다. 딱히 정해둔 목적지는 없었다. 젊은 격정에 끌려 발길 닿는 대로 흐르는 여행이었다. 언젠가는 영동선을 타고 가다가 사북에선지 태백에선지 초목이 무성하여 웬만한 헐벗음쯤은 적당히 가려주는 여름임에도 황량하기 그지없는 풍경에 끌려 기차를 내렸다. 여관이 없는 것도 아닌데 어찌어찌 광부의 집에 머물게 됐다. 광부가 돌아오고 겸상을 해서 저녁상을 받았다. 남편이 돌을 깨물었는지 콱, 하는 소리가 들렸다.

"뭐야? 돌이잖아! 여편네가 살림을 어떻게 하는 거야!"

남편이 버럭 소리를 질렀다. 그러나 아내는 깔깔거리며 웃음을 터뜨렸다.

"내가 말이유, 난생 처음 목돈을 손에 쥐었더니 정신이 없어서 그랬잖우. 쌀을 어떻게 씻었는지……"

세수를 했는데도 골 깊은 주름살에 낀 검은 탄가루가 다 빠지지 않은 남편은 아내의 말 한마디에 화를 풀었다. 그날 부인이 손에 쥐었다는 목돈은 다름 아닌 내가 준 숙식비였다. 그래봤자 하루 여관비도 되지 않았는데 그게 난생 처음 쥐어보는 목돈이라는 것이었다. 그것도 부인이 부른 돈에 내 임의대로 얼마쯤 더 얹어준 게 그랬다. 시어 터진 김치 쪼가리에 짜디짠 된장찌개, 텃밭에서 뜯은 상추와 풋고추가 전부인 밥상 앞에서 그들은 내가 준 몇 푼의 돈으로 천상의 행복을 누리고 있었다. 그날 밤 검은 탄가루며 쥐오줌이 배어 거무튀튀한 천장을 보며 내가 울었던가?

세계지도를 앞에 놓고 떠오른 것이 하필이면 돌을 깨물고도 웃던 시커먼 광부의 얼굴이며, 고무신에 핫바지 차림으로 나를 반겨주던 가난한 군대 동기의 얼굴 등이었다. 나는 냉정하게 그들의 얼굴을 털어냈다. 가난 구제는 나라도 못 한다는데 내 가슴앓이가 그들의 고통에 무슨 도움이 될 것인가. 내 인생 하나도 어쩌지 못해 골머리가 아픈데.

다시 지도를 찬찬히 들여다봤다. 먼저 북미가 눈에 띄었다. 미국? 미국에 간다? 평양 사람들은 소련으로 유학 가고, 서울에서는 미국에 가고……. 그렇게 되면 미국문화, 소련문화가 계속 남과 북에 들어올 것이다. 미국과 소련은 우리나라를 둘로 갈라놓은 장본인이다. 학문도 갈라진 학문, 반쪽 학문을 하게 되고, 그 결과 삼팔선은 더욱 굳어질 것이고……. 나의 생각은 경중경중 뛰었다. 미국행은 안 돼.

유럽대륙을 들여다보았다. 영국, 독일, 프랑스가 있었다. 셋 중에 하나를 골라잡자. 한동안 생각한 끝에 프랑스를 선택했다. 왜냐하면 첫째, 당시 드골 대통령이 미소의 독주를 견제하면서 프랑스의 독자적인 길을 모색하고 있었기 때문이고, 둘째, 얽매이기 싫어하는 내 기질에는 프랑스 문화가 잘 맞을 것 같았기 때문이었다. 그리고 셋째, 영국이나 독일의 심리학은 그런대로 한국에 소개가 돼 있었지만 프랑스 심리학은 전혀 소개되지 않았기 때문이고, 넷째, 프랑스어라면 큰 지장 없이 책을 읽을 만했기 때문이었다. 그래, 가자. 파리로 가자.

나는 곧장 주한 프랑스 대사관으로 달려갔다. 서툰 프랑스어로 영사에게 내 계획을 얘기했더니 여권과 프랑스 대학 입학허가서를 제출하면 비자를 주겠다고 했다. 곧 소르본 대학과 그르노블 대학에 입학허가서를 요청했다. 몇 차례 편지를 주고받은 후에 두 대학으로부터 입학허가서가 도착했다. 프랑스에서는 두 대학 모두 비슷하지만 한국에는 소르본이 훨씬 잘 알려져 있었다. 무엇보다 그르노블 대학은 시골에 있다는 점이 나를 망설이게 했다. 파리……, 미라보 다리 아래 세느강이 흐른다는 파리에 가고 싶었다.

소르본 대학 입학허가서를 들고 외무부에 가서 여권을 신청했다. 여권과 직원은 거만한 눈길로 나를 아래위로 훑어보면서 군대는 갔다 왔느냐, 유학시험은 쳤느냐고 묻더니, 결국 유학시험 합격증을 가져오라는 말을 끝으로 고개를 돌렸다. 무슨 놈의 절차가 그리 까다로운지. 대한민국 학사가 유학시험을 거치지 않으면 유학 갈 자격이 없단 말인가.

나는 또 부랴부랴 문교부에 달려가서 유학시험 정보를 얻었다. 시험 과목은 불어와 국사라고 했다. 시험일이 며칠 남지 않은 때였다. 시험을 치라니 치기는 하겠는데, 불어는 그럭저럭 자신이 있었지만 국사가 문제였다. 중고등학교에서 주입식으로 배운 얄팍한 지식에 대학에서 한국

중세사 한 강좌를 들은 것밖에 없었던 것이다.

1962년 11월 7일 아침 9시 문교부의 '해외유학생 전형위원회'가 시행한 '해외유학생 자격고시'는 불어시험부터 시작됐다. 문제를 보니 뭐 어려울 게 없었다. 쓱쓱 쓰고 얼른 밖으로 나왔다. 그 다음은 국사 시험! 걱정이 앞섰다. 문교부 시험관이 흑판에 백묵으로 시험문제를 큼직하게 썼다.

"(1) 통일신라기의 문화를 논하라. (2) 한말의 신문화 도입을 논하라."

아차 싶었다. 둘 다 내가 알 수 없는 문제인데다가, 두 문제 중 하나만 골라 답을 쓰라는 것도 아니고 에누리 없이 둘 다 써내야 한다는 것 아닌가. 통일신라기의 문화라? 한말의 신문화 도입이라? 도대체 어떤 작자가 이따위 문제를 냈담! 그냥 백지를 제출하고 나갈까? 어차피 붙을 가능성이 희박한 시험이었다. 그러나 막상 백지를 놓고 일어서려니까 자존심이 꿈틀거렸다. 다시 시험문제를 들여다보았다. 이번에는 찬찬히, 아주 찬찬히 들여다보았다. 밸이 또 뒤집혔다. 그때였다. 한 가닥 생각이 번개같이 지나갔다. 나는 답안을 작성하기 시작했다.

"본 수험생은 신라가 삼국을 통일한 역사적 사실이 한국사에서 충분히 검토된 적이 없다고 생각하는 바이다. 대저 신라의 삼국통일을 인정하자면, 통일신라가 고구려의 국토, 국민, 주권의 세 가지를 모두 차지했어야 할 것 아닌가. 그런데 신라 통일의 내용은 과연 어떠했는가? 영토로 말하면 겨우 대동강 이남의 땅을 차지했을 뿐 고구려가 점하고 있던 저 광대한 만주대륙은 당나라에 고스란히 넘겨주지 않았던가. 또한 고구려의 국민을 두고 말하면, 고구려 인구의 몇 퍼센트를 통일신라가 흡수하였던가. 또한 묻거니와, 고구려의 주권을 통일신라는 과연 통합하였던가. 본 수험생은 신라의 삼국통일은 엄격한 의미에서 이루어지지 않았고, 따라서 '통일신라기'란 용어는 한국사에서 성립될 수 없다고 생각하는 바이다. 그러므로 이 문제는 국사시험 문제로는 극히 모호하고, 또한 미흡하다고 사료하는 바이다."

다음은 '신문화'라는 용어를 두고 그런 일컬음의 부당성을 논한 나의 답안이다.

"대저 반만년 유구한 문화를 자랑하는 우리나라로서 이조 말엽에 서구의 물질문명이 일부 들어왔기로서니, 그 물질문명을 성급하게 '신문화'라고 일컬음이 민족주체적 견지에서 과연 타당할 것인가? 본 수험생의 의견으로는, 서구의 물질문명과 우리나라의 전통문화가 접목하여 거기에서 새로운 문화가 태동할 때 그 새로운 문화를 비로소 '신문화'라고 일컬어도 과히 늦지 않다고 생각하는 바이다. 따라서 이 문제 역시 국사시험 문제로 성립되기에는 적잖이 미흡하다고 본 수험생은 감히 사료하는 바이다."

나는 에라 모르겠다, 하고 일어섰다. 시험이 끝난 뒤 아예 합격자 발표일조차 까맣게 잊고 있었다. 국사시험을 완전히 잡쳤으니 합격이 될 리 없잖은가.

어느 날 오후 충국이가 전화를 해왔다. 시험 결과가 어떻게 됐는지 궁금한 모양이었다. 떨어졌을 게 뻔하다는 나의 말에 오늘이 발표 아니냐면서 그래도 가서 확인하는 것이 좋지 않겠느냐고 했다.

충국이 말도 일리가 있다고 생각하면서 나는 어슬렁어슬렁 문교부로 갔다. 낙방을 예상하고 확인하러 가는 길은 아무래도 시큰둥했다. 벌써 적잖은 사람들이 게시판을 들여다보고 있었다. 먼저 국사시험 합격자의 수험번호가 적혀 있었다. 물론 내 번호는 있을 리 없었다.

"당연하지."

혼자 중얼거리면서 그다음 줄의 불어시험 합격자 명단을 들여다보았다. 내 수험번호를 찾았다. 거기에는 틀림없이 내 번호가 있을 터이기 때문이었다. 그런데 이게 웬일인가? 거기에도 내 수험번호는 없었다. 불어시험에도 떨어졌다? 나는 황당한 마음을 감출 수 없었다. 그런데 그다음 줄에 또 뭔가가 보였다. 국사, 불어 두 시험에 동시에 합격한, 진짜 합격자 명단이었다. 거기에 적힌 수험번호는 딱 둘이었다. 그중 하나가 내 번호였다. 기쁘면서도 석연치 않았다. 국사시험에 날 합격시키다니, 이상한 일이다. 출제가 잘못됐다는 오만무례한 답안에 합격점을 준다? 나는 청사에 들어가 유학시험 담당직원에게 물었다.

"이번 국사시험 문제는 누가 냈습니까?"

출제자는 홍이섭 교수라고 했다. 그리고 내 국사 점수는 백 점 만점에 턱걸이 육십 점이라면서 그 직원은 웃었다. 붙여주려고 일부러 육십 점을 준 것이다. 집으로 돌아오면서 생각했다. 학계에서 이미 정설로 굳어진 신라의 삼국통일을 의심하고, 서구의 물질문명을 대단찮게 생각하는 한 청년의 치기를 인정하는 사람이라면 괜찮은 분일 게다. 그때부터 홍이섭 선생을 줏대 있는 국사학자로 존경하는 마음이 생겨서 그분 글이라면 빼놓지 않고 읽기로 했다.

홍이섭 선생은 내 기대를 저버리지 않았다. 언젠가 어느 해묵은 월간지에서 '육십 학생 만세사건'을 다룬 기사를 보았는데 거기서 홍이섭 선생은 학자의 매서운 양심을 보여주었다. 당시까지만 해도 학계의 일반적인 주장은 육십 학생 만세사건이 민족감정을 앞세운 민족적 사건이라는 것이었는데, 홍이섭 선생은 그 사건은 사회주의 진영의 청년들이 주동하여 일으켰으며, 그것을 마치 민족진영이 관계한 듯이 고의적으로 어렴풋하게 기술함은 잘못이라는 것이었다. 반공과 멸공을 극력 부추기면서 국민의 사상 통제를 강화하고, 순응하지 않는 지식인들을 가차 없이 용공분자로 탄압하던 이승만 정권 말기에 쓴 문장임을 감안하면 참으로 대단한 용기였다.

며칠 후 여권신청에 필요한 신체검사 증명서와 제대증, 유학시험 합격증을 가지고 외무부 여권과에 가서 여권을 신청했다. 그런데 석 달 반이 넘도록 아무런 통지가 없었다. 다시 여권과를 찾아갔다. 어떻게 됐느냐는 말에 여권과 담당직원은 퉁명스럽게 대답했다.

"여권은 발부가 안 됩니다."

"제 신분조사가 아직 안 끝났습니까?"

집안에 공산주의자라도 하나 있었다가는 해외유학은 꿈도 꾸지 못하던 시절이었다. 다행히 부모님은 월남하신 분들이었다.

"그건 끝났소."

"그럼 왜 내주지 않는 겁니까?"

"외화가 없소."

대답은 간단했다. 외환지 달러인지가 없어서 여권을 안 준다는 것이었다.

"아니, 외화가 없으면 여권 안 주게 되어 있습니까?"

군복무를 마치고 유학시험에 합격하면 분명히 여권을 준다고 하지 않았던가.

"그러면 저는 여권을 아주 못 받는 겁니까?"

"……"

"주는 것이 원칙 아닙니까?"

"외화가 없다는데!"

여권과 직원은 짜증을 내면서 창구를 휙 닫아버렸다. 뭐 이따위 행정이 다 있담! 저들 맘대로야, 하는 맘에 나는 온종일 우울했다. 그날 저녁 충국이한테 전화를 했다.

"안 준대!"

"여권 안 준대?"

"안 준대."

"왜?"

"외환이 없대."

전화를 끊고 울화를 삭이느라 저녁 내내 술을 먹고 있는데 전화가 울렸다. 충국이었다.

"그거 말이야……. 아버님께 말씀드렸는데, 아버님 말씀이 내일 외무부장관 비서실장한테 가보래. 비서실장이 아버님 제자래."

충국이와 그의 아버지 윤영춘 선생은 특별하고 아름다운 부자지간이었다. 충국이는 열 한 살에 아버지를, 열두 살에 어머니를 여의었다. 어린 동생 하나는 등에 업고 하나는 걸리며 충국이는 열두 살에 세상으로 걸어나왔다. 충국이가 처음 간 곳은 숙부 댁이었는데 숙모의 구박이 심했다. 충국이는 '내 동생은 내가 거둔다'는 오기로 숙부 댁을 나왔다. 하필 겨울이었다. 논산쯤 도착했을 때 걸린 동생은 살고, 포대기도 없이 끈 하나만 달랑 묶어 업은 놈은 얼어 죽어있었다. 대전까지 또 걸었다. 어떤 마음씨 좋은 아주머니가 동생을 양자로 달라기에, 같이 있으면 얼어 죽든 굶어 죽든 할 판인데 잘 됐다고 덥석 맡겨버렸다. 그렇게 남의 손에 넘어간 동생은 그 뒤 아무리 찾아도 다시 만날 수 없었다.

동생을 양자로 맡긴 충국이는 대전에서 기차를 탔다. 물론 무임승차였다. 기차 안에 충국이 또래 아이들이 많았는데, 어느 순간 녀석들이 어디론가 우 몰려갔다. 무섭게 생긴 검표원이 모자를 눌러쓴 채 저쪽에서 나타났던 것이다. 충국이는 내가 뭐 못할 짓 했나, 돈이 없어서 표 못 샀지, 하는 배짱으로 도망치지 않았다고 한다. 그런 충국이가 검표원은 신기했던 모양이다.

"너는 왜 도망 안 가냐?"

"도망가야 기차 안밖에 더 되겠어요? 돈 없으니까 잡아가려면 잡아가고 맘대로 하세요. 이제 기운도 다 빠졌어요."

검표원은 충국이의 배짱에 반해 녀석을 부산의 자기 집으로 데려갔다. 대학시절 충국이와 그 형님 집에 놀러간 적이 있는데 겨우 천장만 가린 판잣집이었다. 방 하나, 부엌 하나가 전부였다. 아내와 자식 둘, 자기 식구끼리 살기에도 좁은 방이었다. 그런데도 그 형님은 충국이를 동생으로 삼고 먹이고 재우며 학교에 보내주었다. 일 년이나 쉬다 학교에 다시 들어갔지만 머리가 좋은 충국이는 공부를 썩 잘했다.

충국이가 경희대 영문학과 교수 윤영춘 선생님을 만난 건 교회에서였다. 부산에 피난 와 계시던 윤 선생님은 충국이를 자식으로 삼았다. 윤동주 시인의 오촌당숙 되시는 윤 선생님은 시인인데다 중국문학에도 권위자이셨다. 윤 선생님은 충국이뿐 아니라 우리 친구들까지 아껴주셨다. 나는 홍 선생님에게 반했듯이 윤 선생님의 인품에도 반했다.

어느 날인가 윤 선생님의 아늑한 서재에서 눈이 번쩍 뜨이는 책 두 권을 발견했다. 김기림의 《시론》과 정지용의 시집 《백록담》이었다. 어디선가 책 제목을 몇 번 듣긴 했는데, 당시에는 불온서적이라 구할 수 없는 것들이었다. 잠시 갈등을 하다가 나는 두 책을 슬쩍 품에 넣었다. 충국이에게도 책 도둑질에 대해 말하지 않았다. 며칠 후엔가 충국이가 물었을 때 나는 눈만 끔벅거리고 있었다. 자기는 짐작도 못했는데 윤 선생님이 이건 분명 유진이 소행이라고 하시더라나. 뜨끔했다. 그 점잖은 양반에게 뭐라고 사죄를 한담. 책을 도로 가져다놔야 하는 건가. 그러기에는 이미 내 손때가 너무 많이 묻었는데.

"짜아식, 엉뚱하긴. 책 돌려달라는 말씀은 안 하시더라. 백록담이 어떤 시집인지, 김기림이 누군지를 유진이가 아는 모양이라고, 그놈이 술이나 하고 담배나 하고 공부와는 담쌓은 놈인 줄 알았는데 기특하시다나."

책 도둑질 사건으로 나는 오히려 윤 선생님의 더 큰 사랑을 얻었다. 파리로 떠나온 후에도 윤 선생님은 나보다 먼저 편지를 보내주셨다. 해마다 보내주신 편지와 훔친 책 두 권은 아직도 내 서재에 고스란히 보관돼 있다. 간첩사건을 아신 다음에도 선생님의 태도에는 변함이 없었다. 사회주의와는 거리가 먼 분이셨지만 기독교인인가 아닌가, 반공산주의자인가 아닌가를 뛰어넘을 만큼 큰 사랑을 갖고 계셨던 것이다. 하긴 어린 나이에 부모를 잃고 거리로 내몰린, 자기 등에서 동생이 얼어 죽는 것을 본 충국이의 설움을 친아버지의 사랑으로 따뜻하게 녹여내신 분이다.

충국이와 통화한 이튿날 외무부장관 비서실장을 찾아갔다. 자상하신 윤 선생님이 미리 전화를 해두신 모양인지 비서실장은 퍽이나 친절했다. 그는 나에게 담배까지 한 대 권하면서 말을 꺼냈다.

"프랑스에 유학 가신다구요?"

"네."

"축하합니다. 여권은 내일 아침 여권과에 가면 줄 겁니다."

일은 수월했다. 이렇게 간단한 걸 괜히 고생했지. 잠시 이 얘기 저 얘기 한가로운 말을 몇 마디 나누다가 나는 고맙다는 인사를 하고 일어섰다.

여권을 수중에 넣은 나는 주한 프랑스 대사관에 가서 '장기체류 학생 비자'를 받고 그날로 법무부에 출국신고를 했다. 가난한 나라에서는 유학 한번 가기도 번거로웠다.

이제 남은 것은 아버지의 허락이었다. 결코 쉬운 일이 아니었다. 국사시험이나 신체검사나 여권발급보다도 더 어려울 게 분명했다. 아버지는 나의 프랑스 유학 의사를 이미 알고 계셨다. 그런데도 여태껏 아무 말씀

없으신 것은 내가 당신의 뜻을 짐작하고 스스로 유학을 포기하길 바라셨기 때문일 것이다. 나는 또 나대로 마음 한구석에 남아 있는 염치 때문에 괴로워하고 있었다. 그 어려운 시절에 소학, 중학, 대학을 보냈더니 이제는 대가리가 좀 커졌다고 외국유학을 떠난다? 내가 생각하기에도 너무 염치없는 짓이었다. 그러나 서울은 여전히 지겹고 따분하고 노곤하다는 느낌이, 그 위에 내가 사면팔방으로 갇혀 있다는 느낌이 새까만 저주처럼 나를 짓누르고 있는 것을 어쩌랴! 나의 마음은 발정한 암컷을 본 수컷처럼 온통 '떠남'의 설렘으로 가득 차 있을 뿐이었다.

어느 날 저녁 나는 아버지 앞에 공손히 무릎을 꿇었다.

"편히 앉아라."

그렇게 말씀하시고 아버지는 담배를 한 대 꺼내 피우셨다. 오랜만에 부자간에 잔잔한 긴장이 감돌았다.

"아버님."

아버지는 말씀이 없으신 채 나를 바라보셨다.

"저, 프랑스에 유학가려고 합니다. 허락해주십시오."

몇 분이 지났을까. 아버지는 천천히 말씀을 꺼내셨다.

"네가 유학 간다고 네 에미가 말을 하기에 나도 그간 생각을 했다. 그리고 여러 친구들한테도 알아보았다. 서울대 대학원에 가거라. 대학교수가 되려면 석사학위가 있어야 한다더라. 그리고 석사학위를 얻으면 대학교수 자리는 내가 힘을 쓸 터이니 그리 알아라."

나는 당황했다. 예상은 했지만 이렇게 일방적으로 당할 줄은 몰랐다. 여태까지의 희망이 서울 변두리 판잣집 굴뚝의 연기처럼 가물가물 사라지다니! 그럴 수는 없었다.

어떻게 한다? 여기서 물러서면 모든 것이 정말 도로아미타불 아닌가. 그 순간, 한 가닥 생각이 구원처럼 떠올랐다. 나는 편히 앉아 있던 자세를 고쳐 다시 무릎을 꿇었다.

"아버님! 아버님께서도 제 나이 때 잠시 할아버지 슬하를 떠나셨다지요? 그때의 아버님 심정이 지금의 제 심정일 겁니다. 그때 할아버지께서 간단히 허락하셨는지, 그건 모르겠어요. 아버님, 우리나라는 작은 나라입니다. 대학원에 간대도 우물 안 개구리 공부밖에 못합니다. 옛날 어른들은 자식을 낳으면 멀리 여행을 시켰다고 하지 않아요? 여행 중에 산도 만나고, 물도 만나고, 도둑도 만나고, 스승도 만나고, 그러느라 고생도 하겠지만, 그게 다 진짜 공부라고 하지 않던가요?"

아버지는 나의 말을 잠자코 듣고만 계셨다. 착잡한 표정이었지만 종내 허락한다는 말씀은 없으셨다. 나는 마지막으로 작전을 바꿔 이번에는 비장한 배수진을 쳤다.

"아버님께서 정 허락하지 않으시면 파리에 가지 않겠습니다. 제가 어떻게 가겠어요? 아버님! 대한민국에서 그냥 졸병으로 살다가 졸병으로 죽겠습니다."

아버지의 가장 약한 부분을 건드린 것이다. 아버지는 사자 같은 분이었다. 당신의 감정이나 생각이나 모습이나 모두 사자 같았다. 졸병으로 살다가 졸병으로 죽겠다 운운하는 나의 상심한 목소리에 아버지는 핏줄이 펄떡이는 것을 느끼셨을 것이다. 당신의 아들이 일개 졸병으로 살다 졸병으로 죽다니! 그리고 나를 보며, 한창 때 평양으로 가겠다면서 할아버지에게 나처럼 떼를 쓰시던 당신의 모습을 떠올리셨을 것이다. 그리하여 삼십 년 전에 할아버지가 종내 아버지에게 지셨듯이 이번에는 아버지가 나에게 지셨다.

"유학수속은 다 되었느냐?"

"네. 유학생 여권, 프랑스 비자 다 얻어 놓았습니다. 그리고 법무부에 출국신고도 그저께 해 놓았습니다. 비행기표만 남았습니다."

"언제 떠나려느냐?"

"비행기표 사는 대로 떠나겠습니다."

아버지는 그제야 한 친구의 딸이 파리에 유학하여 약학박사 학위를 따왔다고 넌지시 말씀하시는 것이었다. 그리고 내가 파리에 도착하면 또 다른 친구의 아들이 학생 기숙사에 방을 하나 얻어 놓았을 것이라고 하셨다. 아버지는 알고 계셨던 것이다. 더 넓은 세상으로 나가겠다는 자식의 뜻을 꺾을 수 없다는 것을. 만반의 준비를 다 해놓으시고도 아버지는 짐짓 떼를 써보신 것이었다.

며칠 후인 1963년 4월 9일 아침 10시 30분, 나는 미화 백오십 달러짜리 스위스항공 비행기를 타고 그토록 소망하던 파리 유학의 길에 올랐다. 짐은 이희승 편 《국어대사전》, J. E 맨션(J.E. Mansion) 편 《해랍 표준 영불사전》, 《해랍 표준 불영사전》 등 책 몇 권뿐이었다. 그때 나에게 호신구(護身具)가 있었다면, 나에 대한 아버지의 신망과 어머니의 사랑, 그리고 약간의 회의하는 성질뿐이었다. 조국의 암담한 현실이 답답해 떠나긴 했지만 그것이 조국과 영원히 이별하는 길이 되리라고는 어렴풋이도 눈치 채지 못했다. 그때 가져온 몇 권의 책과 함께 파리 한 귀퉁이에서 귀밑머리 허옇게 늙어 가리라고는 꿈에도 상상하지 못했다. 그저 위태로운 갈지자로 두서없이 지나온 내 잿빛 청춘과 이별하는 것으로만 알고 있었다.

  비행기는 금세 구름 위 상공으로 치솟았다. 성냥갑만 하게 보이던 서울 시내가 멀어졌다. 술에 취해 비틀거리던 내 청춘도 서울과 함께 멀어지고 있었다.

가난했던 파리 생활

정신없이 먹는 아내를 보고 있으려니 어린 시절에 읽었던 최서해의 소설 한 장면이 떠올랐다. 마누라가 부엌 아궁이에서 뭘 뒤져 먹기에 괘씸해서 쫓아가 보았더니 귤껍질이었다는…. 굶주림은 사람을 그토록 비참하게 만드는 것이다.

"파리!"
서울을 떠난 비행기가 이틀간의 여정을 끝내고 1963년 4월 11일 아침 9시, 파리 부르제 공항에 내렸을 때 내가 중얼거린 말이다. 그날따라 날씨는 화창했다.

나는 아버지 친구의 아들인 이정주 씨 도움을 받아 가톨릭 학생 기숙사에 짐을 풀었다. 주위가 조용하고 건물 뒤 작은 정원이 제법 아늑했다. 내 방은 이층이었는데 위로 하늘이 빠끔하게 보이고 오른쪽은 정원에 면해 있었다. 보잘것없는 짐을 풀고 보니 열 시 반이었다. 시간은 무한정

남아돌고, 당장 할 일은 없고, 같이 술 마실 친구 하나 보이지 않았다. 기분 좋은 나른함이 밀려들었다. 한국에서라고 시간이 내 것이 아니었던 것도 아닌데, 미지의 땅 파리에서 나는 주체할 수 없을 만큼 완벽하게 시간의 주인이 된 기분이었다.

파리와 인사나 나눌까 하고 방을 나왔다. 계단을 내려가는데 내 또래인 듯한 동양인이 올라오고 있었다. 한국 사람 같기에 한국 분이냐고 물었다. 그런데 그는 프랑스말로 "위이!" 하는 것이 아닌가. 그리고 마치 외국사람이나 대하듯 "봉주르!" 하고는 그냥 계단을 올라가 버렸다. 어이없어 하면서 기숙사 문을 나서다가 만난 두 번째 한국 사람도 어찌된 일인지 나의 한국말 인사에 또 "봉주르!" 하고 냉랭하게 지나가는 것이었다. 부지중에 나는 웃었다. 하하, 여기 골칫거리가 두 놈씩이나 와 있구나.

두 골칫거리를 뒤로 하고 나는 슬슬 걷기 시작했다. 딱히 어디를 목표로 한 것은 아니었다. 그냥 발길 닿는 대로 걸었다. 걷다 보니 생 미셸 대로가 나왔다. 거리는 평화로웠고 시민들의 표정은 어딘가 여유로웠다. 언덕길을 천천히 걸으니 로스탕 광장이 나왔다. 풍요로웠다. 풍경조차 하늘과 땅과 계절의 혜택을 흐뭇하게 받고 있는 듯 풍요로웠다. 그 풍요로움 속에서 막 솟아오른 듯한 뤽상부르 공원은 그대로 한 폭의 그림이었다.

엷은 햇살을 안은 채 봄철의 신록으로 깨어나는 작고 싱싱한 잎새들, 지난날의 영화를 회상하는 듯 고색창연한 상원 의사당 건물, 상쾌한 바람에 잔잔하게 물결치고 있는 둥근 연못, 그 연못에 예쁜 돛단배를 띄우는 아이들……. 세상을 처음 보는 천진한 아이처럼 경이에 가득 찬 내 시선은 우뚝 솟아 하늘로 뻗어 오른 마로니에에 사로잡혔다. 아름드리 마로니에는 한 점 흐트러짐 없이 하늘을 향해 곧게 솟아 있었다. 우리 역사, 우리네 삶에 저런 꿋꿋함이 있었던가. 비틀리고 얼룩진 역사, 그 속에서 몸부림치며 함께 비틀린 사람들……. 하늘을 향해 곧게 뻗은 마로니에가 아름다웠다. 부러웠다.

나의 파리 생활은 마냥 홀가분했다. 세상에 태어나 처음으로 내 생각, 내 감정, 내 멋대로 산다는 것, 그것은 기쁨이었다.

내가 기숙사에 들어간 지 며칠 안 돼 서울에서 세 사람이 이삼 일 간격으로 이 조용하고 방값 싸고 파리 중심지에 위치한 가톨릭 학생 기숙사를 찾아왔다. 두 사람은 연수생, 한 사람은 학생이었다. 우리 넷은 통성명을 하자마자 곧 의기투합해 첫 파리유학 동기생이 됐다. 우리 넷은 곧잘 기숙사에서 그리 멀지 않은 마비용 대학 식당에 가서 점심, 저녁을 같이 했다. 식사가 끝나면 생제르맹데프레(Saint-Germain-des-Prés) 근처 카페로 몰려가서 시원한 맥주를 즐겼다. 그리고 주말이면 이따금 기숙사 방에서 동태와 두부를 어슷비슷하게 썰어 넣고 펄펄 끓인 찌개로 그럴듯한 술판을 벌이기도 했는데, 모두들 이성(理性)과 제도에서 해방된 듯 각자의 다정다감(多情多感)을 풀어놓고 오후 한나절이 겨웁도록 먹고 마시고 웃고 떠들었다.

자유에는 으레 방종이 따르기 마련일까? 고작 육칠십 명밖에 되지 않는 파리 유학생 사회에서도 제법 안면이 늘었다. 매일같이 줄줄이 찾아오는 손님 접대에 잔돈은 잔돈대로 빠져나가고, 시간은 시간대로 빼앗기고, 힘은 힘대로 들었다. 하여튼 내 한 몸으로는 버거웠다. 마음마저 윤기를 잃었다. 나는 문득 기숙사에 들어온 첫날 나의 한국말 인사에 위이, 봉주르, 로만 대꾸한 두 한국 유학생이 떠올랐다. 그렇게 아예 처음부터 프랑스말로 외국인같이 쌀쌀맞게 대해야 근처에 한국 사람이 얼씬하지 않을 것 아닌가. 그렇게 냉혈한같이, 배반자같이 처신해야 하고 싶은 공부를 할 수 있는 게 아닌가. 나는 곰곰 생각한 끝에 그 두 사람 같은 냉정함은 도저히 배울 수 있을 것 같지 않아 내 방식으로 에라, 모르겠다! 하고 급기야 삼십육계 줄행랑을 놓기로 했다.

나는 가톨릭 학생 기숙사가 있는 6구에서 가능한 한 먼 곳으로 방을 옮겼다. 아무에게도 주소를 알리지 않은 채 말 그대로 삼십육계 줄행랑이었다. 새 방은 변두리나 다름없는 17구 봐그람 대로에 있었다. 그 방은 칠층 꼭대기에 있고 하녀들이 사용하는 뒷계단으로 올라가야 하는, 흔히 하녀방이라고 부르는 다락방이었다. 십 제곱미터에 일인용 침대 하나만 달랑 놓여 있었다. 대신 방값은 쌌다.

가톨릭 학생 기숙사에 있을 때 친구들을 대접하느라 적잖은 비용이 나가는 바람에 내 얇은 가계부는 구멍이 났다. 아버지의 사업은 차츰 기우는 중이었고, 설령 사업이 번창했다 해도 당시에는 한국에서 파리로 달러를 보내기가 여간 어렵지 않았다.

어느 날 아침, 최영도 형을 찾아갔다. 그는 성균관대 불문과 출신으로 법 없이도 살 만큼 마음 좋은 사람이었는데 생미셸 거리의 중국 레스토랑에서 일하고 있었다. 나보다 두 해 앞서 파리에 온 그는 도착하자마자 중국 레스토랑에서 가르송 일로 학비와 생활비를 벌고 있었다.

"최 형, 나 돈 떨어졌어. 일자리 좀 구해줘."

"벌써? 급해?"

최 형은 그 자리에서 유창한 중국어로 몇 군데 중국 레스토랑에 전화를 하더니 편지 한 장을 써주었다.

소개받은 중국 레스토랑에 갔다. 오십대로 보이는 중국인 주인은 친절했다. 이튿날부터 일을 시작했다. 일은 오전 열 시부터 오후 두 시 반까지, 오후 여섯 시부터 밤 열 시 반까지였다. 그러나 오후 세 시나 밤 열한 시가 넘어서 끝나기 일쑤였다. 나는 하루에 약 천오백 장의 접시를 닦았다. 담배 한 대 태울 겨를이 없었다. 특히 점심시간이면 손님이 두세 번 홀에 가득 찼다가 썰물처럼 빠져나가고 또 밀물처럼 들이닥치는데 그럴 때마다 접시 삼백여 개에 숟가락, 젓가락은 물론 기름투성이 냄비, 석쇠, 번철 따위를 적어도 십오 분 내에 닦아내야 했다. 세상에 태어나서 처음 하는 일이기도 했지만, 빨리 하느라 허둥지둥 정신이 없었다.

접시닦이를 시작한 지 나흘 만에 쓰러졌다. 몸살이 난 것이다. 이틀이 멀다 하고 술을 마셔도 별문제 없던 몸뚱이가 나흘의 노동을 견디지 못했던 것이다. 온몸이 쑤시고 열이 나고 콧물이 흘렀다. 주인은 나흘 품삯으로 사백 프랑을 주었다. 여느 주인 같았으면 기껏해야 이백오십 프랑쯤 주었을 것이다. 그 후 내가 학업을 마치고, 집수리나 이삿짐 문제로 사람을 쓸 때 일반 가격에 이삼십 퍼센트 더 주면서 고맙다는 말을 잊지 않는 습관은 바로 그때 익힌 것이다. 받는 사람도 좋아하고, 주는 사람도 즐거웠다. 그 대인 같은 중국집 주인한테 수업료 한 푼 내지 않고 따스한 인간적 감동을 느끼면서 고스란히 배운, 참으로 귀중한 교훈이었다.

몸살을 앓으면서도 내가 머리털 나고 처음으로 번 돈 사백 프랑은 함부로 쓸 수 없었다. 땀 흘려 벌어야 돈 귀한 줄 안다는 옛말은 옳았다. 두 주 만에 몸살이 나아 다시 가르송으로 나섰다. 이번에도 최 형이 알선해줬다. 봉마르셰 백화점에 가서 하얀색의 그럴듯한 가르송 상의를 사 입었다. 거울에 비친 내 모습이 뿌듯했다. 거울에 비친 것은 아버지의 돈에 기대어 사는 허랑방탕한 이유진이 아니라 몸살의 여파로 아직 핼쑥하지만 마음은 건강한 노동자였다. 거울을 들여다보며 나는 자꾸 웃었다.

건물과 가로수가 여전히 더운 기운을 내뿜던 구월 중순의 어느 날, 우리가 탄 버스는 퐁텐블로 성으로 떠났다. 파리에서 약 육십 킬로미터 떨어진 곳으로 가톨릭 성당이 주선한 소풍을 떠나는 참이었다. 파리 시내를 서서히 빠져나가 탁 트인 국도로 들어서면서 시원한 바람이 창문으로 쏟아져 들어올 때 나는 비로소 바깥 풍경에서 눈을 떼고 바로 옆자리의 수단 입은 신부를 바라보았다.
 파리에 온 이래 거의 매주 성당에 나오긴 했지만 정작 신부와 이렇게 자리를 같이 한 적은 없었다. 대개는 일정한 거리를 유지하면서 안녕하십니까, 정도의 가벼운 인사로 지나치던 터였다. 나는 기독교에는 별로 관심이 없었다. 아니 종교 자체에 관심이 없었다. 더욱이 동양 사람이 동양문화에는 캄캄하면서 서양 것이라면 무조건 빵도 좋고 댄스도 좋고 기독교도 좋다는 사고방식에는 속부터 왈칵 뒤집히는 사람이었다.
 이런 내가 주일마다 꼬박꼬박 성당을 찾은 것은 그놈의 김치 때문이었다. 파리에 온 뒤에 김치를 구경하지 못한 나에게 그것은 기독교의 복음이었다. 나만이 아니라 많은 한국 유학생들이 특별한 사정이 없는 한 일요일이면 한국 가톨릭 성당에 가서 약간의 헌금을 하고 점잖게 밥을 먹었다. 한식! 하얀 쌀밥, 비록 양배추로 담근 것이지만 제법 김치맛이 나는 배추다 이따금 불고기도 나왔다. 게다가 포도주는 매번 예절인 양 따라 나왔다. 나와 가톨릭의 인연은 그런 정도였다.

내 눈초리가 제법 사나웠던 것일까? 옆 자리 신부가 통성명을 해왔다. 김몽은 신부라고 했다. 내 눈초리가 사납기도 했을 것이다. 서양식으로 검은 수단을 쫙 빼입은 신부의 옷차림을 보는 순간 진작부터 뱃속에서 뭔가가 꿈틀거리던 참이었다. 프랑스에 와서 기껏 서양신부가 되다니! 그건 약한 자의 속임수 같은 적자생존 방법이 아닐까?

지금도 그렇지만 그때 나는 가톨릭 세계에 무지했다. 가톨릭교회가 일찍이 무지몽매한 일반 대중에게 말도 안 되는 면죄부를 만들어 팔고, 갈릴레오의 망원경을 미워해 그 사용을 금지하고 망원경은 다만 망상을 보여주는 것일 뿐이라고 주장하면서 갈릴레오를 종교재판에 걸어 유죄를 선고한 사실과, 한말에 외세(프랑스)의 힘을 빌려서, 또 프랑스 신부의 지시대로 남연군의 묘를 파헤치면서까지 조선에 교세를 확장시키려 했던 사실은 알고 있었다. 그리고 일본의 조선 합병과 조선인 학살에는 일언반구도 없던 가톨릭교회가 가톨릭 신자 안중근 의사를 일개 살인자로 규정하고 교회 밖으로 내쳤다는 사실 정도는 기억하고 있었다. 안중근 의사의 쾌거를 늠름한 어조로 시에 담아 온 세상과 함께 기뻐한 사람은 가톨릭 신자가 아닌 유학자 김택영이었다.

원래 나의 말은 돌아가는 법을 모른다. 프랑스에 와서 수단 입는 거나 배웠느냐는 나의 빈정거림에 김 신부는 희미하게 웃으며 그날 저녁 파리에 돌아가면 샹젤리제에 가서 맥주나 한잔 하자고 했다. 나의 무례한 질문 덕분에 그날 저녁 우리 두 사람은 샹젤리제 카페에서 마주 앉았다. 그의 말은 명쾌했다. 육이오 때 군인으로 참전했는데 외국 병정들을 보니 옷도 잘 입고 잘 먹어 기름기가 번들거리는 게 부럽더라고, 우리 동포들이야 잔뜩 굶주린 배를 틀어쥐고 있을 때 아니었냐고, 가엾은 동포들을 가장 효과적으로 도울 수 있는 길이 뭘까 곰곰 생각하다가 신부가 되었노라고 했다.

김 신부의 말을 듣고 나는 가톨릭 세계에도 참다운 사람이 있구나 하고 생각했다. 게다가 한국사회를 이해하기 위해 사회학을 전공한다는 얘기에 나의 신뢰는 더욱 깊어졌고, 결국 그의 인품을 믿기로 했다. 그의 마음속에도 조국과 민족에 대한 사랑이 소용돌이치고 있었던 것이다. 그날 저녁 우리 두 사람, 이십대의 비신도와 삼십대의 가톨릭 신부는 상호신뢰로 망년교(忘年交)를 맺었다.

김 신부는 이듬해인 1964년에 한국으로 돌아갔다. 그 몇 달 전에 김 신부는 나에게 영세를 주고 싶어 했다. 그동안 형제처럼 가깝게 지내면서도 성당에 나오라거나 가톨릭을 믿으라는 말씀이 전혀 없던 이였다. 친구 따라 강남도 간다지 않던가. 까짓것 영세 받는다고 내가 가톨릭에 얽매일 것도 아닌데 그 정도 부탁도 못 들어줄 게 뭔가. 나는 흔쾌히 승낙했다. 그러자 김 신부는 교리문답이라는 작은 책자를 건네주었다. 외워 두었다가 영세를 받을 때 질문에 대답하라고 했다. 예전부터 외우는 거라면 딱 질색이었다. 외국어야 남의 말이니까 어쩔 수 없이 외워야 하는 거지만, 배움이라는 게 머리로, 마음으로 이해해야지 외워서 머릿속에 억지로 넣으면, 과식하면 배탈 나듯 머리로 체하게 되는 것이다. 학식 깨나 있다고 거들먹거리는 사람들이 대체적으로 그런 유형이었다. 나는 그것을 거부했고, 교리문답도 없이 영세를 받았다.

영세를 앞둔 어느 날이었다. 대부, 대모가 필요한데 그건 김 신부가 알아서 한다고 했다. 그게 뭐냐는 나의 물음에 이를테면 정신적 지도자 같은 거라고 했다.

"에이, 나 그런 거 필요 없어요. 유진이는 유진이가 끌고 가는 거지."

천상천하 유아독존이라고 했듯 내 인생에서는 내가 지도자인 것이다. 그러나 김 신부는 또 빙그레 웃더니 파리대 의과대학 콩타맹 교수를 대부로, 16구 성당에서 밥 짓는 모렐 여사를 대모로 정해 주셨다. 일 년도 되지 않는 짧은 만남이었는데 김 신부는 나라는 인간을 잘 알고 계셨던 모양이다. 대부, 대모를 만난 것은 행운이었다. 그 두 분을 만나지 않았다면 영원한 이방인으로 파리에서 사는 일이 한층 더 팍팍했으리라.

대부님의 집은 겉모양부터 제삼세계의 가난한 청년을 매혹하기에 충분했다. 호화로운 것은 아니었다. 그러나 프랑스 특유의, 돌로 지어 견고하고 웅장한 삼층집에는 돈으로는 흉내 낼 수 없는 세월과 품위가 배어 있었다. 파리에 온 지 일 년이 지났지만 상류층의 삶을 엿보기는 처음이었다. 천장이 까마득하게 높았다. 높다란 천장 아래 고풍스러운 샹들리에와 세월의 무게가 엿보이는 오래된 피아노가 있었다. 아버지에게 물려받은 집이라고 했다. 아버지가 태어나고 자신이 태어나고 자식들이 태어난 집에서 늙어가는 인생은 어떤 것일까? 여섯 살에 떠나온 평양의 모란봉이 떠오르고, 아버지를 따라 숨죽여 넘던 삼팔선의 밤이 떠오르고, 돈암동 한옥이 떠올랐다.

대부는 서재로 나를 안내했다. 사방 벽이 책으로 둘러싸인 묵중한 서재 한쪽에 첼로가 놓여 있었다. 첼로를 켜는 의사라…… 기왕 세상에 왔으면 이 정도는 차려놓고 살아야지 하는 생각이 나도 모르게 들었다. 자그마한 키에 짧은 머리, 날카로운 눈빛이 이지적인 대부는 한국과 관계가 깊은 미국으로 가지 않고 왜 하필이면 프랑스에 왔느냐고 내게 단도직입으로 물었다.

"이유가 있습니다."

나는 조국을 분단시킨 나라에 가서 공부하고 싶지 않았노라고 망설임 없이 대답했다. 그리고 프랑스 심리학이 아직 한국에 소개되지 않았고, 강대한 미국과 소련을 동시에 견제하면서 제삼의 독자적인 길을 찾는 드골 정부에서 뭔가 배울 게 있을 것 같았다고 덧붙였다. 대부는 내 말에 말없이 고개만 끄덕였다. 그러나 그때까지의 냉정함과는 전혀 다른 따스함이 그에게서 흐르기 시작했다. 대부는 그 뒤 언젠가 당신 친구를 초대한 만찬석상에서 나를 이런저런 이유로 프랑스에 온 한국 학생이라고 자랑스럽게 소개했다. 내 대답이 마음에 들었던 모양이다.

얼마 후 이번에는 내가 대부를 초청했다. 파리에 와서 만난 서울대 문리대 출신의 여학생과 내가 백년가약을 맺기로 했던 것이다. 결혼식 중인이 되어주지 않겠냐는 내 부탁에 대부는 흔쾌히 응했다. 양가 부모님도 모시지 못한 결혼식이었다. 하객이래야 파리에서 만난 몇 명의 친구와 두 해 전 크리스마스를 계기로 알게 된 도르세 향수회사의 수출국장

뢰테르 씨 부부가 전부였다. 몇 번 보지도 않았는데 웬일인지 뢰테르 씨는 나를 무척 좋아했다. 그래서 그에게 결혼식 증인을 부탁했다. 그런데 결혼식 증인은 둘이면 되는 모양이었다. 레이디 퍼스트로, 활달한 뢰테르 씨의 부인이 먼저 사인을 했는데, 그다음 사인을 뢰테르 씨와 대부 중 누구에게 부탁해야 할지 나로서는 난감했다.

"나에게 증인을 서달라고 했지요?"

대부가 그렇게 묻더니 먼저 사인을 해버렸다. 눈치만 보고 있던 뢰테르 씨가 뒤로 밀린 것이었다. 유쾌했다. 대부가 학문을 대표한다면 뢰테르 국장은 자본을 대표하는 사람이었다. 그런데 학문이 돈을 이긴 게 아닌가. 멋진 사람이구나. 그 순간 내 마음도 대부를 향해 활짝 열렸다.

나는 뢰테르 씨의 호의가 마음 편하지 않았다. 함께 서점에라도 갈라치면, 내가 책을 고르는 동안 뢰테르 씨 부부는 지갑을 열고 돈 낼 궁리만 하고 있었다. 그리고는 내가 책을 카운터에 놓는 순간 자기들이 돈을 지불했다. 돈 없는 유학생에 대한 배려였겠지만 나에게는 부자의 호사로운 적선으로밖에 느껴지지 않았다. 가난뱅이의 자존심 같은 건 생각하지도 않는 모양이었다. 비틀린 내 마음이 그렇게 느낀 것인지는 모르지만······.

결혼식이 끝난 후 신혼여행도 없이 다락방에서 첫날밤을 보내야 할 처지였던 우리는 뢰테르 씨 부부의 호의로 그들의 멋진 자가용을 타고 서해안의 아름다운 도시 라볼로 신혼여행을 갈 수 있었다. 물론 그들이 원한 것이었다. 자동차 기름값을 받지는 않겠지만 혹시나 싶어 그동안 가르송을 해서 번 돈을 모두 챙겨 들고 따라나섰다. 생각대로 기름값은 받지 않았다. 그러나 그들이 우리를 데려간 곳은 일급 호텔이었다. 가만히 있으면 숙박비까지 대신 내줄 기세였다. 그러나 그러고 싶지 않았다. 숙박비를 치르면서 속이 쓰라렸다. 눈치도 없지, 싼 호텔로 데려다주면 좀 좋았겠는가. 그러나 그런 말을 했다가는 자기들이 치르겠다고 나설 것 같아 쓴 입맛을 다시며 가르송 한 달 월급만큼이나 되는 호텔비를 물 수밖에 없었다.

며칠 후 신혼여행 잘 다녀왔냐고 대부가 묻기에 크게 당했습니다, 라고 대답했다. 얘기를 들은 대부는 껄껄 웃었다. 대부라면 그러지 않았을 것이다. 대부는 나를 아들처럼 대하면서도 허튼 호의를 베풀지 않았다. 대부 자신부터 소박한 사람이었다.

대부와 대자의 인연을 맺은 초기에 대부는 나를 초대하면 늘 정찬을 차려 주었다. 오르되브르(전채)에 스테이크, 포도주까지. 그러나 쌀에 길든 내 입맛에는 맞지 않았다. 뜨는 둥 마는 둥 하는 게 이상했던지 언젠가 왜 그렇게 안 먹느냐고, 배고프지 않느냐고 물어왔다. 내 식대로 솔직하게 대답했다.

"사실은 프랑스 음식이 맞지 않아서 집에서 좀 먹고 옵니다."

대부는 내 솔직함이 좋은지 빙그레 웃었다. 사람의 마음을 보면 그런 대답도 기분 나쁘지 않을 수 있는 것이다. 그럼 뭘 먹느냐는 대부의 물음에 쌀밥이면 된다고 했더니 그 뒤론 어김없이 쌀밥이 나왔다. 밥이라기보다 그저 물에 푹 삶아서 버터에 볶은 것이었지만 빵보다는 백 배 나았다. 그런데 버터 볶음밥을 먹으려니 느끼해서 이번에는 고추장을 찾았다. 한국 고추장은 아예 파는 데가 없을 때였다. 중국 식품점이나 프랑스

가게에서 파는 중국 고추장도 먹을 만했다. 나는 종이에 스펠링까지 적어주었다. 다음번에 갔더니 중국 고추장에 쌀밥이 나왔다.

"어디 나도 한번 먹어볼까?"

대부도 빵 대신 밥을 달라고 하더니 나를 따라 고추장을 조금씩 맛보는 것이었다.

"거 맛이 괜찮은데."

그다음부터 내가 가면 대부도 쌀밥에 고추장을 드셨다. 서양인 입맛에 고추장 비빔밥이 맞을 리 없었다. 내가 먹는 음식을 같이 드신 것은 제삼세계 가난한 학생의 자존심에 대한 배려였을 거라고 짐작한다. 돈을 주는 것보다 몇 배는 아름다운, 아니 돈으로 환산할 수 없는 마음의 배려였다. 대부의 아름다운 배려를 나는 사랑으로 받아들였다.

내게 쌀밥을 대접하면서부터 다른 가족의 식사는 이전과 달리 간편한 일품요리가 됐다. 한국으로 치면 중산층 수준도 안 될 만큼 조촐하고 간편한 식탁이었다. 그때까지의 정찬은 나를 위한 배려였던 것이다. 한번은 초등학생이던 그 집 아들이 반찬투정을 했다. 어린아이로서는 당연한 투정이었다.

"수저 내려놓고 네 방으로 올라가거라. 이 음식이 우리 입에 오기까지 얼마나 많은 사람들이 수고하는 줄 아니? 그리고 이 정도 음식도 먹지 못하는 사람이 세상에는 수없이 많다. 감사할 줄 모르면 먹을 자격도 없는 거야. 그만 올라가."

아들은 아무 말도 못하고 식탁에서 쫓겨났다. 감사할 줄 모르면 먹을 자격도 없다고 어린 아들의 반찬투정을 받아주지 않는 대부에게서 내가 본 것은 한 인간의 아름다움 이전에 프랑스의 힘이었다. 대부는 전형적인 프랑스의 상류층이다. 그런 그가 자식 앞에서 노동의 신성함을, 그에 대한 감사를 가르치고 있었다. 그제야 나는 대부의 와이셔츠 깃이며 소매 끝이 닳은 것을 보았다. 그게 바로 프랑스 사회를 지탱하는 힘이다. 시간이 흐르면서 대부의 삶은 이슬비처럼 내 마음에 알게 모르게 스며들고 있었다.

언젠가 한 신부님께 대부와 대자 사이는 원래 친어를 쓰는 법이라는 말을 들었다. 친어는 우리말의 반말과 비슷한데 꼭 아랫사람에게만 쓰는 것은 아니고 아래 위 상관없이 부모나 자식처럼 가까운 관계에 쓰는 말이다. 그 말을 들으니 괜히 골이 났다. 당장 대부께 전화를 드렸다.

"저 지금 가겠습니다."

대부를 뵙자마자 따지고 들었다.

"신부님한테 들었는데 원래 대부와 대자 사이엔 친어를 쓴다면서요? 그런데 왜 우리는 경어를 씁니까?"

그런 문제로 다짜고짜 집에까지 쫓아온 내가 어린아이처럼 철없어 보였던지 대부님은 껄껄 웃으셨다.

"글쎄, 그 말이 맞아요. 나도 친어를 쓰고 싶었는데 당신이 하도 예의를 차리기에 차마 못했지요."

"그럼 지금부터 친어를 써도 됩니까?"

"그래요."

그때부터 우리는 친어를 쓰기 시작했다. 친어를 쓰게 되면서 나는 한 가지 고백을 해야 했다. 독실한 가톨릭 신자이셨던 대부님은 내가 김몽은 신부와의 인연으로 영세만 받은 얼치기라는 것을 모르셨다. 몇 번 만나는 사이에 대충 눈치야 챘겠지만 그래도 친구 따라 강남 간다는 심정으로 영세만 받았을 줄 어찌 알았겠는가. 사소하다면 사소한 일이지만 그분에게는 아무것도 숨기고 싶지 않았다. 이러저러한 이유로 영세를 받게 되었다고 말했더니 대부는 말없이 고개만 끄덕이셨다.

"저는 제가 가톨릭교도라고 생각하지 않습니다. 대부님이라는 명칭도 복잡하게 생각하고 싶지 않고요. 하지만 대부님과 이렇게 인연을 맺게 된 것은 정말 고맙습니다. 우리 한국 사람들은 종교에 대한 체험이 그리 많지 않습니다. 저희 집만 해도 유교의 영향을 많이 받았고요. 저는 종교도 일종의 문화현상으로 생각하고 있습니다."

말씀은 안 하셨지만 다소 아쉬운 모양이었다. 독실한 가톨릭 신자니 그럴 법도 했다.

"거꾸로 제가 대부님께 불교 신자가 되시라고 하면 어쩌시겠습니까? 쉽지 않으시겠죠? 저도 그런 겁니다."

대부님은 그 뒤로 일절 종교 이야기를 꺼내지 않으셨다. 그러나 나에 대한 사랑은 변함이 없으셨다. 아직도 나는 신앙이라는 것을 잘 모른다. 하느님의 사랑이란 대부님의 사랑 같은 게 아닐까 막연하게 짐작할 뿐이다. 신자든 아니든, 부자든 가난뱅이든, 자기 나라 국민이든 제삼세계의 가난한 국민이든, 똑같이 평등한 존재로 사랑하게 만드는 것이 하느님의 힘이라면, 종교란 때로 위대하기도 하다고 종교의 가치를 인정하리라.

하루가 다르게 아내의 배가 불러왔다. 아내가 일을 그만두면서 집안살

림은 그만큼 더 엉망이 됐다. 아버지가 보내주시는 돈은 화장실도 샤워실도 없는 다락방 월세 내기에도 모자랐다. 논문 준비를 하느라 오후 두 시까지만 가르송 일을 했는데, 그것으로는 두 식구 입에 풀칠하기도 어려웠다. 그놈의 돈이 문제였다.

문득 콩나물 생각이 났다. 콩나물은 어머니가 시루에 물만 주면 쑥쑥 자라지 않던가. 숙주나물은 중국 식품점에서 팔지만 콩나물은 어디서도 살 수가 없었다. 콩나물을 키워서 한국 대사관이나 유학생들에게 팔면 세법 쏠쏠한 장사가 될 것 같았다. 우리나라로 치면 남대문시장쯤 되는 레알시장으로 달려갔다. 빈 사과박스를 쉰 개쯤 구해왔다. 거기에 물이 빠질 수 있도록 구멍을 뚫어서 대여섯 개씩 쌓아놓았다. 위에만 물을 주면 밑으로 죽 내려가게 내 딴에는 머리를 쓴 것이었다. 중국 식품점에서 사온 콩을 담아놓고 물만 주면 콩나물이 쑥쑥 자랄 줄 알았다. 그런데 콩이 문제였다. 햇콩이 아니라서 썩은 게 절반이 넘었던 것이다. 콩을 일단 물에 불려 싹을 조금 틔운 다음 싹이 나지 않은 썩은 콩을 가려냈다. 울화가 치밀었다. 사내가 상에 머리를 처박고 말 그대로 콩알만 한 콩이나 골라내고 있다니. 게다가 싹 난 게 다치지 않게 썩은 콩을 살살 집어내야 하는데 내 거친 손으로는 여간 어려운 게 아니었다.

우여곡절 끝에 몇 줌의 콩나물이 생겼다. 그걸 들고 대사관으로 달려갔다. 돈 주고 콩나물 사먹을 만한 사람들은 대사관 직원 정도였기 때문이다.

"콩나물 장수 왔습니다. 사실 분만 사십시오."

생각대로 콩나물은 인기가 좋아 금세 바닥이 났다. 그 돈으로 또 콩을 샀다. 그러나 공부나 하던 내 머리에 장사는 어려운 일이었다. 한국인이 래야 고작 육칠십 명, 시장이 너무 좁다는 것을 염두에 두지 않았던 것이다. 콩나물은 김치와 달라 매일 먹는 음식도 아니다. 맛있어도 한두 번이지 허구한 날 먹고 싶겠는가. 게다가 여름이 되면서 싹이 난 콩 중에서도 절반 이상이 썩어버렸다. 첫 사업은 실패였다.

겁 없이 이번엔 숙주나물에 도전했다. 숙주는 중국 사람도 좋아하지만 일본 사람도 좋아하니 판로가 괜찮을 것 같았다. 이번에는 키우는 방법이 문제였다. 아무리 애써도 중국 식품점에서 파는 것처럼 통통하지 않고 잔뿌리도 너무 많았다. 중국 식품점에 가서 논문에 필요하다며 숙주 키우는 방법을 물었다. 중국 상인들은 사람 좋은 미소를 띤 채 자기도 모른다며 나를 돌려세웠다. 돈에 관한 한 철저한 사람들이었다. 내 고민을 들은 한 친구가 지나가는 투로 대수롭잖게 말했다.

"그거 뭐 어렵겠어? 무거운 걸로 꽉 눌러놓으면 지가 옆으로 퍼져야지 어쩔 거야, 위로 못 크는데."

그럴싸했다. 돌을 올려놓았더니 처음보다는 제법 통통해졌다. 그러나 잔뿌리는 어떻게 할 도리가 없었다. 고민 끝에 가위를 들고 앉아 뿌리를 자르기 시작했다. 그때가 오후 한 시였다. 점심, 저녁을 굶은 채 숙주 뿌리만 잘라댔다. 저녁 무렵이 되자 가위를 쥔 손가락이 벌겋게 부어올랐다. 가위를 내려놓고 손톱 끝으로 잘라내기 시작했다. 작업을 끝내고 보니 꼭 오 킬로그램이었다. 시간은 새벽 다섯 시였다. 핏발 선 눈으로 아침도 거른 채 샹젤리제로 갔다. 거기에서 중국식당을 경영하는 한국 노인 전 선생에게 갔다.

"선생님, 제가 숙주나물을 키우기 시작했습니다. 중국 사람 거 사지 마시고 기왕이면 동포 걸 사주십시오."

전 선생은 이왕이면 가르송도 한국인을 쓰는 분이었다. 나도 그 집에서 가르송 일을 한 적이 있었다.

"옳은 말일세. 지금까지 한국 사람이 이런 걸 안 하니까 중국 사람 걸 사다 쓴 거지. 그렇지만 나는 장사꾼일세. 늘 오늘과 똑같은 물건을 대줄 수 있겠나? 그리고 오늘과 똑같은 양이어야 하네."

"그건 걱정하지 마십시오."

"가격은 중국 사람에게 살 때와 똑같이 킬로그램당 이 프랑 오십 상팀(일 프랑은 백 상팀)을 쳐 주겠네."

전 선생은 내 손에 십이 프랑 오십 상팀을 쥐어주었다. 아내는 그때 딸을 낳고 몸이 좋지 않아 파리 부근의 요양원에 가 있었다. 몇 날 며칠 고생해서 번 돈으로 사과 한 봉지를 샀다. 그 정도가 가장으로서 내가 아내에게 해줄 수 있는 전부였다. 우리에게는 아이를 낳고 병원비를 치를 돈도 없었다. 다행히 프랑스 병원은 돈 없다고 내쫓는 대신 일단 사람부터 살려놓고 보았다. 그리고 나니 무슨 재단에서 치료비를 대주었다.

요양원에 있으니 아내는 밥이라도 먹겠지만, 그 자존심에 공짜밥 얻어먹는 맛이 오죽하겠는가. 나 때문에 학업도 중단하고 생업전선으로 뛰어든 아내, 그런 아내를 나는 사과봉지 달랑거리며 찾아가고 있는 것이다. 미안한 마음이 앞섰다.

아내와 딸애를 요양원에 둔 채 나는 매일 밤을 새워 숙주나물을 다듬었다. 다 다듬으면 온 방안에 펼쳐놓고 헤어드라이어로 물기를 말려야 했다. 중국 식품점에서 파는 숙주나물은 물기가 없었던 것이다. 매일 아침 핏발 선 눈으로 신문지에 싼 숙주나물 오 킬로그램을 안고 전철을 탔다.

어느 날 전철 안에서 꾸벅꾸벅 졸다 목적지에 도착한 걸 알고 황급히 일어섰다. 그 순간 품에 안고 있던 숙주나물이 바닥으로 와르르 쏟아졌다. 말린다고 말렸는데 물기가 다 마르지 않아 신문지가 터진 것이었다. 승객들의 시선이 일제히 나를 향했다. 냉정하고 무심한 눈길이었다. 부끄럽기도 하고 화도 나서 나는 가만히 선 채 바닥에 흐트러진 숙주나물을 노려보고 있었다. 그때였다. 한 백인 여자가 자리에서 일어났다. 그녀가 내 대신 좁은 통로에 엎드려 숙주나물을 일일이 줍는 게 아닌가. 나는 그녀를 돕지도 못하고 여전히 바닥만 노려보고 있었다. 그녀가 곱게 다시 싼 봉지를 내게 건네주었다.

"용기를 내세요."

그제야 정신이 들었다. 고맙다는 말도 하지 못한 채 나는 벌겋게 달아오른 얼굴로 이미 내려야 할 곳을 한참 지나쳐버린 전철에서 허둥지둥 내렸다. 엉망이 된 숙주나물을 죄송하다는 말과 함께 전 선생에게 넘겨주고 숙주나물 장사는 그것으로 끝이었다.

아내는 전 선생의 식당에서 다시 일을 시작했다. 둘이 버는데도 세 식구 살기가 버거웠다. 나는 아침이면 딸을 탁아소에 맡기고 중국식당으로 반나절짜리 일을 하러 갔다가 오후 다섯 시에 다시 딸을 찾아 돌아왔다. 아내가 없는 동안 아이를 돌보면서 논문 준비를 하고 저녁이면 밥을 짓는 것이 내 일과였다.

하루는 딸이 설사를 했다. 우리가 사는 집은 방 한 칸에 거실 하나, 부엌 하나가 전부였다. 욕실은 없고 아래층 복도에 있는 화장실은 공용이었다. 욕실이 없으니 아이를 개수대에 눕혀놓은 채 씻기고 기저귀를 빨았다. 책을 볼 만하면 아이는 똥을 지리고 악을 쓰며 울어댔다. 나는 아이를 침대 위로 내던졌다. 아이가 자지러지며 울음을 터트렸다. 그 모습을 보자 가슴이 미어져왔다. 나는 아이를 토닥거리며 중얼거렸다.

"아비가 잘못했다. 너를 낳아 놓기만 하면 저절로 크는 줄 알았지. 이렇게 힘든 거라면 미리 좀 알려주기나 하지 그랬어."

나도 아이를 따라 울고 싶었다.

식탁에는 크로와상 하나가 달랑 놓여 있었다. 아내와 나의 아침이었다. 하나를 차마 나눠먹을 수도 없어서 그냥 통째로 아내에게 주었다. 좀 남겨주겠지 했는데 아내는 먹어보란 말 한마디 없이 크로와상 하나를 다 먹어버렸다. 정신없이 먹는 아내를 보고 있으려니 어린 시절에 읽었던 최서해의 소설 한 장면이 떠올랐다. 마누라가 부엌 아궁이에서 뭘 뒤져 먹기에 괘씸해서 쫓아가 보았더니 귤껍질이었다는. 굶주림은 사람을 그토록 비참하게 만드는 것이다. 마누라의 빵 든 손이나 넘보면서 그거 한 쪽 주지 않는다고 서운해 하는 나를 견딜 수 없어 옷을 걸쳐 입었다. 딸의 분웃값 십 프랑을 만들어야 했다. 주머니에 돈이 있을 때는 십 프랑이 별게 아니었는데 막상 일 프랑도 없고 보니 그것은 어마어마한 돈으로 느껴졌다.

나는 전철역까지 걸으면서 누가 돈을 빌려줄지 머릿속으로 명단을 작성하기 시작했다. 그림 공부하는 조경수 씨가 제일 먼저 떠올랐다. 그 사람 같으면 내 자존심을 상하게 하지 않고 돈을 빌려줄 것 같았다. 그 사람 역시 그다지 돈이 많지 않은 사람이라 꼭대기 방에서 살고 있었다. 차마 돈 빌려달라는 말이 떨어지지 않았다. 딸애는 배가 고파 울고 있을 텐데 나는 조 형과 쓸데없는 이야기로 꼬박 네 시간을 보냈다.

"조 형, 나 갈게. 오늘 잘 놀았어."

"어, 그래."

인사를 하고 돌아서는데 배고파 칭얼거리는 딸의 얼굴이 떠올랐다. 아비가 자존심 때문에 자식을 죽여? 나는 다시 휙 돌아섰다. 조 형은 방문을 잡은 채 여전히 나를 보고 있는데, 얼굴이 보살처럼 따스해 보였다.

"조 형, 십 프랑 있어?"

"어, 여기 있지."

조 형은 두말없이 주머니를 뒤지더니 얼른 십 프랑을 꺼내 주었다. 그 시절엔 다들 그렇게 가난했지만 마음만은 넉넉했다. 외화가 없다고 여권도 내주지 않던 시절이니 유학 온 학생은 누구나 가난할 수밖에 없었다.

내가 오기 얼마 전에 파리에서 한 유학생이 굶어죽은 사건이 있었다. 그는 프랑스에서도 수재들만 다닌다는 정치대학에 다녔다. 돈이 없는 그는 이틀에 한 번 대학식당에 갔다. 대학식당에서는 빵을 얼마든지 공짜로 준다. 그는 한 끼 밥을 먹고 빵을 몽땅 집어다 그걸로 다섯 끼를 때웠다. 딱딱해진 빵을 수돗물에 담가서 푹 적신 다음 뜯어먹었다. 출세를 보장한다는 정치대학 졸업장을 따고 그는 영양실조로 세상을 떠났다. 그에게는 돈 잘 버는 금발의 애인이 있었다. 그녀는 장례식장에서 만난 한국 사람을 붙들고 한국 사람이 이렇게 깨끗한 줄 몰랐다고, 유럽 사람이었으면 진작 자기에게 돈 얘기를 했을 거라고, 돈 버는 애인을 두고 굶어죽다니 이 사람 바보 아니냐고, 서러워서 통곡을 했다.

그는 나와는 다른 길을 선택한 것이었다. 나 같으면 공부할 시간을 줄이고 일단 먹고 살 궁리부터 했을 텐데 그는 굶더라도 먼저 공부를 마치는 쪽을 택한 것이다. 어느 쪽이든 삶은 쉽지 않다. 아이가 태어나면서부터 내 공부는 도무지 진척되질 않았다. 삼사 년 만에 학위를 따서 서울로 돌아갈 생각이었는데 이런 상태로는 언제 공부가 끝날지 아득하기만 했다. 혼자라면 정치학교를 다녔다는 그 친구처럼 굶어죽을 각오로라도 덤벼볼 텐데 이제 나는 혼자가 아니었다.

주머니 속의 십 프랑을 만지작거리며 나는 세느강까지 걸었다. 파리 사람들은 죄 휴가를 떠나고 거리에는 나 같은 이방인들만 득실거렸다. 사람들이야 어떻든 언제나처럼 짙푸른 강물은 천천히 다리 아래로 흐르고 있었다. 그러나 파리는 더 이상 "미라보 다리 아래 세느강이 흐르는" 낭만의 도시가 아니었다. 자식과 아내라는 짐까지 짊어진 내 어깨는 한없이 무겁기만 했다. 남자는 배움의 단계를 거치고 가장의 단계를 거쳐야 비로소 깨달음의 공부에 도달한다던, 언젠가 읽은 힌두경전의 한 대목이 머리를 스쳐갔다.

저 강물도 온갖 더러움을 제 몸으로 끌어안는 고통 속에 돌멩이를 뚫고 산을 돌아 흐르는 것일 테지. 비로소 아름다움의 이면이 조금씩 보이는 듯했다.

파리에서 만난 사람들

시절이 수상하면 사람들의 겉마음이야 흔들릴지 모르지만
저 깊은 바닥의 본심만은 어떤 세월의 광풍도 흔들 수 없는 것이다.
그래서 나는 아직도 삶은 희망이라고 믿는다.

　　대부님에게서 편지가 왔다. 우리
　　집에는 전화가 없기 때문에 대부
님이 내게 연락할 방법은 편지뿐이었다.
　"여하간 이번에는 꼭 좀 집에 들러라."
　딸이 태어난 뒤 예닐곱 번 초청을 거절했더니 간곡한 편지를 보내신 것이었다. 내가 너무 소홀했구나 싶어 만사 제치고 대부님 댁으로 갔다.
　"대체 무슨 일이냐? 예전에는 자주 오더니⋯⋯."
　당신에 대한 내 마음이 달라졌나, 서운해 하시는 것 같아 별수 없이 말씀드렸다.

"아이 때문에 먹고 사느라 정신이 없습니다. 두 시에 가르송 일이 끝나면 밤 열두 시 아내가 집에 들어올 때까지 논문준비 하면서 아이를 봐야 합니다. 상황이 그래서 그동안 초대에 응하지 못했습니다."

"그럼 왜 그 얘기를 안 했니? 진작 말을 하지."

걱정하시는 대부님 말씀에 그만 역정이 확 솟았다.

"대부님은 부자나라의 잘사는 분이고 저는 제삼세계의 가난한 학생인데, 제가 대부님께 돈 얘기를 하겠습니까?"

아무리 내가 좋아하는 분이지만 부자가 가난한 사람의 심정을 어찌 알겠는가. 잘사는 사람 앞에서 구차한 내 형편을 구구절절 털어놓기는 죽기보다 싫었다. 격한 내 반응에 놀랐는지 대부님은 다른 말씀 하지 않으셨다. 식사가 끝나고 대부님이 나를 서재로 이끌었다.

"너와 나는 한국 사람, 프랑스 사람으로 만난 게 아니다. 돈 있는 사람, 돈 없는 사람으로 만난 것도 아니고. 너와 나는 하나님이 맺어주신 인연이야. 하나님 앞에서는 만인이 평등한 것 아니겠니? 그래서 내가 좋은 말로 하는 거니까 오해하진 말고 들어주었으면 좋겠구나. 나도 뭐 돈이 그리 많은 사람은 아니지만 돈이 필요하면 주겠다."

심리학을 공부하고도 나는 그때의 내 마음을 정확히 설명하지 못하겠다. 감사와 수치와 오기가 세 갈래로 동시에 **빳빳**하게 내 마음속에서 고개를 들었다. 상대의 선(善)을 순수하게 선 그대로 감사하게 받아들일 줄 아는 것도 선이라는 것을, 긴 세월이 지난 지금에야 조금 알 수 있을 것 같다.

"그래요? 그럼 주십시오. 그런데 우리나라에서는 아버지와 아들 사이 쯤 되면 그냥 주는 거지 빌려주는 게 아닙니다."

내 말투도 마음처럼 뻣뻣했을 것이다. 그러나 대부님은 조용히 웃으며 고개를 끄덕였다.

"그래. 빌려주는 거 아니고 그냥 주는 거야."

"그럼, 지금 당장 오천 프랑 주십시오."

이왕 자존심 구기고 얻는 것인데 배짱 크게 액수를 불렀다. 당시 오천 프랑이면 잘 받는 사람의 두세 달 월급이었다. 대부님은 두 말 없이 수표책을 꺼내셨다.

"농!"

수표라니! 내가 한국을 떠나기 전 허구한 날 부도수표 사건이 신문에 보도됐었다.

"현금으로 주십시오."

다른 사람 같으면 거기서 화를 내고도 남았을 것이다. 돈을 주겠다는데도 뻣뻣하게 역정이나 내고, 그나마 갚지도 않겠다며 당신은 알지도 못하는 한국 풍습을 들먹이더니, 이젠 현금으로 달라니 말이다.

"그래? 그럼 내일 다시 들러주겠니?"

그뿐이었다. 언짢은 기색은 조금도 없었다. 다음날 대부님은 아무 말 없이 오천 프랑을 현금으로 건네주셨다. 대부님은 놀라셨을 것이다. 늘 깍듯이 예의를 차리고 점잖게 말하던 아이가 돈 문제로 느닷없이 성질을 부렸으니.

대부님이 주신 돈으로 몇 달 잘 지냈다. 남의 옷만 얻어 입히던 딸에게 처음으로 옷도 사줬다. 그러나 밑 빠진 독에 물 붓기였다. 몇 달 후 대부님께 전화를 드렸다.

"대부님, 저 오천 프랑만 더 주십시오."

찾아가서 부탁드려도 무리일 텐데 전화로 다짜고짜 돈 달라고 떼를 쓴 건 무슨 심보였을까. 당신이 이래도 나에게 돈을 줄 거야? 그렇게 착해? 갚지도 못할 돈 빌리는 주제에 나는 대부님의 선(善)까지 시험하고 있었던 것이다.

"오케이."

"그럼 내일 가면 됩니까?"

"오케이."

다음날 찾아가자, 수표를 주려다 내게 당한 적이 있는 대부님이 깨끗한 현금으로 오천 프랑을 준비해놓고 있었다. 대부님의 선은 나 같은 범인의 상상을 초월하는 것이었다. 나는 내 자식 준경이를 통해 죽음 같은 시간을 보내고서야 배우기 시작한 지선(至善)을 파란 눈의 대부님은 낯선 이방인에게까지 너그러이 베풀 줄 알았다.

"월급은 칠천 프랑입니다."

한국어 통역자를 구한다는 한 회사의 광고를 보고 무작정 달려갔다가 합격 소식과 함께 들려준 말에 나는 입이 다물어지지 않았다. 무슨 통역 월급이 그렇게 많단 말인가. 그 무렵 가르송 일을 그만두고 프랑스 유수의 출판사에 입사한 아내의 월급은 고작 천사백 프랑이었다. 아마 그만큼만 준다고 해도 나는 얼씨구나 하고 일을 했을 것이다.

내가 일할 곳은 세계적인 양말 회사 딤(Dim)이었다. 딤이 한국에 양말공장을 세우고는 한국의 여공들을 데려와 양말 짜는 기술을 가르치는데 통역이 필요했던 것이다. 프랑스 공장은 파리에서 남쪽으로 약 이백오십 킬로미터쯤 떨어진 곳에 있었다. 회사에서는 공장 근처에 좋은 호텔을 잡아주었다. 호텔 레스토랑에서 술이건 음식이건 먹고 싶은 대로 먹으라고 했다. 물론 회사 부담이었다. 하루 세 끼 제일 비싼 달팽이 요리를 삼 인분씩 먹었다. 내 돈 주고는 먹을 수 없는 거니까.

통역일은 어려울 것도 없었다. 현지 공장 사람들이 기계 작동법을 설명하면 그걸 한국말로 옮겨주고, 간혹 한국 여공의 질문을 저쪽에 통역하는 것이었다. 그러나 별로 기분 좋은 일은 아니었다. 나나 한국 여공들이나 프랑스에 고용된 처지였다. 돈을 벌겠다고 낯선 이국땅에 와 있는 우리 여공들에게 나는 고작 통역이나 해줄 뿐이었다.

어느 날 딤의 총회장이 내가 일하는 공장을 방문했다. 전 세계에 공장을 갖고 있는 다국적회사의 회장이란 대단한 지위였다. 한국 같은 권위주의는 아니었지만, 그곳에서도 회장이 온다니까 온 공장이 술렁거렸다. 총회장이 공장 안으로 들어서는 순간 나는 그 앞으로 뚜벅뚜벅 걸어가서 손을 내밀었다.

"쎄 뚜와?"

우리말로 하면 너 왔구나, 하는 정도의 가벼운 반말이었다. 총회장에게 친어를 쓰다니! 주변 사람들의 눈이 휘둥그레졌다. 내가 사자처럼 생긴 그 유태인 회장을 알 리가 있겠는가. 내 나름대로 모험을 한 것이었다. 일개 외국인 통역에게 월급을 칠천 프랑이나 주는 회사의 총회장이면 내 장난도 기꺼이 받아줄 거라고 생각했던 것이다. 역시 내 생각대로였다. 회장은 당황한 기색도 없이 씩 웃더니 내 손을 잡고는 맞장구쳤다.

"위이, 에 뚜와 뚸 바 비앵(응, 잘 있었니)?"

단 한마디였지만 그 여파는 대단했다. 그날 밤 회장을 위한 파티가 열렸다. 평소라면 알은체하지 않았을 한 국장이 내 옆으로 오더니 술을 따라주는 게 아닌가. 회장과 친어를 쓸 정도니 대단히 가까운 사이라고 속은 것이다.

다음날 나는 그 국장을 불렀다. 그는 서무국장이었다. 일개 통역이 부르는데도 득달같이 달려왔다.

"내가 여기 올 때 월급으로 칠천 프랑 불렀는데 이것 가지고 되겠소? 한 천 프랑만 더 올려보시오."

내 말이 떨어지기 무섭게 그는 대답했다.

"위이."

짜식 잘도 속는구나, 싶었다.

"월급은 그렇다 치고, 월급까지 합해서 매달 한 이만 프랑을 만들어보시오. 당신한테 일임할 테니까 재주껏 잘 만들어보라구요. 아시겠소?"

서무국장은 당황한 눈치였다.

"저, 무슨 명목으로······."

"그건 당신이 알지 내가 어떻게 알겠소? 난 회사 사정 잘 모르오. 국장 정도 됐으면 당신이 잘 알 거 아니요?"

한 달 뒤 내 월급명세서에는 꼭 이만 프랑이 적혀 있었다. 자기 차를 사용하면 회사에서 차 사용료를 주는데 차도 없는 내가 내 차를 사용하는 것으로 돼 있었고, 두 주에 한 번 파리에 다녀오는데 그것도 한 주에 두세 번이나 다니며 휘발유를 잔뜩 쓴 것으로 돼 있었다. 바보들이 스스로 속아준 덕분에 아내의 십육 개월 치 월급을 한 달에 번 것이다. 사실이 밝혀져도 나야 법적으로 문제될 게 하나도 없었다. 내가 딤의 총회장과 아는 사람이라고 거짓말을 한 것도 아니니까. 나는 그저 총회장에게 친어를 쓰는 장난을 한번 친 것뿐이었다.

마침 한국인 과장으로 파리에 온 경동중학 동창생과 밤마다 술 파티를 벌이며 시간을 보냈다. 신선놀음에 도끼자루 썩는 줄 모르고 석 달을 보냈다. 어느 날 아침, 잠에서 깨어 무심코 거울을 보았다. 전날 진탕 마신 술이 채 깨지 않아 술에 전 얼굴, 거울 속에 비친 것이 내가 아니었다. 충혈된 눈으로 거울을 응시하는 그것은 썩을 대로 썩은 얼굴이었다. 나는 고개를 돌렸다. 다시는 그 얼굴을 보고 싶지 않았다. 그날로 사표를 던지고 파리로 돌아왔다. 나는 아내에게 오만 프랑을 건넸다.

"내가 석 달 동안 육만 프랑 벌었어. 만 프랑은 대부에게 빌렸던 거니 갚아야겠고, 나머지 오만 프랑은 다 당신 줄 테니 당신 마음대로 써. 대신 앞으로 다시는 나한테 돈 벌라고 하지 마. 나 이번에 사기 친 거야. 한 달에 칠천 프랑 받을 걸 사기 쳐서 육만 프랑 챙겨가지고 왔는데, 내가 내 얼굴을 보고 싶지 않아. 그러니까 죽을 때까지 나한테 돈 벌라고 하지 마. 나 다시는 돈 안 벌 거야."

성실하게 법칙대로 사는 아내는 내가 어떻게 육만 프랑이나 되는 거금을 벌어왔는지 어리둥절한 모양이었다. 사기쳤다는 내 말도 믿지 않앉을 것이다. 내가 내 입으로 직접 사기를 친 건 아니고 저희들이 스스로 속아준 거지만 어쨌든 그것도 사기는 사기였다. 육만 프랑이면 당시 우리에게는 엄청난 거금이었다. 그 액수에 놀라서 다시는 돈 벌지 않겠다는 내 선언도 아내는 그저 멍하니 듣고 있을 뿐이었다. 다시는 돈 벌지 않겠다던 내 맹세는 굶주림 앞에서는 허튼 맹세에 불과했지만.

나는 만 프랑을 들고 대부님 댁을 찾아갔다.

"제가 잘못했습니다. 너무 힘들어서 돈 얘기만 들어도 불쾌해서 제가 나쁜 모습을 보여드렸습니다. 이거, 갚을 필요 없다고 하셨지만 갚겠습니다."

"좋아. 네 생각이 그렇다면 받겠다."

대부님은 그 돈을 기분 좋게 받으셨다. 돈 욕심 때문에 받으신 것은 아니었다. 대부님은 돈이 아니라 내 마음을 받아준 것이다. 갚지 않겠다고 그냥 달라 했을 때는 의아했겠지만 내가 그 돈을 갚는 순간 대부님은 내 마음이 그게 아니었음을 알았을 것이다. 그리고 돈 얘기만 나오면 밸이 뒤집히는 제삼세계 가난한 학생의 마음을 이해하신 것이다.

공부를 하겠답시고 이국만리 날아왔는데 십여 년 동안 내 삶을 옥죈 것은 공부도 아니고, 점점 더 어두워지던 조국의 현실도 아니고, 당장 입에 풀칠을 해야 한다는 생존의 문제였다. 결국 사람도 먹고 살아야 하는 동물이라 거기서부터 삶의 고통이 발생한다는 것을 나도 모르지는 않았다. 노동은 아름다운 것이지만 그것이 삶 전체를 짓누를 때는 비극이 시작된다. 그러나 내 발등에 불이 떨어지고 나서야 나는 사는 게 호랑이 아가리보다 더 무섭다는 옛 어른들의 말을 조금씩 체득하고 있었다. 술에 취해 서울 거리를 비틀거릴 때, 스스로 죄인이라 통탄하며 농투성이 손을 가진 군대 동료들을 뒤로 한 채 떠나올 때 내 삶은 한낱 먼지 같은 부유물에 지나지 않았다. 호랑이 아가리 같은 인생의 고비를 힘겹게 지나면서 나는 비로소 제대로 된 삶을 대면하고 있었다.

대사관에 가면 늘 그 얼굴이 그 얼굴인데 낯선 사람이 보였다. 독일에서 온 이영빈 목사라고 했다.

"지금 독일에 있는 젊은 친구들을 버스에 가득 싣고 놀러왔습니다. 그런데 프랑스말도 모르고 지리도 몰라서 그러는데 안내해 줄 만한 사람이 없겠습니까?"

그들은 광산에서 일하는 청년들과 병원에서 일하는 처녀들이라고 했다. 옆에 서 있던 나에게 우문기 영사가 물었다.

"이 형이 해보겠소?"

안내나 해주면 되는데 백 프랑을 준다는 말에 솔깃해서 기다리고 있던 관광버스에 올라탔다. 타고 보니 난감했다. 파리에 몇 년 살았지만 메트로를 타고 지하로만 다녀서 지리를 전혀 모르는데다 학교 주변이나 다녔을까, 사는 데 바빠 관광지는 다녀본 적이 없었다. 샹젤리제를 가자는데 버스 기사에게 뭐라고 안내를 해야 할지 캄캄했다. 파리 지도를 들여다보며 주먹구구로 안내를 했다. 몇 번씩 길을 잘못 들었는데 독일에서 먼 길을 달려왔다는 젊은 관광객들은 한마디도 불평을 하지 않았다. 나도 차츰 마음이 편해졌다.

"자, 이번에는 저 유명한 1789년의 바스티유 감옥으로 가겠습니다.

프랑스 혁명의 도화선이 되었던 바스티유 감옥은 들어갔다 하면 다시는 나올 수 없었다는 악명 높은 곳으로······.”

주워들은 풍월로 설명을 하면서 바스티유 광장으로 갔다. 나는 거기에 예전 그대로 감옥이 우람하게 서 있을 줄 알았다. 그런데 이게 웬일인가. 감옥은 온데간데없고 뻥 뚫린 광장만 보였다. 나는 그만 머쓱해져서 얼굴을 붉힌 채 머리만 긁적거렸다. 누군가 내 어깨를 두드렸다.

“아, 괜찮아요. 공부 하느라고 언제 구경할 시간이 있었겠어요?”

그는 나를 위로하면서 사람들에게 자기가 나서서 둘러댔다.

“그래도 우리가 이 형 덕분에 이렇게 좋은 구경하는 거 아닙니까? 공부하는 학생이라니 차도 없을 테고. 나도 시골에서 일하다 도시에 한번 나오면 정신이 하나도 없습디다.”

마음이 목화솜 같은 사람들이었다. 몇 번씩 길을 잘못 든 것도 모자라 감옥도 없는 바스티유 광장으로 데려온 나를 탓하는 사람은 아무도 없었다.

안내원을 잘못 만나 어설프게 파리 구경을 하고 돌아간 우리 동포 중 몇 사람은 그 뒤에도 일 년에 한두 차례 파리를 찾아왔다. 그것도 인연이라고 그들은 파리에 오면 꼭 나를 찾았다. 안내를 끝내고 밤이 되어도 그들은 나를 놓아주지 않았다. 자기들이 머무는 호텔로 끌고 가서 밥을 지어 먹이고 독일 맥주를 내놓았다. 광산에서 온 사람 중에는 깡패도 있었고 대학 출신도 있었다. 전직이 뭐가 됐든 낯선 이국에서 막노동으로 고생을 해서 그런지 그들은 서로의 아픔을 잘 알고 토닥거리며 살았다. 나를 얼마나 안다고 나만 보면 반가워 어쩔 줄 모르는 그들과 몇 번 만나는 동안 친구가 됐다. 간첩사건으로 남들이 다 등을 돌릴 때도 그들은 나를 우연히 만나면 어떻게든 자기 집으로 끌고 가 한 끼 밥이라도 대접했다.

그 후로 드문드문 대사관에서 관광안내를 하지 않겠느냐는 연락이 왔다. 모두 독일의 한국 사람들처럼 좋기만 한 것은 아니었다. 돈이 많은 사람일수록 안내하는 일이 고역이었다. 쇼핑센터로 안내하라고 해서 데려다주면 온갖 사치품을 한 아름 쇼핑해놓고는 고작 백 프랑도 안 되는 안내비를 떼어먹는 사람도 심심치 않게 있었다. 무엇보다 한국에서 오는 사람들은 비슷한 성향이었다. 이름만 대면 알 만한 아무개를 들먹거리며 자기가 권력의 측근이며 돈푼깨나 있음을 으스대는 것이었다. 한번은 삼십대쯤 되는 여자를 안내하게 됐다. 첫인상부터 돈벼락을 맞은 냄새가 역력했다.

"어디를 안내해드릴까요?"

여자는 내게 쪽지를 내밀었다.

"내가 서울서 미장원을 하는데, 거기 몇 군데 주소가 있을 거예요. 전화해서 약속 좀 잡아주고, 주인하고 얘기할 때 통역 좀 해줘요."

"언제 만나실 겁니까?"

"사흘 안에 만날 수 있게 해주세요."

파리에서는 적어도 보름 전에 면담을 신청하는 게 예의다. 파리의 관습상 안 된다고 해도 여자는 아이, 어떻게든 해봐요, 콧소리를 섞어가며 애교작전까지 펼칠 기세였다. 어찌어찌 약속을 정했다. 그레이스 켈리의 머리를 만진다는 미장원이었다. 여자는 제법 예술이 어쩌고저쩌고 하며 이야기를 시작했다. 그런데 여자를 보는 미장원 주인 남자의 표정이 어쩐지 싸늘했다. 남자의 첫마디는 이랬다.

"루브르 박물관에 가보셨소?"

물론 가봤을 리가 없다. 농, 이라고 통역해주었다.

"가서 미술품들을 많이 보십시오. 그런 안목이 있어야 사람 머리를 만질 수 있는 겁니다."

나 같으면 자존심이 상해서 얼굴이 벌개졌을 텐데 여자는 생글생글 웃으며 프랑스 남자 곁으로 가서 찰싹 달라붙었다. 그리고는 내게 말했다.

"미스터 리, 사진 좀 찍어줘요."

그 말과 동시에 남자가 벌떡 일어섰다. 사진을 찍지 않겠다는 것이었다. 여자가 물었다.

"왜 안 찍는대?"

"이유 없이 그냥 싫답니다."

"흥, 여자가 사진 좀 찍자는데 남자가 그것도 못 해줘?"

프랑스 남자는 알아듣지 못하는 한국말인데도 분위기를 파악한 것인지 험악한 얼굴로 여자를 노려보고 있었다. 사진 찍기 싫다는 남자와 다짜고짜 사진을 찍겠다니, 그건 프랑스 예의에도 한국 예의에도 어긋나는 것이었다. 여자는 여전히 씩씩거리고, 내가 대신 사과를 했다.

"죄송합니다. 나는 학생인데 지금 통역을 하러 따라왔습니다. 아시겠지만 세상에는 이런 사람도 있고 저런 사람도 있지 않습니까? 한국 사람이 다 이런 건 아닙니다. 너무 화내지는 마십시오. 아무튼 죄송합니다. 같은 한국 사람으로서 부끄럽습니다."

그제야 프랑스 남자의 얼굴에 웃음기가 비쳤다.

"당신 사정은 내가 알지요. 웬만하면 당신을 봐서 청을 들어주고 싶지만 사진은 찍기 싫습니다. 이 여자가 처음이 아니에요. 한국에서 이런 여자들이 가끔 옵니다. 와서 저랑 사진 한 장 찍고는 그걸 자기 미장원에 붙여놓는 거예요. 그렇게 저를 팔고 싶지는 않습니다. 저도 미안합니다."

말을 듣고 보니 더 부끄러웠다. 나는 그만 나가자고 여자를 설득했다.

"나 안 가요! 못 가!"

그러거나 말거나 나는 여자 손에 카메라를 들려주었다.

"그럼 당신이 알아서 하십시오. 나는 문 밖에 나가 기다리겠습니다."

프랑스 친구에게 인사를 하고는 나와 버렸다. 한 오 분쯤 지나자 여자가 씨근덕거리며 쫓아 나왔다.

"옹졸한 자식 같으니라구. 여자가 사진 한 장 찍자는데 뭘 그렇게 쩨쩨하게 굴어!"

여자는 분이 났는지 내게 마구 분풀이를 해댔다. 그때는 내가 차를 샀을 때인데, 개선문 쪽으로 가다말고 급브레이크를 밟았다.

"야! 내려! 나 안내 안 해!"

뒤차들의 경적소리로 샹젤리제가 온통 떠들썩했다. 프랑스어는 한 마디도 모르던 여자는 겁을 먹었는지 느닷없이 이 선생님 왜 그러세요, 하고 죽는 소리를 했다.

"당신 돈이 그렇게 많아? 얼마나 가졌어?"

"한 이억쯤 돼요."

그 상황에도 여자는 코맹맹이 소리로 자기 재산이 이억이라고 냉큼 대답했다. 1960년대였으니 이억이라면 갑부 소리 들을 만한 돈이었다. 그 돈을 믿고 여자는 하늘 높은 줄 몰랐을 것이다.

"고작 그 정도야? 나도 당신만큼은 돈 있는 사람이야. 내려!"

그제야 여자는 기가 죽었다. 돈 앞에서야 비로소 고개를 숙이는 그 꼴이라니.

1960년대에 해외여행을 다닐 정도의 사람들이라면 자기들 말대로 권력이건 돈이건 최소한 하나는 가진 자들이었을 것이다. 십중팔구 돈과 권력은 함께 붙어 다녔겠지만, 그런 자들의 행태가 나를 절망스럽게 했다. 그들에게 돈과 권력은 하느님과도 같은 것이었다. 돈 앞에서는 인간의 도리고 뭐고 무용지물이었다.

박정희의 근대화라는 게 이런 것인가. 한국 사람들을 통해 본 박정희의 근대화는 돈의 노예가 되자는 싸구려 구호일 뿐 아무것도 아니었다. 뼈에 사무치게 가난했으니 일단 돈을 벌고 보자는 생각부터 하게 될 것은 당연했다. 그러나 돈이든 학문이든 그 자체가 목적이 될 수는 없는 것이다. 간혹 공부하는 사람 중에 학문이 무슨 신성한 목적인 양 생각하는 사람들을 만나기도 한다. 그러나 학문도 결국은 인간답게 사는 길을 밝히려는 수단에 지나지 않는 것이다. 하물며 돈이야······.

한국 사람들이 두 발 벗고 쫓아가려는 서양 사람들은 결코 돈의 노예가 아니다. 그들은 돈이 없다고 해서 인간을 함부로 취급하는 일이 없다. 그들에게 중요한 것은 돈이 아니라 어떻게 사는 사람인가, 대화가 통하는가 하는 점이다.

내가 어울리는 프랑스 친구들이 있었다. 한 달에 두어 차례 만나 차를 마시고 함께 얘기를 나누는 일종의 토론 그룹인데 의사나 교수들이 주축이었다. 그러나 그중에는 땜질이 직업인 노동자도 있었고, 치과의사를 하다가 남의 입 속이나 들여다보고 사는 인생이 지겨워서 그만두고 시골로 다니며 오래된 엽서를 모아 파는 사람도 있었다. 땜장이 친구는 노동자이긴 했지만 돈벌이는 제법 좋아서 사는 형편이 교수들과 별로 다르지 않았고, 전직 치과의사인 엽서장수는 돈벌이가 시원치 않아 늘 허덕거렸다. 그러나 모임의 누구도 그들을 노동자라거나 돈이 없다는 이유로 따돌리지 않았고 등 뒤에서라도 허튼소리 한번 하지 않았다. 모이는 장소는 노동자들도 함께 어울릴 수 있을 만큼 허름한 카페였다. 경제적인 풍요보다도 노동자와 교수가 함께 모여 정치와 인생을 논하는 그들의 열린 마음이 나는 부러웠다.

그건 저들이 우리보다 열등해서가 아니다. 아래로부터의 혁명이 그 원인이다. 아래로부터의 혁명으로 모든 가치가 뒤집혀본 적이 있는 프랑스 사회는 아무리 돈이 없다고 해도 다수를 무시하지 않는다. 다수의 힘을 이미 경험해보았기 때문이다.

그러나 서구와 달리 동양은 그런 혁명의 경험이 없다. 아직도 동양에서는 돈과 힘과 학문을 가진 소수가 다수를 지배한다. 그래서 동양의 상층부는 다수의 힘을 별로 의식하지 않고, 무시당하는 다수는 상층부가 가진 것을 그대로 흉내 내려고 발버둥치는 것이다. 그런 사회 분위기는 개인의 의식을 좀먹는다. 아무리 의식이 깬 사람이라도 자신이 속한 사회와 시대로부터 자유롭기는 여간 어렵지 않다.

파리에 온 지 얼마 되지 않았을 때 제네바에서 열린 국제회의에 참여한 적이 있다. 거기서 한 일본인 목사를 만났다. 런던에서 공부하고 있다고 했다. 그는 나를 보자 기다렸다는 듯 왜 한국 사람들은 일본 사람들을 싫어하느냐고 물어왔다. 도무지 그 이유를 모르겠다는 것이었다.

"아, 그거야 일본 사람들이 한국 사람들을 괴롭혀서 그런 거 아닙니까?"

"언제 그런 적이 있습니까?"

"일본이 한국을 식민지로 삼았던 거 모릅니까?"

"그거야 알지요. 하지만 일본이 한국에 기차도 놔주고 우편국도 만들어주고 그러지 않았습니까? 일본 덕택에 한국이 개명된 것으로 알고 있는데요."

기가 막혔다. 식민통치에서 벗어난 지 고작 이십 년밖에 지나지 않았는데 그 사이에 진실이 그렇게 왜곡되고 있었던 것이다.

"당신 목사 맞소?"

"네, 맞습니다."

"당신이 목사라고 하니까 목사가 맞긴 맞나본데, 당신은 목사라도 일본 목사요. 내가 생각하는 기준에 맞는 목사는 아니라는 뜻이오."

일본 목사는 어리둥절한 표정으로 나를 주시했다.

"목사는 예수님처럼 인류를 구원해야 하는 것 아니오? 그런데 당신은 지금 일본 사람 편을 들고 있어요. 일본인들이 한국 기독교인들을 교회당에 몰아넣고 불 지른 일이 한두 건인 줄 알아요? 임신부가 뛰쳐나오면 죽창으로 배를 찔러 죽이기도 했소."

"그, 그게, 정말입니까?"

"학교 다닐 때 배우지 않았습니까?"

"금시초문입니다."

놀라는 걸 보니 금시초문인 모양이었다. 그래서 105인 사건이며 만주 731부대의 생체실험 같은 것을 이야기해주었다. 목사는 시퍼렇게 질린 얼굴로 말을 잃고 있었다. 나는 마지막으로 그의 가슴에 대못을 하나 박아 주었다.

"당신, 일본 사람 머리 위에 원자탄을 터뜨린 게 누구인지 아시오?"

"그, 그거야 미국 사람들 아닙니까?"

"아니오. 미국 사람들이 한 게 아닙니다. 미국 사람 손을 빌려서 하나님이 하신 일이오."

나는 자못 잔인한 마음으로 목사를 노려보았다. 파랗게 질렸던 얼굴이 새하얗게 바래고 있었다. 그러나 그는 끝내 잘못했다, 미안하다는 말을 하지 않았다.

얼마 뒤 한 통의 편지가 날아왔다.

"당신의 말을 듣고 큰 충격을 받았습니다. 나는 정말 까맣게 모르고 있었습니다. 런던에 돌아와서 사방으로 알아보았습니다. 그리고 당신의 말이 모두 사실이라는 것을 알았습니다. 목사로서, 그리고 한 일본인으로서 당신과 한국인에게 사죄드립니다."

나는 민족성 자체에 문제가 있다는 말을 믿지 않는다. 문제는 그 사회, 그 시대인 것이다. 일본의 오류를 모르고 있던 그 목사나, 돈을 좀 가졌으니 안내원 앞에서는 아무렇게나 해도 상관없다던 그 여인이나 모두 자기 시대의 한계에 갇혀 있는 것이었다.

박정희 정권이 더욱 굳건하게 자리를 잡아가면서 고국에서 날아오는 소식도, 사람도 점점 더 실망스러웠다. 그럴 때 씁쓸한 내 마음을 위로하고 힘이 되어준 것은 관광안내를 하면서 알게 된 독일 광부들이었고 간호사들이었다.

광산에서 삼 년 계약을 끝내고 다른 일자리를 찾아 파리로 오는 사람들이 있었다. 처음으로 파리에 오니 모든 것이 생소하고 특히 언어소통이 어려웠다. 그들은 방 구해 달라, 중국식당에 접시닦이 같은 일자리 구해 달라, 체류증 신청하는 것 도와 달라 등등, 사소하지만 그들에게는 중요한 문젯거리를 들고 나를 찾아왔다. 얼마나 다급했으면 혹시 내가 나가고 없을까봐 아침 여섯 시부터 현관문을 두드린 사람도 있었다.

나로서는 크게 힘 드는 일도 아니고, 한번 맺은 인연을 소중히 여겨 파리에 관광만 오면 그리 능숙하지도 않은 안내원인 나를 찾던 그들의 소박한 인정에 대한 작은 보답이라도 될까 싶어 웬만하면 쓰던 논문도 밀어놓고 뛰어다녔다. 그러다보니 어느덧 그들과 친구가 됐다.

그중에 B라는 이가 있었다. 외국에 나오고 싶어서 광부로 온 사람인데 서울에서는 제법 이름 있는 깡패였다는 그는 별명이 '배추'였다. 허우대가 아주 좋은 사람이었다. 파리로 옮겨 미처 자리를 잡지 못한 그는 아침이면 나를 찾아왔다가 아내가 출근하는 것을 보고서야 슬그머니 우리 집 문을 두드리곤 했다. 그는 아침 먹었노라고 큰소리를 쳤지만 나는 그의 얼굴만 봐도 몇 끼쯤 굶었는지 짐작이 갔다. 없는 솜씨나마 밥을 지어 함께 먹고 이국땅에서 겪는 설움을 싸구려 포도주로 녹여내며 배추와 나는 친구가 됐다. 그 배추를 2001년 서울에 들어가서 우연하게 다시 만났다. 서울은 좁다더니, 과연 좁았다. 어느 술자리였는데, 거기에는 나의 대학선배 차현국 선생과 윤병희 교수 그리고 시인 신경림 선생과 문학평론가 구중서 선생이 있었다. 알고 보니 배추는 오래전부터 이분들과 가까운 친구지간이었다. 그날 저녁 방 형 이 형, 하며 우리는 삼십여 년 만에 만난 새로운 감회를 몇 차례씩이나 술집을 옮겨가며 기쁘게 풀었다.

실업자가 되어 세느 강변에서 노숙한다는 친구의 손에 형편이 되면 이십 프랑쯤 쥐어주기도 했지만, 정작 큰 도움을 받은 건 바로 나였다. 대가를 바라고 그들을 도와준 것은 아니지만 그들은 사소한 도움도 쉽게 잊지 못했다.

지금 파리에서 한국식품점을 하고 있는 S는 언젠가 체류중 얻는 일로 내 도움을 받은 적이 있다. 내가 해준 것은 고작 그 정도인데 그는 지금도 내가 그의 가게에 들르면 숙주나물이며 콩나물, 두부, 떡 등을 내 차에 잔뜩 실어놓는다. 몇 번이나 돈을 주려고 해봤지만 성공한 기억이 없다. 어디 그뿐인가. 그는 차에 관한 한 전문기술자를 능가하는 솜씨여서 내가 고장난 차를 좀 봐달라고 하면 만사 제쳐놓고 달려왔다. 되로 주고 말로, 아니 섬으로 받은 셈이다.

우리끼리 나누는 이런 소박한 마음을 중앙정보부는 마땅치 않아 했다. 박정희 정권은 사람들 사이의 그런 소통조차 권력의 통제하에 두고 싶었던 것일까? 배추의 말에 의하면 중정은 내 주머니에서 나오는 돈은 북한 돈이니 도움을 받지 말라고 했단다.

그 정도가 아니었다. 나와 친하게 지내던 J는 광부가 아니라 요리사로, 서울을 떠나 곧장 파리로 온 사람이었다. 그는 무학이라 글자를 전혀 모르는데도 남의 의사를 살피는 데는 타인의 추종을 불허했다. 한번은 베트남 식당에 요리사 자리가 났는데 언어(불어)가 통하지 않으니 서너 달만 곁에서 주인이 하는 말을 통역해주면 좋겠다고 해서 J는 요리사로, 나는 접시닦이로 같이 일한 적이 있다. 몇 년 후 내가 소개한 아가씨와 결혼한 J는 캐나다로 떠났다. 1992년에 캐나다에서 그를 만났다. 그는 매우 반가워하면서 술과 밥을 한 상 크게 내더니, 갑자기 사죄를 하겠다고 했다. 파리 있을 때 중앙정보부가 강압적으로 시키는 바람에 나의 동정을 정기적으로 보고했다며 그는 묵은 짐을 부리듯 내게 용서를 구하는 것이었다.

조국 땅을 성장 제일주의, 돈의 노예로 만들다 못해 박정희 정권은 소박한 사람들의 우정까지 볼모로 잡아 그 먼 이국땅의 동포들마저 권력의 노예로 삼고 있었다. 그러나 다행히도 사람의 정이나 마음이 그 정도로 쉽게 무너지는 것은 아니었다. 내 동정을 보고했다는 J나, 나와 친하다는 이유로 중앙정보부에 끌려가 혼쭐이 났던 H나 나에 대한 진실한 우정만큼은 팔지 않았다. 어쩔 수 없이 정보부에 내 정보를 주었을지언정 그들은 내가 외롭고 힘들 때면 달려와 위로하고 돈 주고 산 거 아니라며 포도주나 담배 따위를 슬그머니 놓고 가는 좋은 친구들이었다. 시절이 수상하면 사람들의 겉마음이야 흔들릴지 모르지만 저 깊은 바닥의 본심만큼은 어떤 세월의 광풍도 흔들 수 없는 것이다. 그래서 나는 아직도 삶은 희망이라고 믿는다. 선(善)이란 켜켜이 먼지 쌓인 고서 속의 가물가물한 추억이 아니라 그렇게 투박한 사람들의 마음속에 생생하게 살아있지 않은가.

간혹 꺼내 읽는 오래된 편지가 하나 있다. 광부로 독일에 갔다가 미국으로 건너간 K의 편지는 매번 나에게 삶은 곧 희망임을 확인시켜준다. 공부하는 게 소원이던 K는 광부생활을 끝내고 미국에 가서 낮에는 일하고 밤에는 공부하며 애를 쓰더니 마침내 1979년 10월에 박사학위를 받았다는 편지가 날아왔다.

"선생님과 헤어진 후 미국에 와서 할 수 있는 일은 가리지 않고 다 했습니다. 이제 겨우 눈을 들어 세상을 보게 됐습니다. 그래요. 제가 만약 마흔 살까지 학위를 받는다면 나머지 생은 한 인간으로 대우받으며 살리라 생각한 것이 십 년 전, 아니 이십 년 전이었던 것 같습니다. '당신 나이 서른넷인데 지금 공부를 한다고? 그것도 청소를 하면서? 당신같이 지각없는 사람과는 결코 인연을 맺을 수 없다.' 이것은 결혼을 맹세한 여자친구의 이모님이 저한테 하신 말씀입니다. 웃고 말았지요. 적어도 제 공부는 작게는 제 부모님과 동생들의 소원을 풀어주기 위해서, 나아가서 저를 아는 모든 사람에게 조그만 보답으로 생각하고 있으니까요.

지금은 미국 회사에 나가면서 조용히 살고 있습니다. 하꼬방 같은 작은 보금자리도 마련했습니다. 간혹 생각나실 때 소식 주십시오. 쾰른에서 밤새워 마신 맥주가 그래도 제일 맛이 있었던 것 같습니다. 오래 사십시오. 잦은 약주는 참으셨다가 저와 만나게 되면 다시 한번 실컷 잡수시지요. 인생은 생각하기에 따라 다르겠지만 즐거운 것 같습니다. 문제가 있고 시끄러운 소음이 들리고, 그러나 그 모두가 참된 삶을 갖게 하는 원동력이며 자신의 생존을 일깨워주는 것 아니겠습니까?"

K의 말대로 우리는 삶의 소용돌이를 거치며 참된 삶을 향해 한발씩 힘겹게 나아가는 것일 게다.

빈약한 주머니가
고달프긴 하지만

오늘의 나는 내가 옳다고 여긴 것들을 선택해온 결과다.
정다운 친구들과 밤새도록 술잔을 기울일 수 없는
빈약한 주머니가 고달프긴 하지만, 어느 인생이
하나부터 열까지 모두 만족스러우랴.

1973년 학업을 끝내고 나니 앞길이 막막했다. 무얼 해서 먹고 산다? 그놈의 돈 때문에 감옥행일 걸 뻔히 알면서도 도살장에 끌려가는 소처럼 서울로 돌아간 선배나 친구들이 많았다. 나는 굶주림의 어려움을 겪을지언정 파리에 남는 것이 숨이나마 제대로 쉬고 살 수 있는 유일한 길일 것 같아 서울행을 포기했으나, 파리의 삶이라고 해서 먹지 않고 살 수 있는 건 아니었다.

이런저런 궁리 끝에 이 년간 파리 5대학에서 임상심리학을 공부하고 심리치료소를 열었다. 따로 사무실을 얻을 형편이 아니어서 대부님의 도움으로 마련한 파리 교외 집을 상담실로 사용했다. 공부하는 내 거실이 일하는 직장인 셈이었다. 요즘에는 부자들이 파리 교외에 많이 살지만 1970년대만 해도 교외에는 중하층 사람들이 주로 살았다. 한마디로 나처럼 가난한 사람들이 대부분이었다. 가난할수록 심리적 문제가 많은지, 내 치료소를 찾는 사람들은 그중에서도 못사는 축에 속했다.

돈 버는 일이 무엇인들 쉬우랴만 못사는 사람을 상대로 돈벌이하는 것만큼 답답한 일도 없다. 치료비로 부자들의 빳빳한 새 돈만 받을 수 있었다면 나도 그럭저럭 세상에 적응하며 살았을까? 가난한 사람일수록 돈은 왜 그렇게 꼬깃꼬깃 접어서 깊숙이 품고 다니는지, 그 돈을 받을 때마다 나는 가슴이 아팠다. 부자라면 오륙백 프랑은 받을 텐데 가난한 삶을 사는 이들에게 그만큼 달라고 하기가 종내 어려워서 때로는 이백 프랑도 받고 백 프랑도 받다가 정 딱한 사람을 보면 그냥 보내기도 했다.

구차스럽고 힘든 삶을 꾸리느라 얼굴에 웃음기도 없는 사람들의 이야기를 열심히 들어주고, 그 사람들의 얼굴에 그나마 엷은 미소라도 떠오르면 기분은 좋았다. 치료비를 아예 받지 않고 보낼 때는 더 상쾌했다. 돈도 받지 않고 열심히 치료해줘서 정말 고맙다는 환자들의 편지도 반가웠다. 그러나 불행히도 그런 즐거움만으로 세상을 버텨낼 수 있는 건 아니었다. 어느 때는 내 형편이 궁하다는 이유로 나보다 더 힘들어 보이는 사람에게서 치료비를 받아야 했다. 그럴 때면 기껏 사람 돕자는 공부를 해놓고 잔돈푼이나 벌고 있는 스스로가 한심스러웠다.

내가 존경하는 소르본의 뒤랑댕(Guy Durandin) 교수가 떠올랐다. 뒤

뒤랑댕 교수는 이십삼 년간 세상에 존재하는 모든 거짓말을 연구해서 그것을 주제로 사회심리학 박사학위 논문을 쓴 분이다. 우연히 소르본 대학 서점에서 그분의 논문을 구해 읽었는데 그 광범위한 연구에 깊은 감명을 받았다. 평생을 한 주제에 매달릴 수 있다는 것도 부러웠다.

한번도 그래본 적이 없지만, 뒤랑댕 교수에게는 꼭 한번 뵙고 싶다고 편지를 썼다. 흔쾌히 허락하는 답장을 받고 파리 교외에 있는 그분 댁을 찾아갔다. 소르본의 교수인데도 허름한 집에 살고 계셨다. 네 벽이 온통 책으로 뒤덮여 있었다.

"참 부럽습니다."

"책을 좋아한다니 보여줄 게 있네."

그분은 나를 마당으로 안내했다. 마당 한쪽에 작은 집이 또 하나 있었다. 역시 사면이 책이었다.

"많은 게 아니야. 이건 다 기본서일세."

다시 한번 고개가 숙여졌다. 이렇게 많은 책을 뒤랑댕 교수는 기본서라고 말하는 것이다. 아하, 장자의 말처럼 "내가 배운 것이란 흙인형 같은 것 아닐까" 하는 생각이 들었다. 여기서 흙인형은 비만 오면 빗물에 씻겨 흔적도 없이 사라지기 때문에 보잘것없는 것을 의미한다.

"내가 말일세. 그 논문에 딱 한 줄 못 쓴 게 있다네."

"그게 무엇인가요?"

"들어보게나. 사람은 거짓말을 전혀 안 하면 자연사하게 된다네. 생각해보게. 거짓말을 안 하면 취직부터 어려울 게 아닌가? 취직할 때 사람들은 모두 자기 상품가치를 올리기 위해 거짓말을 하지. 그걸 좋게 표현하면 어느 정도의 과장이라고 할 수도 있겠지만, 어쨌든 거짓말인 셈이지. 착한 사람은 자기가 남보다 낫다는 말을 못 해. 그런 사람이 사회생활을 할 수 있겠나? 정말 정직한 사람은 사회도 지켜줄 수 없는 거야. 그러나 그런 말은 차마 논문에 쓰지 못했네."

"그럼 선생님도 거짓말을 하시겠군요."

"물론이지. 덜 하려고 노력할 뿐이네."

"이십삼 년간 거짓말을 연구하셨다는 건 사실입니까?"

"그것부터 거짓말일세. 출판사에서 그런 광고를 낸 건데, 이십삼 년간 밥벌이 강사 노릇 하느라 논문준비에 충실하지 못했지."

거짓말을 하지 않으면서, 사람의 도리를 지키면서, 남에게 도움이 되면서 먹고 산다는 건 결코 쉬운 일이 아니다. 거짓말을 전혀 하지 않으면 자연사하게 된다는 뒤랑댕 교수의 말이 옳을지도 몰랐다. 진실하고 즐거운 밥벌이는 불가능한 것일까?

일 년 만에 나는 결국 심리치료소 문을 닫았다. 살 길은 막막해도 마음은 편했다. 과거사에는 가정법이 불가능하겠지만 그때 치료소를 계속했더라면, 또는 '너는 너, 나는 나'라는 서구식 합리주의로 치료비를 챙겼더라면 나는 지금 어떤 인생을 살고 있을까? 한번쯤 인생을 가정법으로 돌이켜보다가도 이내 고개를 젓게 된다. 보잘것없는 내 인생을 서른 살쯤으로 되돌리는 기적이 일어난다 해도 나는 지금과 똑같이 살 것이다. 한영길이 찾아와 망명을 도와달라고 하면 어쩔 수 없이 도와줄 것이고, 가난한 사람들의 어려움을 외면하지도 못할 것 같다.

오늘의 나는 내가 옳다고 여긴 것들을 선택해온 결과다. 정다운 친구들과 밤새도록 술잔을 기울일 수 없는 빈약한 주머니가 고달프긴 하지만, 어느 인생이 하나부터 열까지 모두 만족스러우랴. 싼 것이나마 우리 집 거실에는 몇 병의 포도주가 항상 놓여 있다. 그것으로 족하다.

뒤랑댕 교수처럼 나 역시 거짓말을 하며 살아왔다. 그러나 적어도 거짓말을 하지 않으려고, 스스로에게 떳떳하려고 노력은 했다. 정말로 정직한 사람은 사회도 지켜줄 수 없다고 뒤랑댕 교수는 말했다. 내가 해온 거짓말이 태산보다 높고 크겠지만 그것은 어쭙잖은 내 자존심을 살리려던 것일 뿐 남을 해하는 것은 아니었다. 그래서 명예도 권력도 잔돈도 없이 늙어가는 인생이 그리 부끄럽지는 않다. 다만 쓸쓸할 뿐.

한 일 년 남짓 쉬었을까? 문부성에서 직원을 채용한다고 했다. 별 기대 없이 인터뷰에 응했는데 운이 닿았는지 어렵지 않게 취직이 됐다. 프랑스에서는 공무원이라는 직업을 최고로 친다. 대우도 좋고 일도 많지 않은데다 안정적이기 때문이다.

듣던 대로 일은 편했다. 제 시간에 출근해서 제 시간에 칼같이 퇴근했다. 모두 나를 부러워했다. 별로 재미는 없었지만 돈 걱정 하지 않아도 되는 것 하나는 무척 좋았다. 돈을 위해 나를 팔 수는 없어도, 어쨌든 주머니에 돈이 있다는 건 즐거운 일 아니겠는가? 이따금 친구들을 불러내 술과 밥을 나누고, 가족들에게 가장으로서 체면도 세우고, 심심하면 사무실에서 서울이며 미국이며 캐나다에 사는 친구들에게 국제전화도 걸고, 국경일 같은 날에는 친구들과 파리 교외 숲에 가서 포도주 향기에 거나하게 취해도 보는 동안 그럭저럭 이 년이 흘러갔다.

어느 날 직속상관이 나를 부르더니 두툼한 자료를 내밀었다.

"통계처리 해야 할 문제인데 할 수 있겠어요?"

평소에 내가 별로 좋아하지 않던 사람이었다. 프랑스에서는 상관이라도 아랫사람을 권위적으로 대하지 않는다. 일에 있어서 상관일 뿐 인격면에서는 평등한 인간이니까. 그런데 이 여자는 다소 권위적이었다. 그런 사람에게는 똑같이 권위적으로 대해야 한다는 게 내 생각이다. 달리 하는 일도 없으니 군소리 없이 받아도 될 텐데 나는 한마디 덧붙였다.

"내가 해야 되는 일입니까?"

"사실은 내 일인데 아무리 들여다봐도 모르겠네요. 통계는 공부한 적이 없어서……."

여자가 솔직하게 나오는 바람에 나도 수그러졌다.

"그래요? 그럼 제가 해보지요."

학력별 실업자 통계를 내는 일이었다. 고학력 실업자가 얼마나 되나 궁금하기도 하고 재미도 있을 것 같았다. 어떤 방식으로 접근해야 할까? 나는 담배를 입에 문 채 한 손으로 턱을 괴고 앉아 자료를 들여다보고 있었다. 한나절을 일을 하는 둥 마는 둥 했나보다. 여자 상관이 나를 불렀다. 기색이 심상치 않았다.

"왜 일을 안 하지요?"

"하고 있습니다."

"일은 무슨 일을 해요? 내가 계속 지켜보고 있었는데, 왔다갔다 하면서 담배만 피웠잖아요?"

일을 하고 있다는데도 뭐라고 잔소리를 계속 하기에 처음에는 듣고만 있었다. 그런데 가만히 듣고 있으니 차츰 어조가 고양되기 시작했다. 게으름뱅이에다 성실치가 않다던가? 그 말에 나는 역정이 났다. 나는 역정이 나면 말이 여느 때보다 몇 배 강하고 빨라진다. 프랑스말로도 그랬다.

"내가 일하고 있다고 하지 않았소. 사람마다 일하는 방식이 다른 것 아니오? 당신 눈에는 내가 놀고 있는 것처럼 보일지 모르지만 나는 자료를 보면서 접근방법을 연구하고 있었소. 지금 거의 다 해결했는데, 당신 생각에 이 일이 한나절 만에 될 일이요? 내 일도 아니고 당신 일인데 능력이 없어서 맡겼으면 나를 믿고 지켜봐야 할 것 아니요."

여자가 거기서 사과만 했더라도 사표까지 던지지는 않았을 것이다. 그러나 여자는 끝내 내가 게으르고 성실치 않다며 고집을 꺾지 않았다.

"이것 봐요! 내가 왜 서울에 돌아가지 않는 줄 아시오? 당신 같은 사람들이 그득해서 안 돌아가는 거요. 당신에게 이렇게 하면 내가 나가야 되는 줄 알고 있소. 나, 그만두겠소."

동시에 나는 사무실 문을 박차고 나왔다. 불쾌한 심정으로 걸어 나가는데 함께 일하던 동료가 내 팔을 붙잡았다.

"무슈 리. 그렇다고 바보처럼 이 좋은 자릴 박차고 나가면 어떡해? 지금 나가면 이만 한 자리 구할 수 있을 것 같아? 참아, 참으라고. 사는 일이 다 그렇지 뭐."

그 동료는 베트남 출신이라 아는 것이다. 이방인으로 프랑스에서 살아남기가 쉽지 않다는 것을.

"이봐. 나는 저런 걸 그냥 받아먹으면 소화불량에 걸려. 부처님이 아니라서 소화 못 시키고 병난다고. 그래서 그만둬야겠어. 자네도 보살이 아닌 다음에는 저런 소릴 듣고 참으면 제 명에 못 죽어. 아무튼 난 그만두겠어."

어쨌든 친구들도 아내도 그 좋은 자리를 박차고 나온 나를 원망하고 의아해했다. 나는 그렇게 또 실업자가 됐다.

실업자 생활도 몇 달은 그리 나쁘지 않았다. 친구들도 만나러 다니고 매인 데 없으니 몇 시간이고 얘기도 나눌 수 있고 얼마나 좋은가? 하루는 〈르몽드〉 기자를 만나러 갔다.

"이 형, 취직하지 않겠어?"

"왜? 좋은 자리 있어?"

"좋은지는 모르겠고, 아무튼 가봐."

그 친구는 파리 시내에 있는 화물회사 주소와 사람 이름을 적어주었다. 친구가 소개해준 남자는 여직원을 부르더니 얘기해보라고 했다. 인사과 직원인 모양이었다. 뻔한 것을 몇 가지 묻더니 편지를 하나 써보라고 했다. 나를 서류쟁이로 만들 모양이었다. 몇 자 끼적거려서 건네주었다.

"좋네요."

그 말과 함께 자리에서 일어난 여자의 태도가 조금 전과는 천양지차였다.

"우리 회사는 프랑스 각 지역으로……."

여자는 자기가 무슨 사장이나 된 듯 회사의 정신이며 규약 따위를 늘어놓기 시작했다. 그것만 해도 우스운데 거들먹거리는 행동거지가 가관이었다. 자기가 내 상관임을 과시하고 싶었던 것일까. 일어나서 일장연

설을 시작하는 여자를 바라보다가 나도 모르게 킥, 웃음을 터뜨리고 말았다. 조롱할 생각은 아니었다. 그저 신입사원 앞에서 별것 아닌 권위를 재는 그녀의 행동이 우스웠을 뿐이었다. 여자의 얼굴이 순식간에 홍당무로 변했다.

"나가요!"

여자가 싸늘하게 내뱉었다. 그날 웃음을 참지 못한 죄로 나는 서류쟁이에서 화물노동자로 전락했다. 그녀가 보기에는 전락이었겠지만 내게는 차라리 다행이었다.

처음부터 막노동을 할 걸 그랬나? 노동일은 내 적성에 맞았다. 치료소나 문부성 일보다 마음에 들었다. 내가 하는 일은 아주 단순했다. 분류통 밑에 서 있으면 지역별로 분류된 화물들이 쏟아져 내린다. 그러면 그것을 옆에 놓인 수레에 옮겨 싣는다. 하나씩 차례대로 떨어지지 않고 지역별로 한꺼번에 쏟아지니 재빨리 옮겨 실어야 하는 게 다소 힘들기는 했지만 그걸 제외하고는 견딜 만했다.

작업장에는 백인들뿐이었다. 유색인은 내가 유일했다. 처음으로 노란 얼굴이 와서 그런지 처음에는 나를 좋지 않은 눈으로 보는 사람들도 있었다. 프랑스라고 외국인에 대한 적대감이 없는 건 아니니까. 프랑스에 흑인은 많지만 흑인 국회의원은 매우 드물고, 아시아계 국회의원은 아예 없다. 그러나 그런 것은 은밀한 불평등일 뿐 노골적인 모욕은 가하지 않는다. 그들은 프랑스혁명을 통해 불평등이나 억압의 대가가 얼마나 쓰라린가를 체득했기 때문이다. 어쨌든 나를 백안시하던 동료들의 태도도 오래 가지는 않았다. 노동자에게 타인은 경쟁자가 아니라 동료이기 때문에 금세 가까워지는 것일까.

노동조합 때문인지 프랑스 노동자들은 정치의식도 상당한 수준이고 공산당원도 있었다. 반공국가에서 살아온 나는 그때까지도 공산당에 대한 막연한 호기심을 갖고 있었다. 언젠가 한 공산당원이 소련에 대한 극찬을 늘어놓았다. 그래서 슬쩍 물어보았다.

"그럼 자네는 소련 가서 살지 그러나?"

"그렇게는 안 하네."

"왜? 소련이 노동자의 천국이라며?"

"소련이 잘산다고는 해도 프랑스만 하겠어? 소련이 프랑스를 쫓아오려면 아직 멀었어. 나는 여기서 노동하고 사는 게 행복하네."

그는 공산당원이지만 현실을 냉철하게 보고 있었다. 프랑스 공산당원들은 대개 그랬다. 프랑스 공산주의자들은 오래전에 프롤레타리아 독재를 포기했다. 공산주의의 문제점을 인식한 것이다. 그러면서도 다른 유럽의 공산당들이 사회주의당으로 이름을 바꾼 후에도 여전히 공산당이라는 이름을 고수하고 있으니 재미있는 일이다. 프랑스에서 현재 공산당 지지율은 팔 퍼센트 안팎이다. 나는 공산당 이론을 믿지 않는 사람이지만, 전 세계에서 공산주의가 막을 내린 지금까지도 공산당이 팔 퍼센트대의 지지를 얻고 있는 프랑스 사회에 대해서는 박수를 보내지 않을 수 없다.

1980년대 한국에서 민주화운동을 하던 이들 가운데 극좌로 기운 사람이 많다고 들었다. 그건 그들 개인의 문제가 아니다. 반공이라는 닫힌 체제가 극좌를 만들어낸 것이다. 남한 정부는 반공이라는 이름하에 공산주의에 대한 모든 정보를 차단했다. 그건 공산주의의 오류에 대한 차단이기도 했다. 공산주의라는 말 자체가 금기인 사회, 공산주의라면 무엇 하나 제대로 볼 수 없는 사회가 극좌를 만들어낸 셈이다. 프랑스 공산당원이 소련을 냉정하게 바라볼 수 있었던 것은 그들이 유달리 현명하고 똑똑해서가 아니라 프랑스라는 열린사회 덕분이었다. 그래서 다양성이 좋다는 것이다.

나는 어떤 사상이든 백 퍼센트의 지지를 받는 사상은 좋아하지 않는다. 다른 것을 받아들이지 않는 아집 속에 이미 독재의 맹독이 스며있는 법이다. 반공산주의 이론으로 유명한 프랑스의 사상가 레이몽 아롱 교수는 죽을 때까지 마르크스의 《자본론》을 수십 번 되풀이 읽었다고 한다. 혹 자신이 틀렸을까봐, 그 만에 하나의 가능성 때문에 그는 《자본론》을 읽고 또 읽었던 것이다. 무릇 사람도 사상도 그러해야 한다. 내가, 내 생각이 틀릴 수도 있다는 가능성을 언제나 열어놓은 사람과 사상만이 정체되지 않는다.

나는 또 실업자가 되었다. 고된 작업이 끝나고 내 키만큼 쌓아올린 짐 더미 위에 앉아 고단한 몸을 쉬면서 담배라도 한 대 피워 물면 세상에 부러울 게 없었는데, 이번에는 내 성질이 아니라 육체노동에 순응할 줄 모르는 내 몸이 문제였다.

"야, 그럼 나랑 엽서장사나 하자."

전직이 치과의사였던 니콜라 프랑세스키니를 따라 '메고 나면 상두꾼, 들고 나면 초롱꾼' 식으로 이번에는 엽서장사를 시작했다. 시골 구석

구석을 돌아다니며 사람들의 이런저런 사연이 담긴 옛 엽서들을 사다가 파리 한복판 시장바닥에 펼쳐놓고 파는 장사였다. 니콜라가 구해온 엽서에는 별별 내용이 다 적혀 있었다. 애틋한 사랑의 편지, 가족을 두고 일차대전이며 이차대전의 전쟁터에 나간 가장의 절절한 사연…… . 니콜라는 그게 작은 역사라고 했다. 이제는 잊혀진 보통 사람들의 자잘한 사연들을 엽서 속에서 재체험하면서 그는 지나간 역사의 숨결을 생생하게 느끼는 모양이었다. 큰 돈벌이가 되는 것도 아닌데 그는 정말로 즐거워했다. 그러나 그와 달리 나는 통 재미를 느낄 수가 없었다.

"에이, 나는 재미없다."

석 달도 안 돼 엽서장사를 걷어치웠다. 그러던 차에 〈르몽드〉의 문화국장 뒤누와예(J.M. Dunoyer) 선생이 나를 불렀다. 뒤누와예 선생은 내 아내가 라퐁(R. Laffont) 출판사에서 그의 부인과 같이 일할 때 알게 된 사람인데, 1960년대부터 가족끼리 친하게 지내는 사이였다. 한쪽 다리를 절면서 일흔이 넘어서까지 현역 기자로 뛰는 그의 모습은 나를 감동시켰다. 전 세계가 알아주는 〈르몽드〉의 문화국장이면 그럭저럭 살 만도 할 텐데 뒤누와예 선생은 일흔이 넘은 나이에도 메트로를 타고 다녔다. 오로지 기자 봉급만 가지고 사는 까닭이었다. 가난을 꺼리지 않고 오히려 가난에 안주하는 그의 인품이 마음에 들었는데, 그도 나를 유난히 아꼈다.

"자네, 예전에 시집 낸 것 있다고 했지? 나 그거 한 권 줘봐."

"그건 뭐하시게요?"

1977년 9월에 《인간행(人間行)》이라는 시집을 서울의 어느 출판사에서 낸 적이 있었다. 시낭송회를 함께 하던 프랑스 시인 친구들과 그중 몇 편을 번역했는데, 언젠가 뒤누와예 선생에게 번역이 제대로 됐는지 봐달라고 부탁한 적이 있다. 뒤누와예 선생은 그걸 기억하고 계셨던 것이다.

"그냥 좀 줘봐. 그거 셍고르 대통령한테 보여주려고 그래."

시인 셍고르는 뒤누와예 선생과 막역한 친구인데 그때 세네갈공화국의 대통령이었다. 프랑스어권 삼십여 개국이 회원국인 문화기술협력기구(Agence de Coopération culturelle et technique)가 있는데 셍고르 대통령이 그 기구 창립자인 세 대통령 중 한 사람이라고 했다.

"내가 자네를 거기에 추천해볼까 하네. 창립멤버 중 한 사람이 추천을 하면 될 것 같아. 학력도 그 정도면 됐고. 셍고르가 시를 좋아하니까 아마 자네 시집이 도움이 될 거야. 한 권 줘봐."

일이 어떻게 되었는지 두 주일 후 프랑스 외무성의 한 국장이 나를 불렀다.

"셍고르 대통령을 잘 아십니까?"

나도 모르게 대답이 튀어나갔다.

"농."

아차 싶었다. 잘 안다고 해야 취직이 될 텐데. 나도 모르게 사실대로 말해버리고 만 것이다. 셍고르 대통령을 잘 아는 건 뒤누와예 선생이지 내가 아니니까. 결국 다 된 밥에 코를 빠트리고 말았다. 뒤누와예 선생이 추천해준 자리는 많은 사람들이 들어가고 싶어 하는 좋은 직장이었다. 자기 사람을 추천하려고 다들 야단인 판에 셍고르 대통령의 추천을 받은 사람이 정작 그를 모른다고 했으니 일이 될 리가 있겠는가. 내 말을 들은 딸애가 혀를 찼다.

"아이, 아빠는. 침묵만 했어도 되는 건데……."

그러나 기차는 이미 떠난 뒤였다. 별로 후회스럽지도 않았다. 그런 거짓말까지 해가면서 입에 풀칠하고 싶지는 않았다.

일 년쯤이나 지났을까. 뒤누와예 선생이 나를 어느 파티에 초대했다. 생고르 대통령이 개최하는 파티라고 했다. 프랑스 최상류층이 모인 자리인데 내가 누굴 알겠는가. 한구석에 외로운 나무마냥 가만히 서 있는데 뒤누와예 선생이 한 흑인 노인과 함께 다가왔다.

"레오폴(셍고르 대통령의 이름), 자네가 보고 싶어 하던 젊은 친구일세."

세네갈 대통령이 나를 보고 조용히 웃더니 악수를 청했다.

"당신이 그렇게도 거짓말을 못하는 사람이요? 한번 만나고 싶었소. 이제부터 우리 친구합시다."

높은 자리에 있다고 사람이 다 타락하는 건 아닌 모양이었다. 거짓말 못한 덕분에 취직은 물 건너갔지만 세네갈 대통령을 친구로 삼게 됐으니 그리 손해 본 장사는 아니었다. 세계적인 명성을 얻고 있는 시인 셍고르 대통령의 친구가 됐다고 그 후로 뭐 덕 본 일은 없지만 마음만은 한껏 기뻤다.

그날 파티에서 뒤누와예 선생과 한창 이야기를 나누고 있는데 한 동양인 남자가 다가왔다. 중국 출신의 유명한 화가인 자오우키[Zao Wou-ki, 趙無極] 씨였다.

"뒤누와예 선생, 반갑습니다. 안 그래도 내가 연락을 하려고 했는데.

선생 주려고 그림을 한 점 그려놨소. 가져다 집에 걸어놔요."

"우리 집에는 그런 거 걸어놓을 자리가 없습니다."

역시 향기로운 난초 같은 사람이었다. 강직한 성품 탓에 가난하긴 했지만, 그래도 프랑스 사람들은 그런 사람의 가치를 알아주었다. 프랑스 최고의 권위를 누리는 아카데미 프랑세즈의 회원들도 메트로를 타고 다니며, 젊은 후배 기자들 틈에 섞여 열심히 취재하는 뒤누와예 선생 앞에서는 반드시 걸음을 멈추고 정중하게 인사를 했다. 물질생활은 넉넉하지 않아도 뒤누와예 선생은 그 이상의 명예를 누리고 있는 것이었다. 한 페이지도 되지 않는 뒤누와예 선생의 기사와 평문은 돈거래 따위에 좌우되지 않았고, 그래서 더 권위가 있었다. 수십 년 동안 〈르몽드〉 문화부에서 내로라는 세계의 문인, 화가들과 교류하면서 그들의 작품 하나 받지 않은 청렴한 정신이 그 자신의 권위는 물론 〈르몽드〉와 프랑스의 권위를 높이 세우고 정신을 지켜나가는 것이다. 우리나라에는 그런 사람이 얼마나 될까?

어느덧 나도 사십 줄에 접어들고 있었다. 척추를 상한데다 나이도 있어서 막노동 자리를 구하기도 힘들었다. 굴욕적인 상황, 말하자면 만성적인 가난에 대한 임시방편으로 시시한 일자리라도 얻어야 하는 상황임을 나는 민감하게 자각하고 있었다. 그러나 실업상태는 제법 오래갔다. 어느 날 대부님이 나를 불렀다. 마흔이 넘도록 실업자 신세를 면하지 못하고 있는 내게 대부님은 한번도 싫은 내색을 하지 않았다.

"너 내일 내 친구한테 가보겠니?"

대부님의 친구 중에 국회 상원의원이자 잡지 발행인인 블랭(M. Blin)이라는 사람이 있었다. 그는 산업계통의 제법 잘 팔리는 잡지인 〈새 공장(L' Usine nouvelle)〉의 경영자였다.

"잡지에 대해서 제가 뭐 아는 게 있어야죠."

"그래도 가봐. 내가 말해 놓을 테니까."

혹시나 하고 다음날 블랭 사장을 찾아갔다. 친구라는데 대부님과 달리 그 사람은 말이 많았다. 한참을 이런 얘기 저런 얘기를 들려주더니 내게 두 가지를 물었다.

"경제기사를 빨리빨리 쓸 수 있나?"

그냥도 못 쓸 판인데 빨리빨리라니.

"농."

"그럼 경제에 대해서는 좀 아나?"

제 밥벌이도 못하는 사람이 무슨 경제를 알 것인가?

"농."

그걸로 끝이었다. 대부님께 경과를 말씀드렸다.

"경제를 아냐고 해서 농, 그랬지요."

"하긴 그렇지."

대부님은 기껏 소개를 해주었더니 농, 두 마디만 하고 돌아온 나를 보고 허허 웃으셨다. 다음에는 은행 간부인 친구를 소개해주셨다. 돈을 빌려서 사업을 한번 해보라는 것이었다.

"에이, 저 같은 사람에게 뭘 보고 돈을 빌려주겠어요?"

"그래도 혹시 모르잖아. 한번 가보기나 하렴."

대부님도 나만큼이나 경제에는 둔한 분이었다. 언젠가 대부님이 식사 후 커피를 들면서 내게 물으신 적이 있다.

"너는 경제 메커니즘이 어떻게 돌아가는지 아니?"

"그거 복잡한 모양입니다."

"글쎄, 그거 복잡한 모양이야. 미국도 은행에 빚을 졌대, 세계은행에. 이걸 어떻게 이해해야 되지?"

그렇게 순박한 분이었다. 아무리 막역한 친구의 부탁이라도, 아무 담보도 없는 나에게 은행이 무슨 돈을 빌려주겠는가. 대부님은 그저 내가 염려스러워서 이렇게 저렇게 마음을 써보신 것이었다.

대부님 곁에 있으면 몸과 마음이 모두 편했다. 긴 겨울이 끝나고 연녹색 풀밭에 큰 대자로 누워 따스한 봄볕을 쬐고 있는 기분이랄까. 대부님이 어떤 사람이냐고 묻는 친구들에게 나는 그저 세상에 드문 호인이라고 했다. 젊은 시절에는 나도 서구적 분석에 매료돼 있었지만 인간사에는 도무지 분석할 수 없는 일도 많으니까. 사랑하는 남녀에게 왜 사랑하느냐고 물으면 그냥, 이라는 대답이 가장 많지 않을까? 동양식으로 말하면 두 사람 사이에 인연이 닿았다고 할 수 있을지는 모르겠다. 부모님을 제쳐놓으면 대부님과의 인연은 내가 세상에서 맺은 인연 중 가장 아름다운 인연이다.

불행은 한꺼번에 몰려온다는 속담이 있다. 하나님은 착한 사람을 먼저 데려간다는 말도 있다. 1983년에 아버님이 돌아가셨고, 1984년에는 대부님마저 돌아가셨다. 어느 날 저녁 서울 누님이 전화를 걸어왔다.

"아버님이 돌아가셨다."

"돌아가시다니? 그게 무슨 소리야? 어디로 돌아가셨단 말이야?"

나는 그 뜻을 얼른 알아차리지 못하고 되물었다. 아버님의 돌연한 부음에 제정신이 아니었던 것이다. 누님이 딱하다는 듯이 몇 차례 되풀이한 후에야 나는 겨우 그 말뜻을 알아들었다.

그날따라 온종일 뿌연 하늘에서 진눈깨비가 내리고 있었다. 내가 사는 남의 땅에 설움 같은 진눈깨비가 내릴 때 아버님은 돌아가신 것이었다. 한참만에야 대성통곡이 오장육부에서 쏟아져 나왔다. 평생 불효자식이었기에 설움이 더 컸는지 모른다. 나는 아버님의 임종을 지키지도 못했고 장례식에조차 참석할 수 없었다. 아버님의 죽음 앞에서 감히 내 뜻의 옳고 그름을 논할 수 있겠는가. 나는 그저 못난 자식이었다. 언젠가는 아버님을 다시 뵐 수 있으리라는 희망도 이제는 사라졌다. 나는 내가 서 있는 땅의 하늘을 잃고 비틀거렸다. 독한 보드카로도 그 아픔은, 아버지의 가슴에 한을 남긴 못난 자식의 죄책감은 사라지지 않았다. 독주를 먹고 몸은 비틀거려도 정신은 더욱 맑아졌다. 암으로 투병 중이던 대부님만이 내 유일한 안식처였다.

"대부님, 세상 참 살기 힘드네요. 정말 힘들어요."

그때 대부님은 암 투병 중이었다. 머리가 빠지고 살이 빠져 뼈만 앙상한 대부님은 자신의 고통은 뒷전으로 한 채 내 어깨를 쓸어주셨다.

"그래도 살아있는 한 희망이 있는 법이다."

당신은 죽음을 앞두고서도 그렇게 나를 위로하셨다. 대부님만 한 연세가 되면 나도 그렇게 의연할 수 있을까. 돌아가신 대부님과 비슷한 나이가 되고서야 알겠다. 그런 따스함, 의연함은 세월이 저절로 주는 선물이 아니라는 것을.

병세가 악화되면서 대부님은 일체의 방문을 거절하셨다. 아내와 자식들도 자주 오지 못하게 하셨다. 병원까지 갔다가 번번이 헛걸음을 했다.

대부님은 아침 열 시에 운명하셨다. 그전날 밤 고통이 너무 심해 모르핀을 놔드렸더니 주무시기 직전에 의사인 장남에게 물으셨다고 한다.

"얘, 내가 언제 갈 것 같으냐?"

당신도 의사니 거짓말을 할 수 없었다.

"오늘밤을 넘기시기 어려울 것 같습니다."

"오늘밤이라고? 그럼 의사고 간호사고 모두 밤중에 깨워야 하는 것 아니냐? 가는 마당에 남들 고생시킬 수는 없지. 나는 내일 아침에 가련다."

말씀하신 대로 대부님은 다음날 아침 열 시, 간호사와 의사들이 모두 출근한 다음에야 생명의 숨결을 놓으셨다. 잘 알지도 못하는 사람들에게조차 조금이라도 불편을 끼치고 싶지 않은 배려였을까. 그 말씀을 듣고 나는 깨달았다. 다른 게 아니구나. 이것이 바로 거룩한 신앙이구나. 현대 심리학으로는 어떻게 설명할 방법이 없었다.

마지막으로 시신을 보고 싶다는 내 부탁에 대부님의 부인은 나를 지하 시체실로 안내했다. 항암치료 때문에 머리가 다 빠지고 살가죽만 남았지만 대부님의 시신은 살아계실 때처럼 온화했다. 나는 대부님의 시신에 입을 맞추었다. 입술에 닿는 이마가 서늘하도록 차가웠다. 오열이 북받쳤다. 아버님도 대부님도 없는 세상을 어떻게 살아갈까? 두 분은 어두운 밤의 가로등처럼 내 삶을 밝혀주셨는데.

대부님은 파리에서 백오십 킬로미터쯤 떨어진 노르망디에 있는 별장 근처의 공동묘지에 묻히셨다. 대부님의 뜻이라고 했다. 이름과 생년월일이 적힌 작은 묘비가 전부였다. 소박하다 못해 황량한 무덤. 가족들은 눈시울을 적실 뿐 소리 내어 울지도 않았다. 프랑스 관습이 그랬다. 그러나 한국 사람인 나는 아무리 억제해도 터져 나오는 통곡을 어쩔 수 없었다. 아버지를 잃은 슬픔까지 한꺼번에 쏟아져서 나는 묘지에 혼자 남아 오래오래 소리 내어 울었다. 대부님마저 가셨으니 이젠 정말이지 기댈 곳 하나 없는 신세였다. 한동안은 사는 게 사는 것 같지 않았다. 길을 걸어도 내 다리가 정말 땅에 닿는 건지 의심스러웠다. 어른을 잃는다는 것은 내 영혼의 한쪽을 잃는 것이었다.

카페에 앉아 무심히 길거리를 바라보고 있었다. 거리에는 무수한 사람들이 오고가고, 차도에는 차들이 끊임없이 흘러 다녔다. 문득 택시가 보였다. 택시…… 택시운전? 손님이 손짓하면 멈춰 서서 태우고, 차를 몰고 가서 내려주기만 하면 될 것 아닌가? 뭐라고 시비 걸 일도 없겠다, 나에게 딱 맞는 직업 같았다.

동포인 홍세화 씨를 찾아갔다. 나와 비슷한 처지에 있는 문리대 후배인데, 서로 먹고살기 바빠 자주 연락도 못하고 있었다. 그 무렵 홍세화 씨는 택시운전을 하고 있었다. 택시학교며 시험 등에 관해 큰 도움을 얻었다.

"그런데 택시운전 하면 한 달에 얼마나 벌어요?"

"사람마다 다르죠. 저는 만 이천 프랑 정도 벌어요."

"그만하면 괜찮군. 일하기는 어때요? 할 만해요?"

"힘이야 들죠. 처음에는 더 힘들었는데 정식 면허증 받고 나서는 견딜 만해요. 처음 육 개월은 굉장히 힘드실 거예요."

그 얼마 뒤 나는 택시학교에 등록을 했다. 쉽지 않다는 택시면허 시험에도 운 좋게 합격했다. 시험을 치르려면 파리 시내 지도를 거의 외우다시피 해야 했다. 오십이 넘은 나이에 그걸 다 외우는 일이 쉽지 않았다. 에라 모르겠다, 하고 시험을 치러 갔는데 다행히 시험관이 내가 아는 코스만 묻는 것이었다. 육 개월짜리 임시면허증을 받았다. 육 개월 동안 사고가 없으면 정식 면허증을 받을 수 있었다. 택시회사에서 차를 임대해 운전을 시작했다.

가다 서다 하기만 하면 될 것 같던 운전은 막상 해보니 예삿일이 아니었다. 하루 종일 브레이크를 밟았다 놨다 하니 밤이 되면 다리가 저려서 잠이 오질 않았다. 조금 하면 즐거운 운전도 하루 열한 시간씩 하는 건 힘겨운 노동이었다. 벌이도 시원치 않았다. 홍세화 씨는 한 달에 만 이천 프랑을 번다는데 나는 그 절반도 벌기 어려웠다. 게으름을 피운 것도 아니다. 이상해서 프랑스인 동료들에게 물어봤다. 칠팔천 프랑 이상 버는 사람이 없었다. 홍세화 씨가 얼마나 이를 악물었는지 보지 않아도 알 만했다.

수익은 둘째 치고 매일 사납금 채우기도 바빴다. 기름값이다 뭐다 해서 하루에 팔백 프랑은 회사에 입금해야 하는데, 운전대만 손에 잡으면 오늘은 또 팔백 프랑을 어떻게 채우나 골머리가 지끈거렸다. 수중에 들어온 돈이 사백 프랑은 넘어야 비로소 안심이 됐다. 빚을 진 것도 아닌데 이건 매일 무슨 일수를 찍는 기분이었다. 마음이 이렇게 불안하니 일이 즐거울 리가 없었다.

프랑스 사회에도 직업에 귀천이 있다는 걸 깨닫게 된 것은 택시운전을 할 때였다. 여러 가지 막노동을 해봤지만 몸으로 그 불평등을 느낀 건 처음이었다. 화물을 나를 때는 외부인을 만날 기회가 별로 없어서 그랬는지 아니면 화물노조의 힘이 막강해서 그랬는지, 누구에게 무시당해본 기억이 없었다. 그런데 택시운전사는 달랐다.

한 달쯤 하면 몸에 배일 줄 알았는데 오히려 피로만 쌓였다. 오후 다섯 시에 나가 새벽 네 시까지 꼬박 열한 시간을 일하는 게 쉰이 넘은 나이에는 아무래도 무리인 모양이었다. 실수가 잦아졌다.

한번은 파리 교외로 가는 손님을 태웠다. 교외는 시내와 요금이 다르기 때문에 요금표시를 바꿔야 하는데 그만 잊어버렸다. 시내요금으로 교외까지 그냥 달린 것이다. 손님이 씩 웃으면서 물었다.

"피곤하신가보죠?"

"네, 좀 피곤합니다."

"이거 회사에 갖다 주지 말고 당신이 가지세요."

손님은 요금 외에 이백 프랑을 더 주었다. 좋은 사람이었다.

더 큰 실수를 한 적도 있다. 새벽 두 시쯤 됐을까. 눈까지 침침한 게 제정신이 아니었다. 요금이 육십 프랑 나왔는데 손님이 백 프랑짜리 지폐를 내기에 사십 프랑을 거슬러 주었다.

"저기, 지금 피곤하시죠?"

돈을 거슬러 받은 청년이 내리지 않고 뒤에서 말을 걸었다. 돌아보았더니 그는 빙그레 웃으며 사백 프랑을 건넸다.

"지금 저에게 사백 프랑을 거슬러 주셨어요. 그만 일하고 들어가셔야겠어요. 이러다 하루 종일 고생해서 번 돈 다 날리시겠네요."

세상에는 좋은 사람만 있는 게 아니어서 청년 말대로 거스름돈을 잘못 주는 바람에 하루치를 몽땅 날린 적도 있다. 그러니 어떻게 한 달에 만 이천 프랑을 벌겠는가. 육천 프랑도 기적이지.

택시운전을 시작한 지 백 일쯤 되니 이가 흔들리기 시작했다. 아래윗니가 몽땅 흔들렸다. 피곤해서 살짝 흔들리는 정도가 아니었다. 잇몸이 시큰거려 음식을 먹을 수가 없었다. 딸애의 성화에 치과를 찾았다.

"직업이 뭡니까?"

"택시운전 합니다."

"원래 택시꾼이요?"

"아니요. 시작한 지 얼마 안 됐습니다."

"그럼 그만둬요. 택시를 그만두거나 아니면 이를 죄 뽑거나 알아서 하시오."

정확히 백칠 일 만에 운전을 그만뒀다. 치과의사의 말은 협박이 아니었다. 운전을 그만뒀는데도 이는 낫지 않았다. 윗니 두 개만 남기고 이를 모두 뽑아야 했다. 이를 해 넣는데 운전해서 번 한 달치 월급이 고스란히 다 들어갔다. 결국 택시운전수를 했다가 이만 다 날린 셈이었다. 나이 쉰에 이가 다 빠진 나를 보고 아내는 혀를 차면서 물었다.

"그렇게 고생을 하고도 좀 쉽게 살 걸 그랬다고 후회 안 돼요?"

그런데 오히려 그 고생을 하면서 나는 배운 게 많다. 프랑스 사회의 밑바닥도 보았고, 대학에서는 배울 수 없었던 사람들의 심리도 배웠다. 그리고 오기도 생겼다. 이 지경까지 됐는데 이제 와서 항복할 수는 없지 않은가? 소명절차만 밟으면 된다는 국정원의 유혹에 내가 넘어가지 않을 수 있었던 것도, 어머니에 대한 간절한 그리움을 견뎌낼 수 있었던 것도 택시 운전을 하는 동안 겪은 고생 덕분인지 모른다. 그건 고생이라기보다 단련의 과정이었다.

글쎄, 후회가 전혀 없다면 거짓이겠지만 내 인생의 커다란 결단에 대해서는 아직 후회한 적이 없다. 문부성 같이 좋은 직장을 그만두고 나온 것도 후회하지 않는다. 인생의 마지막 단계는 평가다. 같은 경험을 하고도 그 경험을 스스로 어떻게 평가하느냐에 따라 사람의 처신이 달라지는 것이다.

돌이켜보면 고난뿐인 인생이었지만 나는 그렇게 할 수밖에 없었고 그런 과정을 통해 성장했다. 눈에 띄는 성장이 아니어서 나를 비웃는 사람도 있을지 모르지만, 책을 몇 권 썼다거나 통장에 돈이 얼마쯤 있어야 한다거나 무슨 거창한 타이틀이 있어야만 성장이라고 믿는 사람이라면 내가 먼저 웃어줄 것이다. 나는 단 한순간도 부끄럽게 살고 싶지 않았다. 무릇 인간이란 오장에서 억지로 짜낸 지혜로 부귀공명의 사다리를 기어오르기보다는 천성 그대로 살면 되는 것이다. "하루에 천리를 달리는 준마도 쥐를 잡는 데는 너구리나 살쾡이만 못하다(《장자》, 추수(秋水))"고 하지 않는가.

프랑스 시민이 되어 몽양을 생각하며

폭풍우 속에서도 쌀알은 익는다. 가뭄도 긴 장마도 꿋꿋이 버텨내는 농부의 인내를 내게 가르친 분은 몽양 여운형 선생이다.
대인(大人)은 죽어서도 사람을 가르친다.

"도대체 어디까지 가려고 이러는 거야?"

　가까운 친구들 앞에서 박정희 유신체제를 규탄하는 게 그즈음 내 술버릇이었다. 조국에서 들려오는 소식은 나날이 흉흉하다 못해 피비린내가 짙어지고 있었다. 때로는 자유로운 파리의 분위기가 나를 더 못 견디게 했다. 지구의 한편에서는 이렇게 자유롭게 살아가는 사람들도 있는데…….

　내가 앙드레(내 연상의 한국인 친구 K의 가톨릭 영세명)와 마주 앉은 카페 곳곳에서도 퐁피두 정부를 비판하는 목소리가 심심찮게 들려왔다. 오른쪽에는 어느 노조 소속 간부들인지 비판 강도가 여간이 아니었다. 그들을 잡아가려는 경찰 같은 것은 물론 없었고, 어느 누구도 옆자리의 그 말에 신경 쓰지 않았다. 그런데 서울에서는 술좌석에서 몇 마디 한 것도 괘씸죄가 된다는 소식이었다.

얼마 전 파리에 다녀갔던 한 친구가 한탄조로 전해준 이야기가 떠올랐다. 나도 잘 아는 친구가 어느 날 술을 먹다가 무심코, 대통령께서 정치를 조금만 잘해주셨으면 좋겠는데 말이야, 라고 한마디를 한 모양이었다.

그 말을 전해준 친구에게 나는 물었다.

"술자리에서도 대통령에게 존칭을 붙이냐? 옛말에 없는 자리에서는 임금님 흉도 본다고 했는데……."

"짜식, 좋은 나라에 사니까 세상 무서운 줄 모르는구나. 얘기나 더 들어봐."

대통령께서 정치를 조금만 더 잘해주셨으면 좋겠다고 말한 친구는 그걸로 입을 다물었다. 더 이상 말한 것도 없다. 술집을 나서는데 까만 중형차가 서 있었다. 그리고 체격 좋은 두 사내가 차 앞에 버티고 있었다. 그중 한 사내가 친구의 목덜미 어딘가를 툭 건드렸다. 친구는 의식을 잃었다. 누군가 발로 툭툭 걷어차는 바람에 친구는 정신을 차렸다.

"이 새끼는 왜 여기 자빠져 있어?"

정신을 차려보니 남산이었다. 온몸은 피투성이였다.

"서울이 요즘 그렇다고. 대통령께서, 라고 존칭을 했으니 그나마 목숨이라도 건지지 않았겠어?"

친구는 씁쓸하게 술잔만 들이켰다. 서울에서 오는 사람들마다 들려주는 소식은 그런 것들이었다. 서울만 그렇게 황량한 것은 아니었다. 파리도 마음속 이야기를 모두 털어놓을 분위기가 아니었다.

"너, 그러지 말고 프랑스 시민증이나 따둬라."

내 말을 묵묵히 듣고 있던 앙드레가 불쑥 이런 말을 했다. 나로서는 한번도 생각해 본 적이 없는 일이었다.

"한국 사람한테 왜 프랑스 시민증을 따라고 그러냐?"

"가만있는 사람도 마구잡이로 끌고 가는 판인데 걸핏하면 한국정부 욕이나 해대는 너를 가만 두겠냐? 일종의 부적이라고 생각해. 나도 얼마 전에 신청했어."

앙드레의 말은 충격이었다. 앙드레는 서울대 공대 출신으로 프랑스 회사에 취직을 해서 파리에 와 있었다. 그는 정치라는 것 자체에 관심이 없었고, 한국의 상황에 대해서도 늘 냉정한 거리를 유지하고 있었다. 그런 사람이 이미 프랑스 시민증을 신청했다는 것이었다.

"복잡하게 생각할 것 없어. 그냥 도민증에서 서울시민증쯤으로 바꾼다고 생각하면 되는 거야."

역시 공과계통 사람들은 인문계하고는 사고 구조가 다른 모양이었다.

"아무튼 잘 생각해봐. 내 생각엔 나보다도 너한테 프랑스 시민증이 더 필요한 것 같으니까. 아니면 말이라도 조심하든가."

나는 이미 1967년 동백림 간첩사건 이후 파리에 나와 있는 한국 정보부의 눈총을 받고 있었다. 동백림 간첩사건 직후 대사관에 쫓아가 항의를 했던 것 때문이었다. 간첩활동을 했다는 이유로 유럽에서 백여 명을 잡아들인 동백림 간첩사건의 여파는 상상 이상이었다. 아무도 사건의 전모를 알지 못했다. 그래서 공포가 더 컸다. 어찌된 영문인지 알지도 못하는 새에 주변에서 함께 공부하던 사람들이 무더기로 잡혀 들어갔다. 그 중에 진짜 간첩이 있었는지는 지금도 알 수 없다. 다만 확실한 것은 간첩도 친북한 세력도 아닌 사람들이 다수 포함됐다는 것이다.

끌려간 사람 중에는 내가 아는 사람도 더러 있었다. 그들은 절대로 간첩일 수가 없는 사람들이다. 고암 이응노 선생 부부나 S(서울 시내 모 대학 총장을 지낸 분)도 그런 이들이다. S는 붉은 이데올로기와는 전혀 무관한, 수재들만 다닌다는 파리 정치대학 학생이었다. 그는 간첩도 좌익도 아니었다. 그에게 꼭 무슨 주의자라는 이름을 붙여야 한다면 아마 자유주의자 정도가 적당하지 않을까.

동백림 간첩사건 소식을 듣자마자 나는 대사관으로 쫓아갔다.

"어떻게 이럴 수가 있습니까? 고암 선생 내외나 S, H가 간첩이 아닌 것은 대사관에서 더 잘 알지 않습니까? 그런 분들을 잡혀가게 그냥 둔다는 게 말이나 됩니까? 자국 국민을 보호하는 게 대사관의 임무 아닙니까?"

누군가 다급한 얼굴로 내 소매를 잡아끌었다. 이기택 공보관이었다.

"이봐, 이 형. 나랑 커피나 한잔 해, 응? 빨리 좀 나와 봐."

엉겁결에 그에게 끌려 근처 카페로 갔다.

"이 형, 정신이 있는 거야 없는 거야. 어느 때라고 대사관에서 와서 항의를 하는 거야? 지금 그런 말 할 때가 아니라는 거 잘 알잖아. 엊그제도 사람들이 잡혀갔다고. 제발 좀 그러지 마!"

동백림 간첩사건이 터진 후 대사관으로 향하는 발길이 뚝 끊긴 상태였다.

"내가 뭘 잘못했다고 잡혀가? 내가 간첩이야? 당신, 나 몰라?"

"이 형, 왜 그래? 잡혀간 사람들이 어디 간첩이라 잡혀간 건가? 알면서 왜 사람 놀라게 해?"

유학생들은 동백림 간첩사건 이후 거의 노이로제에 걸리다시피 했다. 키 크고 덩치 좋은 동양인만 나타나면 정보부 사람이 아닌가, 지레 놀라서 입들을 다물었다. 그런 상황이었으니 대사관에 쫓아가서 큰소리 치는 내가 이상하기도 했을 것이다. 한 선배는 내 이야기를 듣더니 묘한 표정을 지었다.

"당신, 시아이에이(CIA) 아니야? 미국 앞잡이 아니냐고?"

어이가 없었다. 논문을 준비하느라 다니던 파리 2구 리스리웨 가(街) 국립도서관에서 매일 얼굴을 보던 사람이었다. 그런 사람이 날더러 미국 앞잡이가 아니냐고 묻고 있는 것이었다.

"그게 무슨 소리요?"

"시아이에이 요원이 아니면 어떻게 대사관에 가서 항의를 해?"

"그걸 말이라고 하는 거요? 그래도 명색이 사내자식인데 뭐가 무서워서 친구를 위해 그런 말도 못 한단 말이요?"

그래도 선배는 내 말을 믿지 않았다.

"당신, 우리 집에 올 때 밤에 전화도 없이 찾아왔잖아? 그거 나 수사하러 온 거 아니었어?"

나보다 열 살가량 위였지만, 나도 모르게 반말이 튀어나왔다.

"당신 집에 전화 있어 없어?"

먹고 살기도 힘든 학생인지라 그도 나도 전화가 없었다.

"그런데 어떻게 전화를 하고 가? 그리고 당신은 밤중에 우리 집에 온 적 없어? 그럼 당신도 시아이에이야?"

그제야 선배는 사과를 했다. 그런 시절이었다. 잡혀갔던 화가 이응노 선생은 삼 년 만에 풀려났다. 북한을 방문한 적이 있다는 이유로 간첩으로 몰린 이 선생은 법정에서 순순히 평양행을 자백했다고 한다.

"그래요. 나 평양 갔다 왔어요. 아들놈이 보고 싶어 다녀왔소. 이 늙은이가 죽기 전에 아들놈 한번 보고 싶어서……."

노화백의 그 말에 재판정이 숙연해졌다던가. 그러나 끝내 그는 간첩으로 몰리고 말았다. 프랑스 정부가 개입해 삼 년 만에 파리에 돌아온 고암 선생은 다시는 서울로 돌아가지 않았다. 쉰이 넘어 파리에 왔던 고암 선생은 마음속으로 늘 조국을 그리워하면서도 다시는 갈 생각을 하지 않았다. 아들 있는 평양에 다녀왔다는 이유로 늙은 화가를 간첩으로 몬 조국이었다.

내가 대사관에 쫓아가서 변호의 말이나마 한마디 해주고 싶었던, 정치대학 다니던 또 다른 친구 H는 무슨 일을 당했는지 정보부에 끌려갔다 온 뒤 정신이 나갔다.

"나는 빨갱이가 아니야……. 나는 빨갱이가 아니야……."

미쳐버린 그가 할 수 있는 유일한 말이었다. 대체 무슨 일을 당했기에 미쳐서까지 자기는 공산주의자가 아니라고 변명하고 싶었던 것일까. 파리 정신병원에 수용되어 있던 H를 주불 한국대사관이 서둘러 서울로 데려갔다. 서울에서도 여전히 공산주의자가 아니라는 헛소리만 하고 다닌다는 풍문을 끝으로, 그 친구는 사람들의 기억 속에서 사라졌다. 오로지 학업에 충실하던 한 청년의 꿈을 송두리째 앗아간 것은, 그가 정치문화가 일천한 나라의 국민이라는 것 외에 아무런 이유가 없었다.

일종의 부적으로 프랑스 시민권을 따서 갖고 있으라는 앙드레의 말을 나는 깊이 생각했다. 그리고 프랑스 시민권을 신청했다. 그때 나는 칼 야스퍼스를 생각했다. 그는 나치즘을 신봉하는 독일 국민에게 절망하여 스위스로 국적을 바꾸었다. 그러나 그는 그 전에도 그 후에도 독일인이었다. 그리고 독일 국민에 대한 그의 절망은 오히려 독일을 지키는 마지막 양심이 됐다. 황색 피부에 납작한 얼굴로 태어난 나 역시 프랑스 시민권을 갖고 있다 해도 어쩔 수 없는 한국 사람일 터였다.

1975년 프랑스 시민권이 나왔다. 앙드레의 말은 옳았다. 그 시민권이 없었다면, 나는 1979년 한영길 사건 때 영락없이 정보부에 끌려가는 몸이 되었을 것이다. 거리를 헤매다 죽었다는 영길이의 삶이 곧 내 것일 수도 있었던 것이다. 비록 조국에 다시 돌아갈 수 없는 몸이 됐지만 그래도 목숨 붙이고 살아서 돌아갈 날을 기다릴 수 있었던 것은 앙드레의 말을 듣고 얻어놓은 프랑스 시민권 덕택이다. 남의 나라 시민권으로 구차한 목숨을 건지고 나는 씁쓸했다. 그러나 절망하지는 않았다.

폭풍우 속에서도 쌀알은 익는다. 가뭄도 긴 장마도 꿋꿋이 버텨내는 농부의 인내를 내게 가르친 분은 몽양 여운형 선생이다. 대인(大人)은 죽어서도 사람을 가르친다. 1965년 무렵이던가. 나는 그날도 프랑스 국립도서관에서 묵은 장서를 뒤적이고 있었다. 한국을 주제로 프랑스에서 논문을 쓴다는 것은 생각보다 만만치 않은 작업이었다. 우선 자료가 부족했다. 대개는 미국 자료거나 프랑스 자료였다. 그날 우연히 한국정세에 관련된 책을 발견했다. 첫 장을 넘기는 순간 눈이 번쩍 뜨였다. 심봉사가 눈을 뜨는 순간의 감격이 그만하지 않았을까. 첫 장에는 다음과 같이 적혀 있었다.

"우리가 조선의 주인이다. 그러므로 정부가 필요해서 조선인민공화국을 만들었다."

남한의 이승만 박사는 미군정을 유일한 합법정부로 인정하고, 북한의 김일성 장군은 스탈린 대원수의 초상화를 받들고 다니던 시절이었다. 그런데 그때 누군가는 미국도 소련도 아닌 우리 조선인민이 조선의 주인이라고 통쾌하게 선언한 것이었다. 그는 바로 몽양 여운형 선생이었다. 그 책 앞머리에는 여운형 선생의 희미한 사진이 한 장 박혀 있었다. 나중에 사진작가인 프랑스 친구가 그 사진을 큼직하게 확대해주었다. 그날 이후, 1947년경 태극기가 휘날리는 서울운동장에 결집한 조선민중을 배경으로 꽉 다문 입술, 당당한 시선, 대륙적 정열로 서 있는 여운형 선생은 내 서재에 자리 잡았고 내 정신의 스승이 됐다.

1945년 광복 직후부터 그해 말까지 남한에서 활동한 정치세력은 미군정, 송진우·이승만·김구의 민족우파세력, 민족좌파와 공산주의자의 인공세력, 잔존 친일세력이었다. 당시 가장 긴급한 과제는 민족통일문제, 즉 단일한 독립국가의 수립이었다. 소련과 미국이 각각 좌우익의 후견인으로 국가행정권을 장악한 상황에서 좌우익 세력 중 어느 한쪽이 상대 진영을 배제하고 일방적으로 독립국가를 세울 수 있을까? 그것은 아마도 현실적으로 어려웠을 것이다. 그렇다면 프랑스처럼 좌우익이 참가하는 거국내각을 추진하는 게 옳지 않았을까?

이와 같은 정세를 누구보다도 정확하게 파악한 여운형은 말했다.

"불원 수립될 신정부는 조선제(메이드 인 코리아)가 되어야지 외국제가 되어서는 안 되겠다. 우리는 어디까지나 조선인이니까 언제든지 조선의 주인이요 조선정치의 주체다."

"독립을 완성하는 데 땅의 남북과 사상의 좌우를 가릴 필요가 어디 있느냐?"

"조선국민에게 동족상잔은 언제나 죄악이다."

몽양은 미국과 소련 두 강대국 앞에서도 의연했다. 그 용기는 지금 생각해도 장쾌하다. 그것은 누가 함부로 흉내 낼 수 있는 그런 것이 아니었다. 그 당시 몽양의 심경은 '조선'과 '조선의 인민'을 배경으로 그만큼 높은 곳에 있었던 것이다.

여운형은 이승만 세력이나 한민당, 미군정, 공산당 모두에게 눈엣가시였지만 민중만큼은 전적으로 그의 편이었다. 오랜 식민통치가 종식된 팔일오 직후의 해방공간에 홀연히 독립의 기상이 '조직적'으로 나타났다. 그것은 곧 여운형 현상이었다. 여운형 현상이란 구체적으로 무엇인가? 그것은 역사 이래 처음으로 민중과 지도자가 한 덩어리가 되어 과거의 폐단인 외세의존을 걷어치우고 우리 자신의 '분투와 노력'으로 한반도에 단일한 독립국가를 세워 민족중흥의 기틀을 마련하자는 한민족의 의지와 염원을 표현하는 획기적 현상이었다. 그러면 이와 같은 순수한 동기와 원대한 계획을 지닌 여운형은 어떠한 인물이었을까?

여운형 자신이 중국의 손문에 심취하고, 안창호를 존경하고, 인도의 간디를 사숙하고, 네루에게 친근감을 느끼고, 가까운 친구로 김규식을 꼽았다는 사실로 그의 인간됨이 대강 드러나거니와, 일제 때부터 그를 지켜본 사람들의 증언은 여운형의 인품을 살피는 데 적잖은 도움을 준다. 김오성에 의하면 몽양은 "선량한 자유인으로 무욕주의적 청렴을 지니고 … 누구에게나 친근감을 주고 신선한 느낌을 주는 다정다감한 사람"이었고, 김남천에 의하면 "아무도 차별하지 않고 자기가 가지고 있는 모든 것을 털어 보이는 기탄없는 사람으로, 어디에 내세워도 당당하고 꿀리지 않고, 배후에 수만 군대를 거느리고 있는 듯한 위엄과 무게를 주는 풍모를 지닌 사람"이었다. 그리고 이동화에 의하면 몽양은 사랑, 성실성, 용기, 관용 등의 인간적 덕성을 지녔으면서도 소박함과 겸허함을 잃지 않고 항상 새로운 것, 참된 것, 올바른 것에 마음의 문을 열고 있었다니, 그 얼마나 진지한 휴머니스트였겠는가.

지극한 휴머니스트였기에 차마 화해할 수 없는 원수들까지도 미워할 수 없었던 것일까. 아무튼 그가 인생이란 것을 편협하게 해석하지는 않았다고 하니, 온화하면서도 폭 넓은 인간 여운형은 사람들의 존경과 사랑을 받기에 결코 부족하지 않았을 것이다.

"광복 직후 국내외 독립투사 사이에, 좌우익 사이에, 청년과 기성세대 사이에, 노동자 농민과 자본가 명사 사이에, 무식대중과 지식계급 사이에, 미소 양국 사이에 나서서 그 지면(知面)으로나 교제로나 사상으로나 역량으로나 몽양을 능가할 이가 없다는 것은 당파를 초월한 중간인들이 하는 말"이라고 한 이만규의 지적은 사심 없는 증언일 것이다. 일본인 오카와 슈메이[大川周明]도 "나는 이 인물을 알게 되면서 조선민족을 다시 보게 되었다"고 공언했고, 미국인 번스(J.F. Byrnes)는 "여운형은 동양의 위인이다. 인도의 간디와 비견할 만한 인물"이라고 말했다.

몽양 여운형은 어떤 고정된 틀이나 상투적인 도식에 묶어둘 수 없는, 민족의 슬기로운 자립에 필요한 차원 높은 정치적 도덕적 비전을 아울러 갖춘 희귀한 지성(至誠)의 정치지도자였다. 몽양의 우뚝한 이마, 날카로운 눈빛, 영혼의 순수함, 탁 트인 생각, 현대사상에 대한 폭넓은 섭렵, 국제정세에 대한 정확한 이해, 적절한 사회분석, 책임을 지는 정신, 항시 유연한 자세, 이 모든 것을 나는 좋아한다.

지도자든 국민이든 중요한 것은 '사회적 성숙(Social Maturity)'이다. 사회심리학자들에 의하면 그것은 공정하고, 남과 건전하게 협력하고, 남의 권리와 행위에 대해 충분히 배려하고, 중요한 문제는 원대하게 생각하고, 현명하게 사리를 판단하고, 자기에 대해 객관적 태도를 취하고, 자기를 중심으로 삼지 않고, 공동체의 이익을 고려해 상황을 판단케 한다.

예컨대 드골 장군의 경우는 정치를 운영하면서 성숙한 자세를 보여주었다. 이차대전 종전 직후 프랑스 공산당이 프랑스 시민의 삼십 퍼센트에 육박하는 지지를 받을 때 그는 '공정하게' 공산당의 권리를 인정하고 프랑스라는 운명공동체의 이익을 고려해 자기의 초대 내각에 공산당

지도자들을 과감하게 등용했다.

민주적 집단과 전제적 집단을 대상으로 실험사회심리학적 연구를 한 사회심리학자 레빈(Kurt Lewin)은 "성숙이 제일"이라고 갈파했다. 그는 특히 정치 분야에서 지도자와 국민의 사회적 성숙이 얼마나 중요한가를 꿰뚫어보았다. 어린 아이들은 유치원에 들어가면서 다른 아이들의 존재를 인정하고 함께 놀고 함께 공부하고 함께 지내는, 즉 '함께 사는 방법'을 배운다. 극우와 극좌가 단독으로 정부를 수립하겠다는 발상은 정치의 유치원 수준에도 못 미치는 것이었다.

많은 자료가 밝혀주듯 여운형은 가장 다양한 원천에서 민족의 활로를 개척하여 모든 사람이 민주주의 원칙(사상의 자유, 보통선거, 의회주의 등)에 따라 다같이 살 수 있는 '큰 집'을 짓고 싶었던 것이다. 그는 어떤 사상도 민족이익에 우선해서는 안 된다는 점과 '절제, 관용, 타협'을 통해 각계각층의 정당한 이익을 조정해야 한다는 점을 누누이 역설했다.

아무튼 민족이라는 운명공동체의 불가분적 단일성을 유지하기 위해 그는 모든 정치세력의 상이한 관점, 상이한 정서를 십분 고려하고 민족 전체의 박진감 있는 통일성을 끝까지 추구했다. 그는 민주주의를 체득하고 몸소 실천한 민주주의자였고, 그 누구보다도 민족이익을 최우선시한 민족주의자였다. 여운형과 김규식의 민족적, 민주적 세력이 붕괴된 공간에서 한반도에 공산, 반공산 간의 적대체제가 수립되고, 이와 같은 좌우 남북의 극한대립은 마침내 육이오라는 어처구니없는 민족상잔을 야기했다. 남북분단이라는 우리 민족의 불운은 여운형의 죽음, 김규식의 정치적 몰락과 함께 찾아온 것이다.

여운형 선생에게 반해서 그와 관련된 자료를 뒤적이면서도 나는 처음엔 내가 왜 그를 좋아하는지 알지 못했다. 그냥 무턱대고 좋았다. 그가 쓰는 조선이라는 말부터 좋았다. 그는 남한이니 북한이니 하면서 우리 민족을 두 쪽으로 가르지 않았다. 그에게는 남한도 북한도 그저 조선이었다. 나는 그에 관련된 자료를 하나둘 공부하면서 독립운동을 배우고 한국 현대사를 배웠다.

우선 그가 어떤 사람들과 가까이 지냈는지부터 알아보았다. 옆 사람을 아는 것이 그 사람을 아는 가장 좋은 방법일 수도 있으니까. 그의 교우관계는 뜻밖에 층하가 없이 다양했다. 노동자, 농민에서 민족자본가까지, 중국과 소련 사람에서 미국 사람까지, 보수주의자와 자유주의자에서 공산주의자에 이르기까지 그야말로 계층이나 사상의 구분이 없었다. 그가 쓰는 언어 역시 거침이 없었다. 그는 식자의 말이 아닌 민중의 말을 썼다. 모략을 꾸미는 정적에게는 "뒤통수를 까지 말라"고 서늘한 칼날 같은 말을 곧바로 들이대는 사람이었다.

여운형 선생을 알기 전까지만 해도 나는 반쪽짜리 남한에서 교육받은 반쪽짜리 식견을 갖고 있었다. 공산주의라면 쉬쉬하던 곳에서 자라 그런지 프랑스 자유주의의 세례를 받고도 공산주의자라면 쉽게 호감이 가지 않았던 것이다. 우익은 좋고 좌익은 나쁘다는 흑백논리는 단순한 만큼 강렬해서 쉽게 사라지지 않았다. 몽양을 알고 나서야 좌익이 온전한 사람들로 보이기 시작했다.

몽양은 민족주의자이며 사회주의자였지만 과학적 사회주의의 길에서 방황하는 풋내기 마르크스주의자는 아니었다. 그는 일찍이 기독교 신자로서 성서를 읽고, 서구 자유주의의 세례를 받고, 마르크스를 이해하고, 그 모든 것을 뛰어넘어 조국의 비극적 분열을 막기 위해 최대의 능력과 지성을 아낌없이 바친 원숙한 정치사상가였다.

'인간'을 유일한 자산으로 투철하게 믿었던 그는 부모님이 돌아가시기 전까지는 집의 하인이나 전답에 손을 대지 않았다. 부모님이 다 세상을 떠난 후에야 그는 사회주의자답게 노비문서를 불사르고 "이제 당신들은 자유인"이라고 선언했다. 많은 좌익 인사들은 할아버지도 아버지도 무시하고 사회주의를 실천하느라 집안과 분쟁을 일으켰다. 그러나 몽양은 전통은 전통대로 고수하면서 개혁 또한 버리지 않았다.

나는 몽양의 방식이야말로 삶의 어려움과 복잡함을 아는 고단수의 개혁이며 조선 사람다운 방식이라고 생각한다. 그는 사회주의자이면서도 미국으로 유학 가겠다는 사람이 있으면 서슴없이 여권을 받을 수 있도록 주선해주었다. 물론 모스크바나 중국으로 가겠다는 사람이 찾아와도 아, 거기 가서도 배워야지, 하고 기꺼이 도와주었다.

그는 민족주의자로서 당대의 사회주의에 희망을 걸었다. 경제 때문이었다. 당시에는 전 조선 민중이 황달이 든 것처럼 누르스름한 얼굴로 빈궁의 굴레 속에서 처참하게 허덕일 때였다. 바로 그 때문에 그는 당시로서는 마르크스주의가 유일하게 제시한 경제문제의 새로운 해결책에 공감했을 것이다. 그러나 마르크스주의가 유물론으로 모든 것을 해결하고자 하는 것에는 반대한다고 덧붙이는 것을 그는 잊지 않았다.

몽양은 1945년 남북에 각각 진주한 미소 점령군에게 우리 민족이 할 말은 단 세 마디라고 갈파했다. 첫째는 반갑습니다(How do you do), 불청객이긴 하지만 어쨌든 손님이니까. 다음으로는 고맙습니다(Thank you), 한국의 해방에 얼마간 도움을 주었으므로. 마지막으로는 잘 가시오(Good bye) 하면 된다는 것이었다.

이러한 몽양의 민족주체 정신은 그를 좌우합작이라는 큰 사명으로 이끌었다. 그는 한민당 이승만의 극우보수세력과 공산당의 극좌세력에 대해 사상의 통일이 아닌 '행동의 통일(즉 미소라는 외세 앞에서의 민족적 단결)'을 호소했다. 좌우합작과 단일 민족국가 건설은 외세 앞에서 어처구니없는 민족분열을 방지할 수 있는 유일한 해결책이었으며, 일반 민중의 간절한 소망이었다. 건준 세력은 1945년 광복 전후에 걸쳐 한국 민족의 유일한 정규군이 아니었을까. 작가 박태순은 건준 시기를 사일구와 더불어 "가장 순도 높은 시간의 덩어리"였다고 갈파한 바 있다. 몽양은 그 정규군의 선두에서 정정당당하게 싸우다가 불의에 쓰러진, 우리 민족의 탁월한 지도자였다. 몽양의 좌우합작은 순진무구한 겨레 사랑과 함께 유연한 사고방식의 소산이었다.

프랑스의 역사학자 막스 갈로는 말한다. 순응주의, 무사안일주의를 택하면 얼마든지 출세할 수 있는데도, 저항을 택하면 가차 없이 목이 잘리거나 총살을 당하거나 혹독한 고문을 당하거나 외로운 망명살이에 처해지는데도, 어느 시대 어느 사회에서나 순응과 무사안일을 거부하는 사람들이 존재한다고. 여운형은 1945년 당시 냉전체제가 대세였는데도 그 불가피한 냉전체제를 단연코 거부한 지도자였다. 그러고 보면 인류의 스승이라는 석가모니, 공자, 예수, 소크라테스를 비롯한 성현들도 불가피한, 속된 세상살이를 처음부터 거부한 모범들 아닌가!

광복 직후의 상황에서 이데올로기의 횡포에 맹종하지 않고 어디까지나 한국적 현실에 입각했던 여운형의 유연한 사회주의는 그 자체가 하나의 도덕적 차원을 획득한 휴머니즘이었으리라. 여운형의 자유로운 영혼, 강개한 기세, 순박한 언어에서 내가 발견한 것은 우리 한국 민족의 질박한 생명감이다.

기실 나는 서울에서 대학을 겨우 졸업하고 파리로 날아온 일개 학생이면서도 늘 조국의 현실이 답답했고, 총칼 앞에서 침묵할 수밖에 없는 우리 민족에 연민의 정을 느낄 뿐이었다. 자신과 자기 민족에 대한 신뢰가 없다는 것은 얼마나 불행한 일인가. 그러한 내 가슴에 민족에 대한 자긍심을 심어준 이가 바로 몽양이다. 우리 민족이 아무리 고난에 처하더라도 어디선가에는 몽양의 동포애와 민족정신이 외로울지언정 꿋꿋하게 이어지고 있을 것 아니겠는가. 그리고 그 정신은 오늘의 역사적 사명인 남북통일의 대업에 커다란 힘으로 작용하리라.

지금도 몽양 선생은 내 거실에서 준엄하되 따뜻한 눈빛으로 나를 일깨워주신다. 한 푼의 재산도 없이, 거리마다 붙어있는 그 흔한 광고지 같은 타이틀 하나 없이 그저 속절없이 늙어가는 내가 스스로 문득문득 쓸쓸할 때, 젊은 친구들의 만나자는 반가운 전화에 오랜 습관처럼 무일푼의 빈 주머니를 뒤적거릴 때, 평생 집 한 칸 없이 살다 간 몽양 선생이 내게 말을 건넨다. 사내자식이 그깟 일로 주눅이 드냐? 당당함은 마음에서 오는 거야. 타이틀이나 잔돈에서 오는 게 아니란 말이다! 그 따사로운 말씀에 나는 무한한 위로와 격려를 받는다.

청산은 애초에 시비가 없는 것

드디어 고향에 발을 디뎠다는 감격에 나는 하늘을 쳐다 보았다.
높다랗고 짙푸른 하늘, 맑은 태양, 수직으로 내리는 고운 햇살.
그 순간 내 가슴속 어디에 냉전이데올로기가 도사릴 수 있을까.

　　　　　　　　　　　　1981년 7월 어느 날이었다. 카페
　　　　　　　　　　　　에서 마주앉은 친구는 쉬 말을 꺼
낼 기미가 보이지 않았다. 만나자고 먼저 연락을 해온 건 1974년에 "육
여사는 남한 국민이 죽였다"는 발언을 해서 우리 모두를 놀라게 한 H였
다. H는 내가 간첩으로 몰린 후 일 년 만에야 자신이 북한 쪽이라는 사실
을 털어놓았다. 서울식으로 말하면 진짜 북괴간첩이었던 것이다. 함경
도 성진이 고향으로, 월남할 때 가족이 뿔뿔이 흩어져 어머니와 누이동
생들이 북녘에 살고 있다고 했다.

"너 아무래도 잘못 생각한 거야. 지금이라도 발을 빼렴."

나는 잘라 말했다. H는 아무 말 없이 창밖만 바라보았다. 무슨 말을 시켜도 막막하게 먼 하늘만 바라볼 뿐 그는 대답하지 않았다.

"좋다. 그럼 이거 하나는 확실히 하자. 나는 북한이든 남한이든 독재는 싫다. 나에게 공작할 생각은 하지 마라. 공작을 시작하는 순간 너와 나는 끝이야. 알겠니?"

그제야 그는 피식 웃으며 고개를 끄덕였다. 그의 정체를 알고 난 후에도 나는 그를 만났다. 간첩이라고 해봐야 박사학위 논문이나 쓰던 그가 무슨 대단한 일을 했겠는가. 내가 알건대 그는 철저한 사상가도 아니었고 영세명이 바오로인 가톨릭 신자였다. 아마 그를 북으로 이끈 것은 북에 남아 있는 어머니와 누이동생들이었을 것이다.

며칠 뒤 그는 중요한 일이 있는 듯 다시 나를 불러놓고는 좀처럼 입을 떼지 않았다.

"대체 무슨 일인데? 너, 나한테 공작하는 거냐?"

"공작은 무슨."

"그런데 왜 그래?"

"너, 평양 다녀올 생각 없냐? 조국에서 널 초청하겠다는데."

내가 태어난 고향은, 한글학자 최현배 선생이 어디선가 말씀하셨듯 "방랑자에게 기쁨을 주고 시인에게 명상을 주는 자연의 평양이요, 지사(志士)에게 감회를 주는 역사의 평양"이다. 봄이면 모란봉 산마루가 활활 타는 듯 붉은 진달래가 여기저기 화안하게 피고, 여름이면 대동강 기슭에 키가 훤칠한 포플러나무가 일렬종대로 우뚝우뚝 늘어섰다. 가을이면 시퍼런 강물이 굽이치면서 흘러가고, 그 너머 강 밖으로는 질펀한 모래벌판이 아득하게 펼쳐졌다. 겨울이면 며칠을 두고 갓난아기의 주먹만 한 눈송이가 마치 기세를 다투는 듯 펑펑 쏟아졌다.

어떤 신적인 에너지가 평양 주민들의 영혼 속에 논리, 로고스, 사고 따위를 뛰어넘어 세상 자체에 대한 강렬한 사랑을 쉼 없이 불러일으킨다면, 그것은 아무래도 평양의 산수미와 기후의 축복일 것이다. 지금도 모란봉을 중심으로 좌우의 나지막한 산세가 시가를 포옹하고, 도도한 대동강과 겸허한 보통강이 각각 동쪽과 서쪽에서 아름답게 흐를 것이다.

나는 평양을 사랑한다. 그 누가 자기의 태가 묻힌 고향을 잊을까마는 내가 이 세상의 빛을 처음으로 본 평양은 내가 떠나온 그날 그 모습 그대로 내 눈앞에 선명하게 떠오른다. 일제 말기 내가 아버지 어머니의 둘째 아들로 태어난 곳, 내가 대여섯 살까지 말눈깔사탕을 입에 물고 아침저녁으로 혼자 오르내리던 모란봉, 그리고 을밀대, 부벽루, 능라도……. 고향 평양이 어느새 앞뒤 없이 낡은 필름처럼 지나갔다. 남의 나라에서 오래 살다 보면, 문득 그리워지는 건 고향이다.

그런데 한 가지 의문이 생겼다. 왜 북한 정부가 날 초청했지? 이북 실향민의 뜨거운 감격에서 냉랭한 현실로 되돌아온 것이다. 초청을 전해준 H에게 묻자 이렇게 대답했다.

"고향이 평양이니까 한번 다녀가라는 것 아니겠니? 그리고 조국이 이룩한 건설도 직접 보고 말이야."

초청 동기가 그거라면 과히 염려할 것도 없겠다 싶었다. 그래, 가자. 그림폭 같고 꿈자취 같은 고향! 내 얼마나, 의식 무의식 간에 바라왔던가! 그러나 짚어야 할 건 분명히 짚어야 한다. 나는 물었다.

"조건이 뭐냐?"

"그런 거 없어. 그런 게 있으면 너에게 말도 하지 않았을 거다."

"난 너하고 달라. 평양 한번 갔다 왔다고 그쪽 편이 되지는 않아. 평양 다녀와서도 나는 사실만 이야기할 거야. 그래도 괜찮겠어?"

H는 고개를 끄덕였다.

"이유진이 어떤 놈인지 잘 알아. 걱정하지 마."

평양에 다녀오면 서울로 가는 길이 훨씬 더 멀어질 게 분명했다. 그러나 어차피 나는 간첩으로 몰려 기약 없는 몸이었고, 전두환 독재정권도 쉽게 무너질 기미가 보이지 않았다. 기왕 간첩으로 몰렸으니, 이번 기회에 평양 구경이나 한번 하고 싶었다. '인민의 천국'이라는 북한에 대한 호기심도 있었다.

"좋아. 그럼 간다. 그런데 문제가 있어. 여비를 마련하려면 시간이 좀 걸리겠다. 마련되면 내가 연락하지."

"초청하는 건데 무슨 여비야. 체재비까지 다 조국에서 제공할 거야."

여비와 체재비를 북에서 제공한다? 하기야 국가에서 초청하니 국가에서 모든 걸 제공하겠지. 그게 나중에 혹시 문제가 될까? 곰곰 생각해 본 후 나는 고개를 끄덕였다. 박정희가 프랑스의 레이몽 아롱 교수를 초청할 때도 체재비 일체를 제공했다. 내가 무슨 공작비를 받는 것도 아니고 그 정도는 괜찮을 것 같았다. 다만 여느 때보다 신중해야겠다고 생각했다. 북쪽에서 비행기삯이며 체류비까지 제공하면서 나를 초청할 적에야 이용가치가 있다고 판단했을 터, 언제 어떤 식으로 그들이 나를 이용할지는 미지수다. 그러나 내게는 프랑스 시민권이 있다. 그들도 외국인 신분인 나를 함부로 할 수는 없을 것이다. 아이러니컬하게도 남이고 북이고 내가 조국으로 가는 데 방패막이가 되어준 것은 프랑스인 신분증이었다.

 높게 착안하자! 그리고 북한 정부의 초청 이유를 더 이상 캐묻지 말자. 어떠한 상황이 벌어져도 내 자세를 분명히 하고 화이부동(和而不同)하면 큰 문제는 없으리라. 고향산천 그리움이 그칠 줄 모르는 이북 실향민으로 오매불망의 고향에 갈 수만 있다면 산을 둘러메고라도 나서지 않을 사람이 있겠는가. 여행이란 모름지기 미지의 경계를 넘어가는 일인데, 거기에는 정신의 모험이 따르고 정신의 모험은 어차피 기왕의 사고방식을 거부하는 새로운 결단으로 이어지게 마련 아닌가?

1981년 8월 1일 스위스, 폴란드를 거쳐 모스크바 공항에서 탄 평양행 소련 비행기 아에로플로트는 이북 동포들로 가득했다. 실례가 될까봐 비행기 안을 유심히 둘러보지는 않았지만 외국인과 여자들은 별로 보이지 않고 거의가 공무로 여행하는 남자들 같았다. 그들 중 적잖은 사람들이 왼쪽 가슴에 작은 김일성 배지를 달고 있었다.

 얼마나 지났을까. 동녘 하늘이 훤히 밝아오면서 비행기는 하얀 은어같이 푸른 항로를 직선으로 미끄러져 평양 교외의 순안공항에 내렸다. 꼭 삼십육 년 전 여섯 살에 떠난 고향을 마흔두 살에 다시 찾은 것이었다. 드디어 고향에 발을 디뎠다는 감격에 나는 하늘을 쳐다보았다. 높다랗고 짙푸른 하늘, 맑은 태양, 수직으로 내리는 고운 햇살. 그 순간 내 가

습속 어디에 냉전 이데올로기가 도사릴 수 있을까. 공산주의건 반공산주의건 그리운 고향 앞에서는 허리띠가 된 악어처럼 그 힘을 잃는 모양이었다.

순안공항은 파리의 오를리공항만큼 작은 공항이었다. 짐을 들고 공항 출구 쪽으로 걸어 나오니 몇 사람이 마중 나와 있다가 대합실 같은 방으로 안내했다. 한 사람은 부부장이라 했고, 다른 사람들은 박 과장, 김 동무, 이 동무라 했다. 부부장은 육십대, 박 과장은 사십대, 김 동무와 이 동무는 삼십대쯤으로 보였다. 모두 검소한 옷차림에 높은 체하지 않아 첫인상이 나쁘지 않았다. 혹시 큰어머니와 형님이 나오시지 않았을까 하는 은근한 기대에 공항 출구 쪽으로 신경이 가 있었지만, 날씨가 좋다는 말로 시작된 수인사가 끝나자 그러면 시내로 들어갈까, 하는 부부장의 제의로 대합실을 나와 대기하고 있던 차를 탔다. 부부장과 박 과장과 내가 한 차에 타고, 다른 사람들은 다른 차에 탔다. 차는 두 대 다 제법 큼직한 메르세데스 벤츠였다.

얼마 후 보통강 근처의 보통강호텔에 도착했다. 어느새 해가 기울어 모란봉 산마루에 저녁놀이 걸렸다. 저녁놀은 짙은 오렌지 빛깔로 무척 아름다웠다. 보통강 기슭의 연연한 나뭇잎들도 저녁놀 보랏빛에 타고, 바람은 여름 저녁의 부드러운 기쁨으로 간들거리고 있었다.

보통강호텔에서 하룻밤을 자고 난 이튿날 아침, 김 동무가 오더니 앞으로 한 달간 머물 숙소로 가자고 했다. 보통강호텔에 내쳐 묵는 줄 알았더니 그렇지 않은 모양이었다. 우리가 탄 차는 평양 시내를 벗어나 한적한 교외를 달렸다. 얼마를 달렸을까. 어느 산 아래 이르러 굽은 산길을 한동안 구불구불 올라가더니 산등성이에 멈추었다. 소위 '초대소'로 알려진 별장이었다. 별장은 강 너머 하늘까지 전망이 탁 트였는데 조선 재래종 소나무들이 한 폭의 그림 같은 풍경을 이루고, 그 아래에는 시퍼런 강물이 옛 시절인 양 넘실넘실 굽이치면서 흘러가고 있었다. 그 아름다운 경치에 도취돼 부지중에 산기슭 아래 대동강으로 달려갔다. 강물은 산굽이를 감돌아 흐르다가 성난 듯 놀란 듯 물결이 물결을 따르면서 쾅쾅 내달아 들이받고 곤두박질하더니 한 길 두 길 뛰어오르면서 들판을 뚫고 거침없이 흘러가고 있었다. 삼십여 년 전 내가 아이 적에 뛰놀던 물가다. 강물에 손을 담그자 아주 오래된 기억 저쪽의 아련한 정취가 떠올라 내내 마음에 감겼다.

지도원에게 여연구 선생을 만나고 싶다고 말했다. 여연구 선생은 내가 존경하는 몽양 여운형 선생의 따님이다. 지도원은 며칠 후 평양 시내 어느 건물로 나를 안내했다. 당시 여연구 선생은 아마 평화통일위원회 부위원장 직책을 맡고 있었을 것이다.

여연구 선생과 단둘이만 이야기를 나누고 싶었는데 지도원이 저쪽 테이블로 가더니 자리를 잡고 앉는 것이었다. 농부처럼 투박하게 생긴 그와는 제법 친해진 터였다. 이해해 줄 듯도 해서 나는 둘이서만 얘기할 수 없겠느냐고 정중하게 부탁했다. 그는 여느 때와 달리 들은 척도 하지 않았다.

"내 말이 들리지 않습니까? 좀 나가주세요."

제법 언성을 높였는데도 그는 무표정으로 태산처럼 버티고 있었다.

문득 그가 안쓰러웠다. 내가 보기에 그는 착한 사람이었다. 아무리 싫어도 해야만 하는 일이 있는 것이다. 그도 어쩔 수 없이 북한 사회에서 살아가야 할 사람이니까.

"좋소. 거기 계신다고 해서 내가 하고 싶은 얘기 못할 사람도 아니오."

그가 있건 말건 나는 이야기를 시작했다.

"저는 파리에서 온 이유진이라고 합니다. 몽양 선생을 존경해서 따님이라도 뵙고 싶었습니다. 미국하고 소련이 개입하지 않았으면 몽양 선생이 주석이면 주석, 대통령이면 대통령을 하셨을 겁니다. 우리 인민들이 모두 몽양 선생을 찍었을 테니까요."

"아니디요. 서울서 우리 아버님이 김일성 수령님 환영대회도 여신 걸요. 그래도 김일성 수령님께서 주석 자리에 오르셨을 겁니다."

"무슨 말씀이십니까? 남한 자료, 미국 자료, 프랑스 자료 다 봤지만 그런 기록은 없습니다. 그러나 여 선생님이 왜 그렇게 말씀하시는지 이해는 합니다."

저만치 앉아 있는 지도원 들으라는 듯 내 말은 점점 강도를 더해갔다. 여 선생은 내가 계속 몽양 선생을 높이 떠받들자 입으로는 그게 아니라고 하면서도 친근감을 느끼는 눈치였다.

"몽양 선생이 여간 힘들지 않으셨을 겁니다. 우익도 말을 안 듣지 공산당도 말을 안 듣지······."

여 선생은 이따금 지도원의 기색을 살폈다. 공식적으로는 높은 직책에 있으면서도 일개 지도원의 안색을 살펴야 한다? 지식인이라는 게 광대노릇도 못하고 있다던 목은 이색의 개탄이 떠올랐다. 여 선생이나 내가 지금 그런 형편 아니겠는가.

한 시간 내내 이야기를 한 사람은 나였다. 여 선생은 될수록 말을 삼가는 기색이 역력했다. 하기야 언제라고 감시가 없지 않을 테니 귀엣말을 나누기는 애초 그른 일이었다. 이윽고 자리에서 일어났다.

"이제 가면 언제 다시 뵐지 모르겠군요."

인사를 하고 보니 문득 몽양 선생을 생각하고 쓴 시조 〈몽양 여운형 선생〉이 떠올랐다. 평양에 오면 여연구 선생에게 보여드린다는 것이 그만 잊었던 것이다. 그 말을 했더니 여 선생은 펜과 종이를 꺼내들었다.

"그래요? 좀 불러주시라요. 받아적겠습네다."

계실 제 붉다 검다 시비가 어떻더니, 우리 님 떠나시매 풀꽃들의 설움바다, 한평생 겨레사랑에 다정하신 님이여, 로 이어지는 시조를 파리에서는 외우다시피 했는데, 첫 대목부터 그만 한 구절도 떠오르지 않았다. 파리 가서 꼭 보내드리겠다며 작별인사를 나눴다. 여 선생은 건물 밖까지 나를 배웅했다. 그만 들어가시라는 말을 하려고 돌아섰는데 여 선생의 볼 위로 눈물이 흐르고 있었다. 흐르는 정도가 아니라 폭포처럼 쏟아지고 있었다. 내게는 그 눈물이 소리 없는 통곡으로 들렸다. 몽양 선생의 자식으로 북한에서 살아남는 일이 오죽 힘겨웠으랴. 거침없이 아버지를 칭찬하는 사람을 만나고보니 자기도 모르게 평생의 한이 눈물로 터져 나온 것 아닐까. 내가 탄 차가 멀어질 때까지 여 선생은 손을 흔들고 있었다.

사흘간의 금강산 구경을 목적으로 아침 열 시경에 평양을 떠나 원산에서 점심을 먹고, 이윽고 금강산 기슭 온정리에 도착한 것은 저녁 일곱 시 무렵이었다. 동행한 김 동무의 주선으로 금강산려관에 짐을 풀고 나는 마당으로 나왔다. 여관은 인가에서 조금 떨어진 산록 한복판에 갓 지은 듯한 현대식 이층 양옥인데 저녁햇살 아래 스무 살 전후의 처녀총각들이 저들끼리 희희낙락하면서 일을 하고 있었다. 총각들은 창문을 닦고 처녀들은 마당에서 풀을 뽑고 있는데 일을 하는 건지 노는 건지 떠들썩한 광경이 과히 보기 싫지 않았다.

그 광경이 못마땅했는지 책임자인 듯한 사십대 초반의 사내가 저쪽에서 야단을 쳤다.

"두고 봐라. 너희들이 그렇게 꾸물럭거리면 달이 떠오를 때까지 시킬 거야."

"그러디요!"

한 처녀애가 곱살스런 얼굴로 책임자의 사나운 꾸지람에 제법 낭랑하게 대꾸했다. 가만히 살펴보니, 총각들은 창문은 건성으로 닦으면서 연신 처녀들한테 한눈을 팔고, 처녀들은 처녀들대로 풀을 뽑는 둥 마는 둥 총각들의 얼굴을 쬐금씩 훔쳐보고 있었다. 내가 소싯적에 서울바닥에서도 감히 못하던 짓거리를 여기 금강산 아해들이 '로골적'으로 감행하고 있구나! 하면서 나는 웃었다. 청춘이란 역시 좋은 것이다. 보랏빛 계절을 기다리는 얌전한 포도송이들, 그러나 아직은 떫은맛이 채 가시지 않았을 것이다. 그래서 괜한 일에도 키들거리고 와자지껄 떠들고 싶은 청춘남녀들. 나의 금강산 유람은 이렇게 금강산에 묻혀 사는 처녀총각 구경으로부터 시작됐다.

　이튿날 아침, 마치 세속을 떠난 도사인 양 베개를 높이 베고 단잠을 자고 난 때문인지 몸이 여간 개운하지 않았다. 마악 골르와즈 담배 한 대를 꺼내 불을 댕기는데, 어서 내려오라는 전갈이 왔다. 얼른 이 닦고 얼굴 씻고 내려가니, 김 동무가 한 처녀애와 함께 기다리고 있었다. 금강산 구경을 안내할 여성동무라고 했다. 열일곱, 열여덟쯤 되었을까, 약삭빠른 현대 서구문명에 감염되지 않은 순 조선처녀의 어수룩한, 그러나 예의바르고 재기발랄한 모습이었다. 그녀의 애릿한 얼굴이 첫눈에도 귀여웠다.

　여관에서 아침식사를 간단히 마치고 우리 일행은 금강산 유람에 나섰다. 첫 목적지는 삼선암이었다. 마침 햇빛은 명랑하고, 길은 발끝에 가벼웠다. 동행들과 이야기를 나누면서 이삼 킬로미터쯤 갔을까? 벌써 골이 깊어지고, 온 산 가득한 정취가 한눈에 안겨왔다. 그로부터 오솔길 돌길을 따라 쉬엄쉬엄 걸어 오르는데 굽이굽이 돌아가는 골짜기마다 새로이 기이한 경치가 하도 많아 오르는 길이 자못 더디었다. 이윽고 하늘나라 궁궐에서 세 선녀가 내려와 그 자리에서 바위가 되었다는 삼선암에 오르니, 한여름 팔월인데도 서늘한 기운이 감돌았다. 그런가 하면서 엉겁결에 바라보니, 여기 하늘과 땅 사이 봉우리마다 함빡 때를 벗고 천하제일 금강산이 중중첩첩 높이 솟아있지 않은가! 백문이 불여일견이란 옛말은 정녕 금강산을 두고 한 말이리라.

　우주의 삼라만상, 그 오묘한 정수만을 한데 모아놓은 듯 돌 위에 산이 솟고, 산은 물을 토하고, 물속에는 다시 산이 잠긴다. 금강산은 무한히

높고 아름다운 산이어서 보는 사람의 마음도 절로 높고 아름다워진다고 한다. 최남선의 〈금강예찬(金剛禮讚)〉도, 이광수의 〈금강산유기(金剛山遊記)〉도 여기서는 앳된 소년의 문장수업이 아니면 한가한 늙은이의 잔소리에 지나지 않는다.

아늑한 바람소리에 소매를 걷고 아래를 굽어보니 참으로 천하절경! 이따금 구름, 안개 반쯤 걷혀 산봉우리마다 한쪽 어깨 드러나고, 앞뒤를 다 살펴도 티끌 한점 안 보인다. 그렇다! 저 아래 호시절 부귀영화를 등져도 답답할 것 하나 없다 함이, 여기 금강산 깊은 골에 홀로 사는 은자의 마음이리라.

보라, 유유하게 솟아오른 일만 이천 봉! 인간세상 그 어디에 이런 산이 있었던가. 겨울이 아닌데도 여기저기 하얀 눈빛이다. 삼복의 불볕더위도 여기는 차마 올라오기 힘들어 그냥 산 아래 주저앉아 쉬는 모양인가. 그윽한 골짜기에는 보일 듯 말 듯 오솔길이 나타나고, 그 오솔길은 하늘나라에 닿은 듯한데, 저만치 우불구불 아아한 뫼뿌리들, 그 위에 들쑹날쑹 기괴한 바위에는 벌써 단풍나무가 붉게 타고, 봉우리마다 우뚝한 그 기상은 천길만길 푸르렀다. 나는 뼛속까지 서늘했다.

한참 넋을 잃고 서있는데 한 조각 맑은 구름이 지나다가 머리 위에 찬비를 뿌린다. 문득 눈을 들어 바라보니 건넛산의 아슬한 바위에는 쇠사슬이 드리웠다. 몇몇 울긋불긋한 옷차림의 유람객들이 때마침 굵은 쇠사슬을 잡고 기엄기엄 올라간다. 그 정겨운 광경에 잠시 눈길이 끌리는데, 홀연 산 너머 어딘가에서 때 아닌 천둥번개가 치고 한 줄기 영롱한 무지개가 억새를 헤치고 돌병풍에 꽂힌다. 나는 그저 어리벙벙할 뿐이었다.

유람 기념으로 사진을 몇 장 찍고 있는데, 김 동무가 아직도 구경거리가 많이 남아있다면서 이번에는 수정봉을 오르자고 재촉한다. 그러자고 하고 천천히 내려오는데, 김 동무가 얼마만큼 앞서 가는 것을 확인하면서 처녀애가 살짝 귓속말을 한다.

"선생님, 수정봉은 올라가지 말자요."

"왜?"

"다리가 아파요. 그저께도 어저께도 두 봉우리 다녀왔시오. 다리 아파 죽갔시요!"

"그래? 그럼 그러지."

선선히 동의하고 나는 앞서가는 김 동무를 불러 오래간만에 산에 온 탓인지 발목이 시리고 배가 고프니 오늘은 이쯤에서 그치자고 제의했다. 나의 제의가 어렵지 않게 성사되어 우리 일행은 느긋하게 하산길을 걷기 시작했다. 조선 속담에 "금강산도 식후경"이라 하더니, 금강산 안내도 쉬운 일은 아니었던가. 쉬운 일이 아니라 어쩌면 고역일지도 모른다. 나는 문득 1960년대 소르본 대학원 시절 고놈의 잔돈 때문에 관광안내 하던 내 모습을 떠올렸다. 구경 온 사람들은 아름다운 파리에 왔으니 에펠탑도 올라가고 세느강에서 배도 타고 루브르 박물관에 가서 그림 설명도 해달라고 주문할 때 나 자신은 그 성화에 지쳐서 어서 빨리 안내가 끝났으면 했다. 그리고 보니 처녀애의 지금 사정이 그 시절의 내 딱했던 사정이 아닌가.

"안내 많이 하니?"

"어떤 때는 매일 하고, 어떤 때는 하루건너 하디요."

"저런, 중노동이구만."

"그렇디요."

처녀애는 자기 청을 들어주어 고맙다고 하면서 갑자기 생각난다는 듯 물었다.

"선생님은 어디서 오셨나요?"

"나? 빠리에서 살고 있지."

"빠리요? 불란서 파리 말인가요?"

"그래, 불란서 파리야."

"선생님은 좋으시겠네요. 파리에서 사시니……."

"나는 네가 좋은 것 같다. 금강산에서 살고 있으니……."

처녀애가 갑자기 상기된 목소리로 소곤거린다.

"선생님, 절 파리에 데려가 주세요!"

"널 데리고 파리에 가? 그러면 내가 처녀납치범이 되게, 하하."

"데려가 주세요!"

그때 저만치 앞서 가던 김 동무가 길을 멈추고 우리 두 사람이 따라오기를 기다리고 서 있는 것이 보였다. 처녀애도 나도 무슨 큰일이나 들킨 듯 동시에 이야기를 뚝 끊었다. 그렇다! 그것은 위험한 것이다. 자유의 문제에 속하기 때문이다. 이동의 자유, 여행의 자유, 훨훨 날아다니는 자유가 이북에는 없기 때문이다. 나의 가슴에 아픔이 젖어왔다. 그래서 처녀애의 얼굴을 다시 쳐다보았다. 어린것이 바깥세상을 얼마나 동경할까? 나도 서울에 갇혀 있을 때 저런 심정이었지. 그래, 꼭 같은 심정이었어.

"오늘 날씨 참 좋구나!"

나는 슬그머니 화제를 바꾸었다. 더 이상 바깥세상 이야기를 하다가는 아무래도 안 되겠다고 생각했기 때문이다. 처녀애는 아마 구라파에서 온 동포들, 미국과 캐나다에서 온 동포들, 많은 해외동포들을 안내했겠지. 안내하면서 해외동포들의 '여행의 자유'를 보고 이북을 느닷없이 지옥으로 느꼈을지도 모른다. 아니, 천하절경 금강산까지도 자기를 에워싸고 있는 감옥이라고 생각할지 모른다.

개울을 끼고 내려가는 길에 들어섰다. 개울물은 시원하게 흘러가고 있었다. 산골짜기를 에워 돌아 동해바다로 가는 개울이라고 처녀애가 일러준다. 개울가에는 금잔디풀이 수설수설 늘어지고 바위 밑에는 대나무가 잔조롭게 자라고 있었다. 개울가에 돌이 없으면 개울물이 멋이 없고 돌 있는 데 물이 없으면 돌이 무색한데, 여기에는 개울이 흐르고 기이한 돌도 곁들였다. 역시 금강산의 개울이구나! 문득 돌아서 삼선암을 바라보니, 흰 구름 푸른 하늘에 늙은 학 두어 마리가 한가로이 날아옌다.

얼마를 내려왔을까? 물이 그리 깊지 않을 성싶은 개울가에 이르러 김 동무와 처녀애한테 먼저 내려가라고 이르고 나는 벌거벗고 열댓 살짜리 소년같이 개울에 뛰어들었다. 물은 차가웠다. 그러나 금강산 맑은 개울물에 몸을 담그니 눈이 트이고 때 묻은 가슴속도 말끔하게 씻은 듯 가셔진다. 내 어찌 속된 욕심으로 차마 금강산을 내리랴!

두어 시간 후 우리 일행은 아침녘에 떠났던 온정리로 돌아왔다. 처녀애는 제 집으로 보내고, 김 동무와 나는 다리 위에서 잠시 걸음을 멈추었다. 개울이 점점 깊어지고 넓어지면서 물은 더욱 세차게 흘러간다.

"제 세상 만난 듯하구나! 어깨동무하고 잘두 흘러가네. 꼭 오뉘 같네. 부부 같기도 하고…….."

대화의 흥을 돋우느라 개울물을 내려다보며 혼잣말을 하다가 김 동무한테 슬쩍 물었다.

"아이는 몇이나 있소?"

"없소."

"없다니? 아직 총각이요?"

"혼인했소."

"혼인한 지 얼마 안 되는 모양이군?"

"왜요, 삼 년 가까이 되디요."

"혼인 삼 년에 아이가 없다? 그럼, 부인이 생산 못하는 거 아니요?"

"왜 생산 못 하갔소! 하갔디요."

예전 같으면 혼인하기 무섭게 아이 배고 열 달도 멀다 하고 아이를 죽죽 뽑아냈는데 요즘 세상엔 어찌된 영문인지 결혼하고 삼사 년이 지나도 통 소식 없는 여자들이 적잖으니까 물어본 말이었다.

"나 때문에 고생 많소."

"……."

"나 때문에 김 동무가 이렇게 외박하니, 오늘밤에도 부인이 걱정하시겠소."

"그렇지도 않소."

"그게 무슨 말이요?"

"집에 없소."

"집에 없다니? 친정에 가셨소?"

"아니요. 함흥에 가 있소."

"집이 함흥이요? 그럼 김 동무는 함흥에서 평양에 출장 나왔소?"

"아니요. 평양에 살디요."

"엉? 신랑은 평양에 살고 신부는 함흥에 살고……. 어찌 그렇소? 부인이 함흥에서 직장생활 하오?"

"교원이디요."

"흠, 맞벌이 하누만."

"……"

"혼자 버는 걸로 생활이 안 되오?"

"그게 아니라……"

"그게 아니라니?"

"예선 혼인하면 삼 년을 떨어져 살디요."

"그건 왜? 대관절 무슨 소리요?"

"훈련이디요."

"훈련? 무슨 훈련?"

"의지를 키우는 훈련이디요."

"의지를 키운다? 신혼부부가 떨어져 살면 의지가 생기나?"

"……"

"누가 시키는 거요?"

"당의 방침이디요."

"당의 방침이라? 거참 모를 일이군. 헤어진 부부라도 모아주는 게 당의 의무일 텐데 오히려 떨어지게 한다?"

"……"

"신혼부부란 하루에도 대여섯 번씩은 개닥질하는 건데……."

내가 혀를 찼다. 기가 막혔기 때문이다.

중국말에 '음식남녀(飮食男女)'라는 말이 있다. 먹고 마시고 남녀가 함께 자는 것을 말한다. 현실적이고 낙천적인 중국 사람들의 생활철학을 간략하게 표현한 숙어로, 식욕과 성욕은 인간의 본능이므로 이것부터 채워야 한다는 것이다.

"한 이 년까지는 그런 대로 참겠더니…… 이 년 지나니까 덩 둑갔더만!"

"하하하……."

평양 억양이 가로세로 섞인 그의 하소연 같은 말에 내가 그만 폭소를 터뜨렸다. 사실 한창 나이에는 사랑이니 애정이니 그런 것보다 섹스가 더 급한 것이 아닐까? 아니 사랑, 애정, 섹스란 하나의 사물을 관점에 따라 달리 표현하는 말들이 아닐까. 마치 하나의 산을 봄에는 금강산, 여름에는 봉래산, 가을에는 풍악산, 겨울에는 개골산으로 부르듯이.

"나 같으믄 당이구 뭐이구 펄떡 업어 오갔다!"

"히히……. 어디 그럴 수 있갔소?"

그의 아이 같은 말에 내가 또 웃었다.

나는 문득 고대 희랍국가 스파르타가 생각났다. 스파르타의 소년들은 출생 시부터 엄격한 국가주의적 교육과 훈련을 받았다고 한다. 소년들을 강철같이 단련시켜 고통에 무감각하게 만들고 규칙에 복종하도록 하기 위해서였다. 그것은 용감한 전사를 길러내는 일이었고, 국가에 전적으로 헌신하도록 만드는 일이기도 했다. 스무 살 이상 된 자에게는 결혼이 허락됐다. 그러나 서른 살까지는 누구나 남자의 집에서 살아야 했다. 부녀들은 국가에 유익하지 않은 정서를 보이는 것이 허락되지 않았고, 비겁한 사람에게는 멸시하는 태도를 보여야 했다. 아들이 전사했을 때도 어머니는 슬픈 기색을 보여서는 안 됐다. 당의 젊은 간부들에 제한된 것이라고는 하나, 그래도 꽃같이 살아야 할 신혼부부에게 삼 년간 별거생활을 하도록 하는 것은 아무래도 어불성설이 아닌가.

흰 구름은 앞산 소나무 숲 위에서 날락 말락 머뭇거리고 뒷산에서 불어오는 산들바람에 닭 우는 소리가 무던히 한가로운 가운데 어느새 저녁이 됐다. 금강산려관의 널따란 식당에서 김 동무와 단둘이 조촐한 식사를 하고 있는데, 관광버스 두 대가 여관 앞마당에 멎더니 백여 명의 북한 사람들이 식당으로 들어왔다. 모두들 자리를 잡고 앉았다. 그런데 한참이 되어도 그 많은 사람들이 웅성거리지 않았다. 도무지 말을 하지 않는 것이었다.

'왜 저리 조용할까? 남한 사람들이나 프랑스 사람들 같으면 천하절경 금강산에 모처럼 왔으니 왁자지껄 떠들지는 않더라도 더러는 서성거리고 더러는 웃고 더러는 말들을 나눌 텐데, 거참 이상하다!'

그렇게 생각하면서 나는 유심히 바라보았다. 다들 꼼짝 않고 앉아있는 모습이 중국 철학자 노자 못지않다. 한눈에 이미 머흔 일 궂은 일 어수선한 세상살이 두루 맛보아 검불속 같이 기진맥진한 사람들임에 틀림없었다. 노동한 뒤의 휴식은 기쁨을 준다는데 피곤에 그만 지쳐 서리에

지는 잎새 같은 얼굴들, 아무도 떠들지 않는다. 다만 식사가 오기를 기다리는 것 같았다. 이윽고 식사가 시작되고, 모두들 숙연한 가운데 식사를 한다. 그 광경은 나에게 형용할 수 없는 착잡함과 서러운 충격을 주었다. 얼마나 피곤했으면 저토록 조용하게 아무 소리 없이 식사를 할까?

그들은 초췌했다. 그들의 초췌한 얼굴에는 그러나 단군 할아버지의 후예답게 어딘가 함부로 할 수 없는 꿋꿋함이 있었다. 어려운 고비를 꿋꿋하게 살아가는 진실과 아름다움이 있었다. 그래서 나라가 갈라지고 겨레가 하나로 살지 못하지만 한반도 전체는 내 가슴속에서 한 겨레 한 핏줄로 부단히 맥박쳤다. 이런 때는 허황되기 쉬운 '말'이 아닌 본래의 참다운 '마음'으로 이야기해야 한다. 오직 참됨의 바탕을 디딤돌로 살아가는 우리 남녘 북녘의 동포들! 강대국 미소가 그 씨앗을 뿌려놓고 남북의 민족적 비전 없는 극우 극좌들이 부추긴 좌우의 갈등, 남북의 대결, 이런 어설픈 상황이 우리 동포들의 누천년 한 마음의 기틀을 뿌리째 뽑아 버릴 수는 없다.

자본주의 사회에서나 공산주의 사회에서나 노동은 아직도 고통스러운 짐이다. 시인 빅토르 위고가 일찍이 갈파했듯이 "노동이 그 자체 생명이고 사상이고 광명일 때" 우리 인간은 비로소 수모를 받지 않으리라. 그리하여 언젠가는 전 인류가 건강한 몸으로 일을 하며 기쁜 마음으로 춘하추동 네 계절의 아름다운 질서 속에서 기꺼이 살아가리라.

맛깔스런 '금강산 산나물밥'을 슬커장 먹고 나니 나른한 몸에 목이 컬컬했다. "술에도 묘한 이치가 있다"는 시인 두보의 말과 "봄철에는 집뜰에서 마시고, 여름철에는 교외에서 마시고, 가을철에는 배 위에서 마시고, 겨울철에는 집 안에서 마신다"던 작가 린위탕의 말이 떠오른다. 술로 말하자면, 천천히 한가하게 마시는 술이 있고, 점잖고 호탕하게 마시는 술이 있고, 정신없이 취하도록 마시는 술이 있으니, 내 오늘은 금강산의 아름다움에 올연히 나아가 한 웃음 입에 물고 상쾌하게 마시리라. 오늘따라 숫제 한인(閑人)이나 된 듯 마음이 헌칠, 정신이 흐뭇하게 여관 앞 덩그러한 마당에 홀로 앉아 큰 잔에 치렁치렁한 술을 한 두루미 마시리라. 그런데, 이거 어인 일이뇨? 정작 술값이 없구나. 평양에서 프랑스 돈을 조선 돈으로 바꿀 기회가 그간 어지간히 없었기 때문이었다.

세월 따라 꽃 피고 잎 지는데 내 여기 천하절경 금강산과 마주 앉아 술 한잔 걸치지 못한다? 아하, 이것도 다 인연소생이거니 하면서 허허 웃고 잠자리에 들었지만, 그날 밤은 필경 잠을 버성기고 말았다.

이튿날 아침 일어나자마자 커피나 한잔 할까 하고 식당 쪽 계단을 내리는데, 서른 살 남짓한 여관일꾼이 그다지 곱지 않은 눈빛으로 쳐다본다. 그 까닭을 나는 짐작할 수 없었다. 그러나 그저 그런가보다, 하고 식당에 들어가 커피를 청하고 담배를 태우고 있는데 김 동무가 들어왔다. 오늘은 구룡연골짜기를 구경 갈 예정이라고 한다.

우리 일행은 여관에서 점심을 먹고 구룡연 골짜기로 떠났다. 가는 길에 신라 법흥왕 때 창건하고 수차 화재로 훼손됐다고 하는 신계사(神溪寺)에 들렀다. 스님이 보이지 않는 빈 절이 신계동의 수려한 솔밭에서 고색창연했다. 골 어귀에는 흰 구름이 어리고 여울물이 흐르는데 그 청아한 경쇠 소리는 들려오지 않는다. 처녀애가 문득 북쪽을 가리키며 맑은 날에는 금강산에서 가장 높은 비로봉 마루가 보이고, 동쪽은 바다 멀리 아침해가 떠오르는 곳이라고 일러준다.

　우리 일행은 잠시 쉬었다가 다시 길을 재촉해 앙지대와 금강문을 지나 옛 사람들이 그 아름다움을 두고두고 탄식했다는 옥류동에 이르렀다. 온정리에서 한 사오 킬로미터쯤 올라왔을 것이다. 옥녀봉과 비로봉에서 발원한 신계천의 상류가 구룡폭포와 무봉폭포를 이루고 거기에서 다시 옥류동의 절경을 이루는데, 옥류계(玉流溪)는 첫눈에도 청려한 경개가 분명하다.

　서북쪽으로는 옥녀봉이 훤히 보이고 골밑으로는 사십오 도의 비탈진 큰 너럭바위로 엷은 비단 같은 물이 햇살에 구슬처럼 반짝이며 흐르는데 아롱다롱 물방울이 구슬발을 이룬다. 그 때문에 이름이 옥류동(玉流洞)이라던가.

　우리 일행은 잠시 후 산길을 안내하는 쇠말뚝을 따라 구름다리를 건너 마침내 구룡폭포에 이르렀다. 구룡폭포는 십이폭포, 비봉폭포, 조양폭포와 더불어 금강산의 사대 폭포라고 하는데, 웅대하고 장엄하고 위압적인 그 기세가 참으로 장관이었다. 큰 바위 등에 기대어 바라보니, 폭포는 곧은 절벽을 고매한 정신처럼 분방하게 떨어지고 산골짜기에서는 융융한 울림에 한 줄기 청풍이 일어나는데 정말 온몸을 휘감아 당길 것만 같다. 구룡폭포 꼭대기 절벽 위에는 구룡대가 높이 솟아 있는데 거기에서 상팔담(上八潭)의 전경을 굽어보니, 백여 미터 절벽 아래 여덟 개 못이 산세를 따라 층층이 배열되어 있는 것이 아닌가. 산골짜기로 떨어지는 물소리는 한 편의 교향악이었는데, 홀연 구름과 안개가 자욱하다. 그 구름과 안개 속에 상팔담 여덟 못이 숨었다가 나타나고 나타났다가 숨는다.

　금강산을 보기 전에는 산수의 아름다움을 말하지 말라고 했다던가. 처녀애의 설명을 들으면서 산을 내리는데 옷깃에 산빛이 비낀다. 어디에선가 바람이 솔솔 불어오고 하늘에서는 쟁강쟁강 풍경소리가 들리는 듯 가슴이 활짝 열린다. 문득 앞뒤를 살펴보니 싸리, 느릅, 여장 따위는 벌써 누르고 으루, 잣나무는 더욱 푸르다. 여기에 무슨 말을 더 보태랴. 하늘은 청옥빛이요, 산봉우리는 백옥빛이요, 산허리는 벽옥빛인데, 빨간 단풍이 석양에 탄다. 억새풀, 칡덩굴, 다래덩굴이 산기슭 굽이굽이에 여러 가지 운치를 서려 놓았다.

　제 모습을 잃지 않고 억지생떼를 모르는 순박한 생명들, 그 누구의 가슴엔들 예사로우랴. 금강산을 보노라니 당장의 궁핍 때문에, 혹은 권력욕, 재산욕, 명예욕 때문에 서로 끌어내리고 갈팡질팡 떠다니는 우리 인간들의 행태가 떠오른다. 아아, 언제쯤이나 우리 인간들은 저 산처럼, 구름처럼 무심하게 살게 될까.

　이튿날 아침 눈을 뜨니 여느 때보다 날이 더 훤하다. 얼마나 잤을까? 어제 적잖은 산정(山程)을 두루 돌았으니 세상모르고 잔 것도 무리가 아니었으리라. 잠자리에서 일어나 가벼운 옷차림으로 너른 마당에 나서니 한 이백 년은 좋이 될 성싶은 잣나무가 활개를 쭉 펴고 반긴다. 여기 금강산 온정리에서 근심 없이 자란 탓인지 사내대장부의 기품이 있어 보인다. 잠시 그 밖의 엄나무, 피나무, 고로쇠나무를 쳐다보면서 마당을 어정버정 거닐고 있는데 선생님, 하고 누가 부른다. 돌아보니, 처녀애가 상그레 웃으며 서있다.

"일찍도 일어났군!"

내가 괜히 핀잔하듯 응대하니, 벌써 아홉 시가 다 됐다고 보란 듯이 제 손목시계를 가리킨다.

"지금이 몇 시인 줄이나 아시나요?"

"오늘은 어딜 가지?"

"삼일포에 가자요!"

"삼일포? 많이 걷니?"

"헤헤헤……. 어젠 무척 힘드셨던 모양이디요?"

"응, 강행군이었지."

"오늘은 삼일포만 보고 오자요."

"그래?"

"자동차로 잠깐이디요."

"차가 들어가니?"

"코앞까지 가디요."

"코앞까지? 하하하."

처녀애의 우스운 말투에 한바탕 웃고 있는데, 여관 문이 열리면서 아직 졸린 듯한 얼굴로 김 동무가 걸어 나온다. 내가 짐짓 우스갯소리로 아침인사를 차렸다.

"한창때 신랑이 독수공방하자니 고생 많소."

"벌써들 일어났소?"

몇 마디 어수선한 인사말을 더 나누고 우리 세 사람은 식당에 들어가 앉았다. 아침식사가 나오는데, 온반(장국밥)에 굵은 메밀국수를 섞고 편

육까지 서너 점 보기 좋게 곁들였다. 풋고추 향기가 독특한데다가 깔깔하지 않은 빨간 햇통고추가루가 제법 고운 열무김치에, 빛이 노랗고 맛도 매콤한 마늘짠지와 오이짠지를 같이 먹으니 그동안의 노독도 풀리고 속이 다 시원했다.

이윽고 식사를 마친 우리 일행은 온정리에서 십여 킬로미터 된다는 해금강 삼일포로 차를 달렸다. 삼일포는 금강산 깊은 골에서 흘러내리는 남강 하류의 왼쪽 기슭에 있는, 남북으로 긴 타원 모양의 호수인데, 옛날에 어떤 왕이 하루 예정으로 놀러왔다가 경치가 하도 아름다워 사흘이나 묵었다고 해서 삼일포로 불린단다. 처녀애가 앞서서 이끄는 대로 무성한 소나무 숲을 거슬러 얼마쯤 가다 외로 비탈진 언덕마루에 서있는 아담한 정자 연화대(蓮花臺)에 오르니, 아늑한 삼일포가 난간 아래에 한 폭의 그림같이 고스란히 펼쳐진다. 아연히 굽어보니, 호수 수면에 몇십 개의 산봉우리가 때마침 거꾸로 비치고, 어디선가 뻐꾸기 우는 소리에 몸과 세상이 다 꿈만 같다. 문득 포은 정몽주 선생의 시구가 떠올랐다.

녹수(綠水)에 이르러 멋대로 노니,
청산은 애초에 시비(是非) 없는 것!

고개를 돌이켜 저쪽 해금강을 바라보니, 바닷속 용궁의 거대한 돌기둥이 막 수면을 뚫고 외연히 솟아오른 듯 그 이름도 정다운 '솔섬'의 꼭대기에 몇 그루 늙은 소나무가 사나운 바람 서슬에 휘어져 있고 물결은 돌을 만나 아우성치는데 해오라기 서너 마리가 모였다 헤어진다. 그 너머에는 질펀한 바다가 아득하다. 여기 삼일포 연화대에서 세상 다 잊고 취하락 깨락 술잔치 삼일놀이 한 번쯤 거나하게 벌이면 그 얼마나 좋을까! 예로부터 뜻에 맞으면 곧 즐겁다던가. 홀연 한 줄기 회오리바람에 물고기가 뛰고 솔개가 난다.

오후 한나절이 겨웠건만, 고요한 햇빛이 땅에 치렁거리는 나뭇가지 위에 아직도 유장할 때 우리 일행은 불심, 동심으로 웃고 떠들며 금강산려관에 돌아왔다. 자, 내일은 다시 평양으로 돌아간다? 금강산 구경의 소원을 이루었으니 뭐가 더 아쉬울까마는, 여기 금강산의 구름과 돌과 나무와 물과 처녀애를 놔두고 떠나야 하니 유람의 흥과 이별을 아끼는 정이 혼연히 얽혀 마음이 하릴없이 무거웠다.

그리하여 여관 앞마당에서 나 혼자 맞은편 금강산을 우두커니 바라보고 서있는데, 처녀애가 그새 어딜 다녀왔는지 작은 책자 한 권을 말없이 건네준다. 웬 책인가 하면서 받아 보니 《금강산 한시집》이 아닌가. 우리 조상들이 금강산을 유람하면서 유쾌한 감흥을 헌걸차게 노래한 한시 작품들을 한데 묶어 아담하게 펴낸 책이었다. 거기에는 고려시대의 이제현, 안축, 이색, 김구용, 김극기, 이조시대의 김시습, 김종직, 서경덕, 이황, 이이, 휴정, 유정, 이달, 허균 같은 이름들이 보였다. 반가웠다. 더욱이 내가 좋아하는 이제현, 서경덕, 이달의 한시가 여러 편 들어있지 않은가.

"이걸 어디서 구했니?"

"선생님이 금강산을 덩말 사랑하시는 것 같아 드리는 거야요!"

처녀애는 생긋 웃어 보이며 대답했다. 귀한 선물 그득 담긴 정성에 가

숨이 뻐근해져왔다.

어느덧 돌아갈 날이 가까워지고 있었다. 평양에 머물러봐야 답답할 뿐이었지만 그래도 막상 떠난다고 생각하니 가슴이 무거웠다. 언제 다시 오겠는가. 아마도 내 생애 마지막일 것이다.

떠나기 전날 큰어머님을 모시고 평양 근처 대성산으로 소풍을 갔다. 제법 널찍한 연못 옆에 자리를 깔고 초대소 아주머니들이 정성껏 준비해준 도시락을 펼쳤다. 보자기 속에는 인삼주도 한 병 들어 있었다.

앙상하게 여윈 큰어머님께 나는 자꾸만 반찬을 집어드렸다. 조카가 돼서 해드릴 수 있는 일이라곤 고기나 몇 점 더 집어드리는 것뿐이었다. 휴일이었는지 연못 위에는 청춘남녀를 태운 배들이 보기 좋게 떠다니고 있었다. 강바람에 흩날리는 처녀들의 긴 머리카락이며 싱그러운 웃음이 좋았다. 강가에선 처녀들이 탄 배를 총각 몇이 붙잡고는 수작을 붙이고 있었다.

술잔을 막 집어 드는 참인데 누군가 우리 일행 곁으로 터벅터벅 다가왔다. 허름한 옷차림의 사내였다. 옷차림은 허술했으나 제법 강단 있어 보이는 얼굴이었다.

"거 술이디? 한 잔 달라우."

그는 거침없이 반말을 하며 우리 곁에 털썩 주저앉았다. 아, 드디어 술동무를 만났구나. 나는 벌떡 일어나 잔이 넘치도록 술을 따라 두 손으로 건네주었다. 사내는 넘치는 술을 한입에 탁 털어 넣었다. 문득《김일성 저작선집》의 한 구절이 떠올랐다. "강원도 근방에 알코올 분자가 많다"는 구절이었다. 그가 '알코올 분자'들을 반동이라고는 하지 않은 게 내 주의를 끌었었다. 무슨 뜻일까? 어떤 사람을 두고 알코올 분자라고 하는 거지? 내가 두 손으로 건네는 술을 한 손으로 거침없이 받아드는 사내를 보는 순간 나는 깨달았다. 바로 이런 사람을 두고 하는 말이었구나. 깨끗하달 뿐 거지와 다름없는 입성을 하고서도 한 손으로 술잔을 받는 건, 이북에서는 흔치 않은 양복을 입은 내가 별로 곱지 않다는 뜻이겠지. 내가 어떤 사람인지 알지도 못하면서 반말을 내뱉을 수 있는 그의 패기가 강바람보다 더 상쾌했다.

"한 잔 더 달라우."

그럼, 조선 풍속에 한 잔 주고 마는 법은 없지. 한 잔을 더 따르는데 그 때껏 눈살을 찌푸리고 있던 지도원이 거칠게 내뱉었다.

"오늘 풀어주지 말랬는데!"

이런 알코올 분자들을 때때로 수용하는 모양이었다. 그래도 북한 사회의 억압이 내가 생각한 만큼 심하지는 않은 것이었다. 알코올 분자가 존재할 수 있는 사회, 때로 그들을 거리에 풀어놓을 수도 있는 사회라면 최소한의 숨통은 존재하는 셈 아닌가.

사내는 제법 날카로운 눈빛으로 나를 쳐다보더니 내가 건넨 술잔을 다시 한입에 탁 털어 넣고는 미련 없이 자리에서 일어섰다. 붙들고 권커니 잣거니 강바람 속에 취해보고 싶었으나 어림없는 꿈일 터. 그는 딴 세상의 한량인 양 한들거리며 공원을 가로질러 걸어가고 있었다. 내가 이 사회에서 살고 있다면 필시 저런 모습 아니겠는가. 체제는 마음에 들지 않고, 그렇다고 대놓고 혁명을 할 수도 없고, 그렇다면 모든 걸 잊어야지

하는 마음으로 술에 의지했을 것이다. 그 사내는 생을 방기하는 것으로 최소한의 반항을 하는 게 아니었을까. 북한이 그런 방기라도 가능한 사회라는 건 참으로 다행한 일이었다.

알코올 분자와의 짧은 만남은 평양이 내게 준 마지막 선물이었다. 기분이 좋았다. 여름 해는 시들시들 기울어가고 강바람은 한들한들 기세를 더했다. 술도 바닥나고 도시락도 비었다. 무심코 주위를 둘러보았는데 다들 어디 갔는지 큰어머님과 나뿐이었다. 큰어머님의 손이 가까이 다가왔다. 큰어머님은 내 양복 깃을 손가락으로 비벼보셨다.

"너는 좋은 나라에 사는구나."

그 말씀뿐이었다. 그 한마디 속에 무수한 말들이 담겨 있었다. 옷감을 한 번 만져보는 것만으로 큰어머님은 수십 년 동안 세뇌 당해온, 북한이 가장 잘 사는 지상천국이란 말의 거짓을 꿰뚫어보신 것이다. 역시 민중은 현명하다. 큰어머님은 우리 어머님처럼 글자도 모르시는 분이다. 그러나 생의 경험으로, 민중의 지혜로운 눈으로 진실을 꿰뚫으셨다. 큰어머님은, 아니 민중은 그렇게 현명하고 지혜롭다.

기분 좋은 날이었다. 나는 그날 북한 사회에서 희망을 보았다. 차라리 술을 먹고 생을 포기할지언정 독재정치에 타협하지 않는 알코올 분자도 북한의 희망이고, 큰어머님의 가슴속 깊숙이 숨어있는 비판정신도 북한의 희망이었다. 비판정신이 살아 있는 사회는 언제든 때가 오면 싱싱하게 살아날 수 있는 것이다.

큰어머님은 공항까지 나를 배웅해주셨다. 앙상한 큰어머님을 마지막으로 안고 돌아서는데 박 과장이 말을 건넸다.

"또 한번 오시지 않갔습네까?"

나는 고개를 저었다.

"정말 너무합디다. 예상은 하고 왔지만 제 예상을 뛰어넘습디다."

박 과장은 내 말을 다 알아들었을 것이다. 힘없는 어조로 그는 덧붙였다.

"다음에는 공식적으로 한번 오시라요."

"파리 가서 생각 좀 해보겠습니다. 안녕히 계십시오."

박 과장은 나를 덥석 끌어안았다. 그건 그의 진심이었을 것이다. 깊은 말을 나누지 않았어도 그동안 서로의 인간됨을 충분히 이해할 수 있었으니까. 인간 대 인간으로 자유롭게 만났다면 우리는 친구가 됐을지도 모른다.

삼십육 년 만에 찾은 평양이, 여생에 다시 올 수 없을 것 같은 평양이 점차 시야에서 멀어져갔다. 비행하는 동안 나는 한숨도 자지 못했다. 내가 본 북한이, 내가 판단한 북한이 정말 제 모습일까? 자유의 도시 파리에 이십 년 가까이 살면서 적잖이 개방된 나이지만, 어린 시절부터 내 의식에 각인된 반공이라는 두 글자 때문에 편견을 갖고 북한사회를 바라본 것은 아닐까?

내가 본 북한사회는 사십여 년의 간격에도 불구하고 프랑스의 지성 앙드레 지드가 본 소련사회와 크게 다르지 않았다. 개인의 우상화가 좀 더 심하다는 차이가 있을까. 잠깐이나마 소련 공산주의에 동조했던 작가 앙드레 지드는 스탈린 정부의 열렬한 환영 속에 소련을 다녀온 뒤 역설적이게도 공산주의 체제를 신랄하게 비판한 책《소련에서 돌아오다 (Retour de l' U.R.S.S.)》를 펴냈다. 그는 그 작은 책에서 소련 지도자들의 무용한 '우월 콤플렉스'를 거론하고, 프롤레타리아 전체의 독재가 아닌, 언제나 옳고 모든 것에 대해 옳은, 그리하여 만인의 아첨 위에 군림하는 스탈린의 일인독재를 고발하고, 그 일인독재에서 불가피하게 파생되는 대중의 무기력, 순응주의, 획일화를 탄식하고, 더 이상 계급은 존재하지 않지만 무수한 빈민들이 존재한다면서 소련사회에 신선한 야당이 부재함을 통탄했다.

북한사회도 앙드레 지드의 비판으로부터 조금도 자유롭지 못했다. 그래도 일제 때보다는 잘 살지 않느냐, 그들의 주장은 이것이었다. 그러고는 외부와 철저히 차단하고 자본주의 사회의 부정적인 현실만 보여주면서 자신들의 작은 업적을 과대포장해 선전하고 있었다. 그러나 민중은 결코 어리석지 않다. 내 양복 옷감을 만져보는 것만으로 그들은 더 나은 바깥세상이 있음을 단번에 알아차린다. 단지 개개인을 감시하는 당의 무서운 눈길 때문에 참고 있을 뿐이었다. 자본의 논리에 때 묻지 않은 북한 사람들은 참으로 건강하고 순수했다. 북한의 힘은 바로 그 민중일 것이다. 북한을 떠나면서 그래도 내가 절망하지 않은 것은 사람에 대한 믿음, 바로 그것 때문이었다.

소명절차는
저들이 거쳐야 한다

나와 비슷한 처지의 누군가가 그랬다. 지나온 인생이 억울하다고.
나는 억울할 것 없다고 했다. 그래도 우리는
파리에서 자유롭게 커피도 마시고 포도주며 코냑도 즐기지 않았느냐고,
그리고 제법 낭만도 있었노라고.

어느 여름엔가 아들과 함께 남부 프랑스로 바캉스를 간 적이 있다. 휴양지 부근에 커다란 목장이 하나 있었다. 나는 말이라면 광야에서 바람이나 추위도 아랑곳 않고 아득한 지평선 너머로 달려가는 몽골의 야생마를 떠올린다. 그러나 그곳 카마르그 목장의 울타리 안에 있는 말들은 치켜든 대가리에 짧은 허리, 날씬한 정강이에 높은 발굽, 순결한 갈기에 두 귀가 쫑긋한 헌칠함을 자랑하는데도 어쩐지 옹색해보였다.

혹시 철조망이라도 둘러쳐져 있다면 모를까, 말들의 자유를 구속하는 울타리라는 것은 고작 헝겊쪼가리를 이어붙인 것이었다. 그런데도 녀석들은 그 경계를 뛰어넘을 생각은커녕 오히려 울타리의 구속에 안주하고 있는 것 같았다. 잘 생긴 말들의 그 궁상맞은 평화로움이 어쩐지 어색했다. 그 말들 위로 내 민족의 삶이 겹쳐졌기 때문일까…….

생각보다 말들이 순하다고 목장 관리인에게 말을 건넸다. 사람 좋아 보이는 관리인은 다 그런 건 아니라면서 털이 새까만 놈 하나를 가리켰다. 그 녀석은 제멋대로 울타리를 뛰어넘는다는 것이었다. 나는 그놈을 눈여겨보았다. 첫눈에는 다른 놈들과 별로 달라 보이지 않았다. 그러나 유심히 살펴보니 자기 생명의 율동을 즐기는 자유로운 자만이 누릴 수 있는 삶의 윤기가 반짝였다. 때마침 구름 사이로 내비친 햇살 탓이었는지도 모르지만.

그놈은 칸과 칸 사이를 자기 맘대로 이동하고 어떤 때는 아예 목장을 탈출하는 말썽꾸러기라고 했다. 그러면 어떻게 하느냐고 물었더니 관리인은 씩 웃으면서 그냥 내버려둔다고 했다. 그러다가 안 돌아오면, 하고 재차 묻는 나의 말에 지금까지 수백 번 탈출했는데 그때마다 어김없이 돌아왔다면서, 아마 여기보다 좋은 데가 없었던 모양이라고 덧붙였다.

나는 그 목장의 말썽꾼을 오래 지켜보았다. 녀석은 가끔 고개를 들어 푸른 하늘을 쳐다보기도 했고, 벙어리 같은 땅바닥이 답답하다는 듯 네 굽으로 쾅쾅 긁어대기도 했다. 녀석의 목덜미는 거만한 돌에서 깎아낸 탑과 같았고, 노여움이 가득 찬 눈에는 방랑자의 정열이 타오르고 있었다. 말 중에도 자유를 추구하는 놈이 있구나, 나는 녀석이 기특했다. 관리인이 주는 익힌 음식을 거부하고 낯선 세상으로 뛰쳐나가는 녀석의 용기가 자못 놀라웠다. 그러나 더 아름다운 건 목장 관리인이었다. 그런 관리인이 있으니 녀석은 목장으로 다시 돌아오는 것이리라.

 사람도 그렇다. 남들은 잘 견디는 구속과 핍박을 견디지 못하는 천성적인 자유인들이 있다. 아마 나도 그 일원인 모양이다. 파리로 뛰쳐나온 것도, 동백림 사건이 터지자 대사관에 쫓아가서 항의했던 것도, 대학후배의 정치망명을 도와준 것도, 북한의 초청을 기꺼이 받아들인 것도, 김대중 구명운동을 벌인 것도 결국은 마소 아닌 인간에게 굴레를 씌우고 재갈을 물리는 국가권력의 저 헝겊쪼가리 같은 울타리를 벗어나기 위해서였다. 그 울타리는 진리나 만인의 행복을 위한 것이 아니다. 소수의 권력자가 멋대로 만들어놓은, 말 울타리만큼의 가치도 없는 것이다. 그러나 더없이 가혹한 울타리였다.

1970년대 초 파리에서 법학박사 학위를 따고 서울로 돌아간 선배가 있었다. 그이가 돌아가겠다기에 나는 말렸다. 바른 말 하기 좋아하는 성격이라 서울에서 배겨낼 것 같지 않았던 것이다. 그이라고 그런 생각을 해보지 않았겠는가. 선배는 쓸쓸하게 웃으며 대답했다.

 "내 나이 마흔이 넘었는데 여기서 뭘 하겠어? 파리에선 의식주를 해결할 방법이 없잖아. 서울 갈 때 수면제를 한 움큼 사 갖고 가려고 해. 고문당할 것 같으면 미리 수면제를 먹어두게. 잠자는 동안에야 두들겨 맞든 뭘 하든 고통스럽지 않을 것 아냐?"

 "막노동을 하더라도 여기가 낫지 않겠어요?"

 선배는 기어이 고집을 꺾지 않았고, 교수가 된 지 일 년도 못 돼 감옥으로 끌려갔다. YMCA에서 무슨 강연을 한 게 문제가 됐다고 한다. 일 년 만에 풀려났지만 다시는 취직이 되지 않았다. 빨간줄이 그어진 사람이라 어느 대학에서도 쓰려고 하지 않았던 것이다. 한 친구가 우연히 동대문 시장에서 그 선배를 보았다고 했다. 털실 가게에서 여자들 틈에 끼어 손에 실을 감고 있더라나.

그 선배와 달리, 서울서 자리를 잡았다는 이의 경우도 속을 들여다보면 별반 차이가 없었다. 언젠가 서울에서 친구 정연풍이 파리로 찾아왔다. 경동 동창으로 소르본에서 문학박사 학위를 받고 서울로 돌아갔던 친구다. 녀석은 돌아가서 한 일 년 마음고생을 심하게 겪었다. 1974년 육 여사 저격사건 후 파리에서 추도식이 있었는데 거기서 말을 잘못했던 것이다. 사람들이 제법 모인 자리였다. 대사관 직원인지 정보부 사람인지가 육 여사를 이북이 암살한 거라고 떠들어댔다. 그때까지 얌전하던 한 친구가 불쑥 나섰다.

"육 여사는 반독재 투쟁의 일환으로 우리 국민이 죽인 거요."

나도 놀랐다. 그런 소리를 할 사람이 아니라고 생각했던 것이다. 그 자리가 발칵 뒤집혔다. 정보부 사람이 그 친구를 끌어내려고 했다. 그러자 옆에 서 있던 정연풍이 한마디 거들었다.

"아, 거 무슨 말인지 하게 놔둬요."

그 말 한마디 때문에 녀석은 서울에 도착하자마자 정보부로 끌려갔다. 서울을 떠나서 다시 돌아올 때까지의 전 과정을 일곱 번인가 여덟 번 썼다던가. 몽둥이찜질도 제법 당한 모양이었다. 조사만 받고 별 문제가 없었는지 실형은 선고받지 않았다. 그런데도 녀석은 실성한 사람처럼 일 년 가까이 서울 거리를 헤매고 다녔다고 한다.

그렇게 세월이 흐르고 녀석은 서울대 교수가 되어 다시 파리를 찾아온 것이었다. 같이 공부하던 시절처럼 집으로 불러 술을 한잔 마시는데 녀석은 급하게 술을 마시고 빨리 취했다.

"야 유진아, 너 '하염없이' 가 무슨 말인지 아니?"

갑자기 한줄기 눈물이 녀석의 뺨을 타고 흘러내렸다.

"내가 지금…… 하염없이 산다."

더 이상 입을 열지 않고, 녀석은 취해 쓰러졌다. 며칠 지난 뒤 물어보았다.

"야, 너 왜 그날 개수작 했니?"

친구는 씁쓸하게 웃었다.

"들어봐. 내가 학장 노릇을 할 때 얘긴데 하루는 중앙정보부 놈이 내 연구실로 찾아 왔더라고. 찾아와서는 돈뭉치를 턱 내려놓는 거야. 나보고 그거 받으라는 거지. 그리고는 무슨 감투를 떡하니 얹어주더라. 그렇지 않아도 교수 하려고 별 치사한 짓거리를 다 하는데 말이야."

"치사한 짓이라니?"

"학생들 데모할 때는 거마빈지 뭔지 몇 푼 받고 학생들 쫓아다니면서 개수작을 해야 되거든."

"개수작이라니?"

"데모하지 말고 공부나 해라, 이게 개수작이지 뭐야? 그것도 밥벌이 때문에 억지로 하고 있는데, 거기다 몇 푼 더 얹어준다는 거지. 더 열심히 해달라고. 그거 받으면 개자식 되는 거고, 안 받으면 잘리는 거야."

"그래서 어떻게 했어?"

"어떡하긴? 교무과장 불렀지. 사인하고 받아두라고. 내 사인은 죽어도 하기 싫더라고. 비겁한 놈이지. 정보부 놈은 전달만 하면 됐다면서 그냥 돌아가더라."

"그래서 그 돈은 어떻게 했어?"

"마침 제자 하나가 병원에 입원해 있었거든. 치료비로 다 줘버렸지. 내가 이러고 산다. 개자식 아니냐? 먹을 거만 있었으면 나도 너처럼 파리에 남았을 거다. 야 이 새끼야, 너 잘한 거야. 정말 잘한 거야. 굶더라도 그게 나은 거야."

1979년 8월 1일, 불혹(不惑)이라는 마흔 고개에 오르는 순간 나의 신상에 큰 이변이 생겼다. 대학후배 한영길의 정치망명을 도와주었다가 하루아침에 '북괴공작원'에 파렴치한 '아동인질범'이 된 것이다. 그리고 휴머니즘에서 그를 숨겨주었던 나의 대부 콩타맹 교수와 화가 막심, 블랑딘 수녀, 그 밖의 프랑스 친구들은 자기도 모르는 사이에 붉은 조직의 일원이 돼버렸다. 이런 중상모략이 너무 부끄러워 나는 그 사실을 한 달 이상이나 대부께 말씀드리지 못했다.

나를 간첩으로 만든 건 다름 아닌 내 조국이다. 그저 홍수에 떠내려가는 후배의 손을 잡아준 것뿐인데 나도 모르는 사이에 조국이 둘러쳐 놓은 울타리를 뛰어넘고 만 것이다. 조국은 나더러 망명을 도와달라는 후배를 "왜 우리한테 데려오지 않고 파리 경시청에 데려갔느냐?"고 비난했다. 중앙정보부의 핍박이 두려워 프랑스에 망명하겠다는 가엾은 후배를 마치 엿가락 던져주듯 자기들 손에 덥석 넘겨주었어야 했다는 것이다. 그건 인류가 아니다. 나는 국가폭력의 울타리를 벗어나 인류를 지켰을 뿐이다. 그러나 조국을 원망한 적은 없다. 나를 울타리 밖으로 내쫓은 것은 엄밀하게 말하자면 조국이 아니라 소수의 권력자였기 때문이다.

나는 1975년에 프랑스 시민권을 획득했다. 1967년 한국 정보기관은 유럽 각국에서 직장생활에 충실하거나 학업에 정진하고 있던 무수한 해외동포들을 간첩이라는 이름으로 난도질했다. 이른바 동백림 사건이었다. 어느 체제에서나 적대세력을 손쉽게 제거하는 방법은 바람 한 점 없이 맑은 평지에 갑자기 자욱한 먼지를 일으킨 다음 무방비 상태의 정적들을 적국의 간첩으로 몰아 가차 없이 처형하는 것일 게다. 여기에 언론이 거들고 나서면 어마어마한 꼴불견이 전개되기 마련이다. 소련에서도 미국에서도 이북에서도 우리는 그런 예들을 적잖이 보아왔다. 소위 동백림 사건도 국내의 비판적 지식인들을 침묵시키기 위한 조작이었다. 스스로 허리를 꺾지 않으면 붉은 간첩으로 몰아 처형하겠다는데 그 누가 침묵하지 않겠는가.

문제의 동백림 사건에는 내가 아는 사람들도 연루됐는데, 내가 아는 한 그들 중에 북괴공작원은 없었다. 도무지 말이 안 되는 사건을 지켜보면서 나는 절망했다. 그리고 두려웠다. 이미 반체제 인사로 찍힌 상태여서 일종의 보호막이 필요했던 나는 프랑스 시민권을 획득했다. 자책감은 조금도 들지 않았다. 조국을 버린 게 아니었기 때문이다. 그리고 조국이란 버린다고 버려지는 게 아니다, 부모를 버릴 수 없는 것처럼. 나는 조국의 한 성원으로 끝까지 당당하게 살고 싶었고, 프랑스 시민권은 그럴 경우 나를 자유롭게 해주는 일종의 통행증이 되어줄 것이었다. 일제 때 항일투쟁의 중추기관이던 임시정부와 적잖은 독립투사들도 상해의 프랑스 조계에 자리 잡지 않았던가.

나는 프랑스 시민의 자격으로 그리운 고향 평양을 다녀왔다. 그런데 왜 한국의 국가보안법이 나의 고향방문을 시비하는가. 정보기관은 대한민국의 국가기관으로 대한민국 법에 근거하여 운영되는 기관 아닌가. 만일 외국인의 평양여행을 국내법으로 다스린다면 평양을 다녀온 모든 외국인들에게 공평하게 적용해야 할 것이다. 과문한 탓인지, 나는 아직까지 평양 다녀온 프랑스인을 대한민국의 국가보안법으로 다스렸다는 말을 들어보지 못했다. 그래서 유독 나에게만 문제투성이 국가보안법을 적용시키고 있다는 느낌을 떨칠 수 없다.

나는 내 고향 평양을 방문했다. 비밀의 장막에 싸인 또 다른 조국에 대한 궁금증도 있었지만, 무엇보다 내가 태어나서 유년기를 보낸 고향이 그리웠고 아직도 그곳에 살고 있는 내 혈육들이 보고 싶었기 때문이다. 평양방문을 결심할 때 내 원칙은 북한정권에 휘둘리지 말자는 것이었고, 방문하는 동안 그 원칙을 깨트린 적도 없다. 울타리를 넘나드는 저 검은 말처럼 자유를 찾는 천성이 그곳에서라고 바뀌겠는가.

나는 지금도 북한은 또 다른 조국이요, 그곳 사람들은 내 동포임을 믿는다. 그러나 그곳 역시 기꺼이 받아들일 수 없는 울타리 천지였다. 나는 어느 누구에게도, 그 무엇에도 매이지 않은 자유인으로 살고 싶다. 남쪽 반공산주의의 네모반듯한 틀에서 겨우 빠져나왔는데 내가 어떻게 북쪽 공산주의의 쇠항아리 속으로 들어가겠는가.

서울에서 꼬박 이틀 동안 비행기를 타고 파리에 내렸을 때 내 나이 고작 스물넷이었다. 어른들 말대로 아직 머리뼈가 말랑말랑할 때였다.

몇 달 뒤 소르본 대학에 등록을 했다. 약간의 흥분과 초조감을 느끼며 등록을 마치고 학생들로 붐비는 소르본 광장 옆 프랑스대학출판 서점을 찾아갔다. 이층에 올라가 사회심리학 책들을 죽 훑어보다가 한 권을 뽑아 들었다. 로슈블라브-스팡르(A.M. Rocheblave-Spenle) 여사의 학위 논문인《역할의 사회심리학적 개념(La notion de rôle en Psychologie sociale)》이었다. '역할'이라는 단어가 내 주의를 끌었다.

일찍이 제(齊)나라 경공(景公)이 정치에 관해 물었을 때 공자는 "군군 신신 부부 자자(君君 臣臣 父父 子子)"라고 갈파했다. 사회에서 각자의 역할이 얼마나 중요한가를 말한 것이다. 각자 제 위치에서 제 구실을 성실하게 수행할 때 개인과 사회가 순조롭게 발전하지 않겠는가. 이것이 바로 사회심리학의 기본이라고 생각했다.

나는 책을 사 들고 광장의 노천카페로 갔다. 카페 한 귀퉁이에 앉아 커피를 시키고 책을 뒤적였다. 가을 해는 뤽상부르 공원 위에 나지막이 걸려 있었고, 광장의 석상에 햇살이 아롱거렸다. 포드닥포드닥 날아가는 새들의 가벼운 율동에 그날따라 커피 맛이 유난히 좋았다. 그때였다. 사십대로 보이는 프랑스인 두 사람이 옆자리에 와 앉았다. 토론을 좋아하는 프랑스인답게 그들은 자리에 앉아서도 저들끼리 하던 토론을 계속했다.

"정신분석학과 마르크시즘을 융합하면 뭔가 될 것 같아. 이건 좋은 정치사상이 될 거야."

"그건 말이야…… 너의 유토피아적 사고방식이야, 현실성이 없어."

"난 아무튼 해볼 테야."

"하하. 넌 공산주의자니까 공산주의를 좀더 풍부하게 하겠다는 거냐?"

공산주의자! 갑자기 마음이 떨리고 온몸에 소름이 끼쳤다. 공산주의자가 바로 내 옆에 앉아 있다니. 분단된 나라에서 성장한 사람의 어쩔 수 없는 생리적 반응 현상이었다. 생후 여덟 달된 아이가 낯을 가리듯 두려움과 고통이 내 몸 속에서 뒤섞이는 것을 느꼈다. 나는 얼른 커피값을 치르고 도망치듯 자리를 떴다. 공산당이 합법정당으로 존재하는 나라에서, 나는 이름도 모르는 한 공산주의자가 내 옆자리에 앉았다는 것만으로 잔뜩 겁을 먹은 채 꽁무니가 보일세라 삼십육계를 놓은 것이다. 그 순간 내 자존심은 흙담처럼 무너져 내렸다. 그것은 아주 강렬하고 고통스러운 체험이었다.

그날 저녁 나는 칠층 꼭대기의 내 작은 방에 돌아와 고민에 빠졌다. 공산주의자가 도대체 무엇이기에 그리 무서울까? 공산주의자라는 그 프랑스 사람은 시종 온화한 표정이었는데 나는 왜 그토록 극심한 혼란과 두려움과 고통에 빠졌던 것일까? 그날 저녁 온밤을 새우면서 잠정적으로 내린 결론은 이랬다. 나는 제삼세계의 가난한 학생, 물질적으로 빈곤하고 사상적으로 무지한 존재다! 슬프고 부끄럽고 분하고 통절했다.

나는 평양에서 태어났고, 광복하던 해 가을 아버지와 함께 소련 경비병한테 들킬까봐 신발까지 벗어들고 맨발로 삼팔선을 넘었다. 이북출신 중에 반공주의자가 많다고 하지만, 우리 아버지는 그저 살 길을 찾아 남으로 왔을 뿐 어느 쪽도 아니었다.

　전쟁 때 먹을 게 없어 죽을 고생을 하고 열차 지붕에 올라탄 채 피난을 떠나기도 했지만, 남북 어느 쪽으로부터도 몹쓸 짓을 당하지는 않았다. 그러나 육이오 전부터 '빨갱이 놈', '때려죽일 공산당 놈'이라는 말을 귀에 못이 박히도록 듣고 자랐다. 공산주의 책 한 권 본 적 없고 주변에서 공산당을 본 적도 없었건만 공산당은 어느 구석에 그리도 많이 숨어 있는지 툭하면 공산당 타령이었다. 그것이 내 여물지 않은 머리에 '공산주의는 넘어서는 안 되는 선 저쪽에 있는 것'으로 강렬하게 굳어졌던 것이다. 내가 모르는 사이에 내 머릿속에서 굳어진 반공산주의가 공산주의보다 더 무서웠다.

　나는 한국의 반공산주의를 학위논문 주제로 정했다. 나를 공산주의자의 그림자에 놀라게 하고, 나를 허깨비로 만든 한국의 반공산주의를 사회심리학적 방법으로 연구해보자는 생각에서였다. 논문을 쓰면서 나는 프랑스 사회학자 레이몽 아롱 교수의 소련 공산주의체제 비판에서 상당한 암시와 도움을 받았다.

　아롱은 막스 베버, 에드먼드 후설, 마르틴 하이데거, 니콜로 마키아벨리를 두루 연구한 후 혹시 마르크스의 주장이 옳지 않을까 해서 《자본론》을 장장 오십 년간 읽고 또 읽었다고 한다. 그런 그의 학문적 양심에 나는 감탄했다. 1950년대에 좌익 성향의 지성인들로부터 '페스트 환자'로까지 지탄받던 그였지만, 1983년 10월 17일 심장발작으로 타계했을 때는 좌우익을 막론하고 그에게 아낌없는 찬사를 보냈다. 그에게 고귀한 영혼, 타고난 평화주의자, 영원한 학생, 마지막 현자, 용기와 감수성의 인간, 진실을 사랑한 사람, 언제나 옳았던 사람 등의 찬사가 쏟아졌다.

나는 반공산주의를 연구하는 것을 통해 비로소 천박한 한국형 반공의식에서 벗어났다. 공산주의나 사회주의에 관한 책자를 한 권이라도 읽거나 수중에 지니고 있으면 '빨갱이'라고 몰아붙이는 현상은 '반공신경증'이라고 불러 마땅한 것이다. 천박한 반공신경증에서 겨우 벗어난 나는 그 반대의 것(공산주의)에도 구속되고 싶지 않았다.

북의 공산주의 체제든 남의 반공산주의 체제든 우리 한국의 정치권력에는 당초부터 힘에 경도되는 성향이 있는데 이것이 우리 시대에 큰 위험이라는 것, 그리고 독재로 이어지게 될 폭력적 혁명이나 군사쿠데타는 살기 좋은 사회를 이루는 길이 아니라는 것을 나는 확신하게 됐다. 그러니 나는 공산주의자도 반공산주의자도 아니다. 반공산주의자가 아니기에 남쪽의 울타리를 뛰어넘은 것이고, 공산주의자가 아니기에 북쪽의 울타리 또한 뛰어넘은 것이다. 몽양 여운형 선생이 그랬듯이.

여운형 선생에게는 이데올로기도 민족을 위한 수단에 지나지 않았다. 그에게 목적이 있다면 공산주의나 다른 무엇이 아니라 민족 하나였다. 그는 민족만 생각하는 자신을 믿었기에 변절자라는 비난을 무릅쓰고 독립운동 시기에는 일본의 초청에 응했고, 광복 후에는 한민당에 협력을 요청했고, 또 공산당과도 손을 잡을 수 있었다. 내 비록 여운형 선생만한 식견이나 안목은 없을지라도 민족을 위한 거침없는 그 마음만은 닮고 싶었다. 그런데 그런 여운형 선생을 기다린 것은 암살이었고, 내 앞에 놓인 것은 두 번 다시 조국 땅을 밟을 수 없다는 일종의 사형선고였다.

내 조국은 남부 프랑스의 목장 관리인과는 달랐다. 그들은 울타리를 뛰쳐나간 내가 다시는 돌아올 수 없도록 높디높은 담장을 쌓았다. 나는 밖에서 담장 안을 기웃거리며 수십 년의 세월을 흘려보냈다. 새로운 세기가 열리고 사람들은 그 담장이 허물어졌다고들 했다. 그러나 조국은 담장 안으로 들어서려는 내게 '소명절차'라는 해괴한 통행증을 요구했다. 도대체 역대의 정보기관이 요구해온 소명절차란 무엇인가?

먼저 독일 프랑크푸르트에 살던 절친한 친구 최조원의 경험담을 얘기해야겠다. 최조원은 목사였다. 그는 "아직 때가 이르다"는 나의 만류를 뿌리치고 1990년 초 어느 날 "옛 친구들이 우글거리는 서울이 그립고 독일 풍경이 더 이상 보기 싫다"며 귀국했다. 그는 귀국하기 전에 주독일 한국 대사관의 안기부 당국자에게 선처를 부탁했고 그 당국자는 "별일 없게 잘해주겠다"고 약속했다. 귀국 후 안기부에 들어가 소명절차를 밟았다. 취조실에 들어가자 젊은 수사관이 나타나 책상을 주먹으로 치면서 "똑바로 앉아!" 하는 고함으로 심문을 했다. 그는 "독일에 거주할 때 민주화운동에 참가하고, 북의 초청으로 평양에 다녀오고……" 하며 시시콜콜한 사실까지 모두 숨김없이 토설했다고 한다.

타고난 심성이 햇솜 같던 최 목사, 안팎이 따로 없는 최 목사가 뭐 숨길 것이나 있었겠는가. 그 젊은 수사관이 얼마 후 조서를 꺼내놓고 최 목사에게 서명하기를 요구했다. 서명하기 전에 잠깐 읽어보았더니, 하나님 맙소사! 최 목사 자신도 모르는 '간첩활동'을 했다고 '자백'하는 내용이 선명하게 씌어 있었다고 한다. 깜짝 놀란 최 목사는 "나는 간첩이 아니다. 간첩노릇은 한 적도 없다"고 항의했다. 그러자 그 젊은 수사관은 태연자약하게 웃으면서 "누가 당신더러 간첩이래? 여기 용어가 간첩이지. 서명 안 하겠어? 안 하고 여기 그냥 처박혀 있겠어?" 하더니 취조실 문을 덜커덕 잠그고 나가더란다. 그 순간 최 목사는 얼마나 황당했을까. 귀국 길에 오르기 전에 독일에서는 "별일 없게 잘해준다"고 하더니!

평소에 등뼈를 쇳돌같이 세우지 못한 최 목사는 한시라도 빨리 지옥 같은 안기부에서 빠져나가고 싶어 결국 울며 겨자 먹기로 서명을 했다고 한다. 서명을 하니까 그제야 나가라고 풀어주면서 모 검사한테 가보라고 하기에 찾아갔더니, 검사 왈 "좀 심했군" 하면서 '간첩'이라는 두 글자를 그 자리에서 점잖게 빼주었다고 한다.

이것이 불행하게도 내가 알고 있는 소명절차의 일반적인 진행과 내용이다. 그 젊은 수사관은 "파리의 이유진도 최 목사처럼 간단히 선처해줄 테니 안심하고 다녀가라고 전하라"고 하더라나. 나는 안기부에 이렇게 전하라고 일갈했다.

"여기 파리에는 자유와 민주주의라는 것은 있어도 소명절차 같은 해괴망측한 것은 없다. 나한테 소명절차를 밟게 하고 싶으면 한 이백 년은 기다리라고 해라!"

나와 달리 독일체류 중 간첩으로 몰린 적도 없던 최 목사는 안기부의 심리적 폭행에 굴복해 관제 '전향간첩'이 되어 서울에서 사 년인가 오 년인가 더 살다가 뇌출혈로 죽었다. 나의 불쌍한 후배 한영길은 자살하고……. 이것은 운명인가, 전생의 업보인가? 안기부의 행패가 아니라면 도대체 무엇이란 말인가?

뭐 그냥 다녀오지, 감옥에 넣는 것도 아니고 가서 몇 자 끼적거려주면 되는 모양인데, 라고 내 등을 떠미는 사람들이 있다. 조용히 다녀오면 될 걸 공연한 소란을 일으킨다고 말하는 사람도 있다. 그러나 이것은 한 개인의 자존심 문제가 아니다. 아직도 이러저러한 장애에 부닥쳐 이십 년, 삼십 년간 귀국이 지연되고 있는 해외 민주인사들이 유심히 지켜보는 문제이며, 옳은 것과 그른 것, 정의와 불의의 문제인 것이다.

나는 잘못한 게 없다. 잘못은 내가 아니라 중앙정보부에 쫓기는 후배의 망명을 도와준 나를 북괴공작원에다 아동인질범으로 몰아붙인 그들에게 있다. 소명절차를 거쳐야 할 사람은 내가 아니라 그들이다. 문제는 이유진이 서울에 들어갈 것인가 말 것인가 하는 개인적인 문제가 아니라, 지금까지 잘못되어온 우리 역사를 바로잡는 것이다. 내가 소명절차를 받아들일 수 없는 이유가 바로 여기에 있다.

민주화운동의 말석에 참가했다지만 이곳 파리에서 내가 무슨 큰일을 했겠는가. 고작해야 반독재 투쟁을 하는 잡지 몇 권을 발행하고, 해외 민주화투쟁을 하는 신문과 잡지에 이따금 시나 글을 싣고, 몇몇 한국인과 프랑스인들을 모아 뮈튀알리테 강당에서 군부독재 규탄대회를 벌인 정도일 뿐이다.

나와 비슷한 처지의 누군가가 그랬다. 지나온 인생이 억울하다고. 나는 억울할 것 없다고 했다. 그래도 우리는 파리에서 자유롭게 커피도 마시고 포도주며 코냑도 즐기지 않았느냐고, 그리고 제법 낭만도 있었노라고. 정작 억울한 것은 국내에서, 그 피비린내 나는 현장에서 온몸 온정신으로 싸우면서 상상할 수 없는 고난을 겪은 국내의 민주인사들일 것이다. 요즘 그나마 나를 거부하는 조국의 울타리가 낮아지는 것은 다 그들 덕 아니겠는가. 그들 덕에 서울 갈 꿈이나마 꾸어보는 나로서는 소명절차 따위에 굴복하지 않는 것 정도가 유일하게 그들의 품위를 지켜주는 것이라 믿는다.

내게는 미애라는 이름의 외손녀가 있다. 미애가 자라면서 우리 집에는 한결 생기발랄하고 아기자기한 맛이 감돌기 시작했다. 갓난 것이 조그마한 침대 속에서 무방비 상태로 누워 말도 한마디 못하고 그저 두 눈만 깜박이다가 어느 날 아침 한 줄기 미소를 살풋 지어 보였을 때 놀라움과 기쁨은 정말 상상을 초월하는 것이었다. 내 생명의 연장선이 내게 보내온 첫 신호, 바야흐로 또 하나의 아름다운 세계가 전개된다는, 조용한 통지서의 첫 줄 같았다. 미애는 자연스럽게 그 어려운 '소명절차'를 부처가 지어 보인 이심전심의 미소로 밟은 것 아닌가. 이 얼마나 갸륵한 생명의 소명절차인가!
  미애가 한 살이 채 되기 전이다. 어린아이는 영아기에는 줄곧 누워 있다가 때가 되면 조금씩 몸을 뒤척여보고, 그 다음에는 일어나 앉고, 일어나 앉아 있다가 차츰 네 발로 기며 유아기로 넘어간다. 그런데 미애는 이 세상이 험한 줄 미리 알고 필요한 공부를 어느 정도 하고 왔는지, 네 발로 엉금엉금 기는 과정을 아예 생략하고 벌떡 일어나 두 발로 걷기 시작했다.
  하루는 미애한테 두 발로 걷지 말고 몸을 굽혀 기어 다니라고 했다. "공소시효 이십 년이 지났어도 소명절차만큼은 반드시 밟아야 한다"던 주불 대한민국 대사관의 정보기관 담당자처럼 나는 웃으면서 설명했다.

우리나라에는 아직도 삼팔선이 있고, 이북 공산당의 위험이 있다는 말도 덧붙였다. 그런데 이게 웬일인가? 미애는 의아한 듯 바라보더니 고개를 살래살래 젓는 것이 아닌가. 마치 "아니야, 난 네 발로 기지 않겠어!" 하듯. 뇌의 능력과 근육의 능력이 충분히 성숙해 이미 자유롭게 동서남북을 뛰어 다니는데 네 발로 엉금엉금 기어 다니라고? 미애는 그렇게 묻는 듯했다.

한해 두해가 지나며 미애는 빠른 속도로 성장했다. 두세 살이면 벌써 천오백 내지 이천 개 정도의 어휘를 알고, 무의식적으로 부사와 접속사를 쓰고, 일곱 가지 색깔을 분별하고, 왕성한 호기심으로 주위상황을 관찰하고, 바야흐로 형상적 사고를 하는 나이 아닌가. 그리고 단지 바라보기만 하던 물건들을 그 고사리 같은 손을 내밀어 냉큼 움켜잡는 나이 아닌가. 제 손으로 만져보고 깨보고 맞춰보면서, 환언하면 제 삶을 스스로 느끼고 생각하면서 온몸으로 살고 싶어 하는 나이 아닌가.

두세 살짜리 아이가 만지작거리는 것은 어른이 애지중지하는 가구일 수도 있고, 육법전서 특히 국가보안법일 수도 있다. 어린아이는 벌써 자기의 독자적인 세계에 스스로 어울려는 당당한 시민이기 때문이다. 그리하여 어른과 아이는 점차 대립하게 된다. 우리는 그것을 갈등이라 부르고, 아동교육학에서는 '세 살 때의 위기'라고 한다. 이런 위기를 어떤, 예컨대 민주주의적인 가정에서는 비교적 평온하게 보내고 어떤, 예컨대 권위주의적인 가정에서는 긴장되게 보낸다.

평온하거나 긴장하거나 간에 이 시기의 아이들은 제 머리로 사색하고, 제 가슴으로 느끼고, 제 발로 뛰어 다니기를 갈망한다. 또 어른의 물음에 대답하려고만 하지 않고, 어른에게 문제를 제기하고, 어른이 대답하기를 요구하고, 어른의 대답이 진지하지 않으면 분노할 줄도 안다. 이것은 힘 있는 그 누가 변경할 수 있는 것이 아니다. 왜냐하면 그것이 불가항력의 자연법칙이기 때문이다.

그런데 이 과정에서 아이로 하여금 어른의 수준보다 더 높이 올라가지 말고, 더 멀리 뛰어가지 말고, 언제까지나 어른의 통제 속에 머물러 있기를 기대하고 강요한다면, 그때는 이른바 불복종 내지 저항의 사태가 벌어지는데, 이것이 시민과 권력의 차원에서는 데모, 파업으로 나타나고, 거기에 대응하는 저 무수한 '간첩사건' 따위의 허위조작, 중상모략이 난무하게 되는 것이다. 박정희, 전두환, 노태우로 이어진 군부통치 아래서 자주 보아온 역사적 사실이 바로 그렇다.

나는 왜 간첩으로 몰렸는가? 나는 미애처럼 내 머리로 사고하고 온몸으로 내 삶을 살고 싶었던 것일 뿐이다. 소명절차는 왜 거부했는가? 성장하고자 하는 자연법칙을 어긴 것은 내가 아니라 내게 간첩죄를 씌운 저들이기 때문이다. 박정희 유신독재의 피비린내 나는 통치에 대한 자연스러운 반응으로 민주화운동에 참가한 나에게, 전두환 일파가 벌여놓은 군사법정에 '내란선동죄'로 끌려나온 김대중의 구명 운동을 전개한 나에게 어처구니없는 소명절차를(더욱이 민주인사 김대중 대통령 치하에서!) 요구한 것이 어찌 부당하지 않은가.

2000년 11월에 개인적인 통로로, 소명절차를 거치지 않아도 좋다는 언질이 있었다. 그러나 저들은 아직도 성장의 자연법칙을 짓밟아온 자신들의 소행을 사과할 의사는 조금치도 없는 듯했다. 그것은 진정한 민주화가 아니다. 히틀러를 배출한 독일이 그나마 민주국가로 다시 태어날 수 있었던 것은 과거에 대한 철저한 반성 덕이다. 독일과 달리 일본에서 파시즘의 징후가 사회 곳곳에 도사리고 있는 것은 전범처리조차 제대로 하지 않은 탓이다. 곪은 상처를 도려내지 않고서는 새살이 돋지 않는 게 자연의 이치다.

민주화 인사였던 김대중, 노무현이 대통령이 되었다고 민주화가 되는 것은 아니다. 아직도 갈 길이 멀다. 사람은 죽지 않는 한 성장하며, 사회는 소멸하지 않는 한 성장해야 한다. 사람도 사회도 성장을 멈추는 순간 바로 죽음으로 연결된다. 설령 서유럽 수준의 민주주의가 정착된다 하더라도 그것이 끝일 수는 없다. 민주주의가 완벽한 제도가 아니라는 사실을, 그보다도 민주주의가 쉽게 고칠 수 없는 커다란 약점을 자체 내에 포함하고 있다는 사실을 우리는 알고 있다.

"세 사람이 길을 가는데 한 사람이 미혹하면 목적지에 이를 수 있다. 미혹하는 자가 적기 때문이다. 그러나 두 사람이 미혹하면 애써도 이르지 못한다. 미혹하는 자가 많기 때문이다."

이것은 이미 이천 년 전에 장자가 갈파한 말이다. 그러므로 민주주의가 최상의 선택은 될 수 없다. 민주주의는 진리와 다수를 혼동한다. 누군가는 그래도 민주주의의 길로 갈 수밖에 없다고 했다. 현재로서는 그보다 더 나은 대안이 없기 때문이다. 그러나 민주주의는 이를테면 사랑둥이 미애의 걸음마쯤이 아닐까?

미애는 벌써 달음질을 배웠다. 달음질을 배운 뒤로는 걷는 대신 걸핏하면 달릴 생각부터 한다. 인류의 달음질은 무엇일까? 아직은 모르겠다.

그러나 인간은 언젠가 달리게 될 것이고 날게 될지도 모른다. 우리 앞에 어떤 날이 펼쳐질지 알 수 없지만 그것이 무엇이 됐든 최선의 선택은 내버려두는 것이다. 달리기 시작한 아이가 부딪치고 넘어져도, 그러다가 어른이 소중히 아끼는 물건을 깨트려도 제 몸으로 느끼고 깨닫게 놔두는 것이다. 아이가 깨트리는 것이 비록 남북대치 상황하의 국가보안법이라 하더라도!

뤽상부르 공원은 내 나이 스물넷에 보았던 그때와 달라진 게 전혀 없다. 맺힌 데 하나 없이 하늘로 죽죽 뻗어 오른 마로니에는 그 시절 그대로인데 속절없이 나만 늙었다. 여기까지 흘러온 지난 시간들이 아득하다. 자연은 인류에게 봄, 여름, 가을, 겨울의 네 계절을 시적으로 아름답게 배치해 주었건만 우리 인간들은 왜 이렇게 왜소하게 살고 속절없이 죽어야 하는가. 비가 오나 눈이 오나 오직 진실한 가운데 행복하기를 추구하면서 단순하게, 솔직하게, 풋풋하게, 의연하게 살 수는 없는 것일까.

맑고 고운…… 슬프고 따숫하고

● 발문 ─ 신경림 · 시인

이유진 씨를 처음 만난 것은 1995년 프랑스에서 한국문학 포럼이 있어 파리에 가서다. 한 세미나 자리에 나왔던 그는 며칠 뒤 우리가 묵고 있는 호텔로 다시 우리를 찾아왔다. 그러나 긴 얘기는 하지 못했다. 프랑스로 공부를 하러 왔다가 어떤 일로 미움을 받아 국내에 들어가지 못하고 있은 지가 이십 년이 넘었다든가, 누구누구는 지금 어떻게 지내고 있는가 등 단편적인 얘기를 주고받았던 것 같은데, 저렇게 선량해 보이는 사람이 무슨 일로 정부의 미움을 받게 되었을까 나는 좀 의아했었다.

귀국하기 전 서울서 온 문인 몇과 파리의 친구들 몇이 자리를 함께 하자고 해서 그러마고 했지만, 그 약속을 지키지 못한 채 나는 돌아오고 말았다. 그리고 어떤 자리에서 그와 잘 아는 그의 대학선배를 만났는데, 내가 그를 만났다는 소리를 듣고는 그의 딱한 처지를 상세히 설명했다. 즉 프랑스로 망명하겠다는 후배를 당시 정보부원이 득시글거리는 한국 대사관에 넘기지 않고 프랑스 당국에 인도했다는 점, 고향인 북한을 다녀왔다는 점 때문에 친북 인사로 몰려 가족이 살고 있는 한국에 들어오지 못하고 있다는 것이었다. 기회가 있으면 그가 돌아올 수 있도록 도와주어야 한다면서 그는 장담했다. "간첩도 빨갱이도 아무것도 아니야. 얼마나 착하고 순한 사람인데. 그가 빨갱이라면 내가 더 빨갱이지."

그리고 몇 해가 지나서다. 이유진이라면서 전화가 왔다. 반가워서 한국에 들어왔느냐니까, 파리라면서 아직도 귀국은 허락되지 않고 있지만 그동안 써 놓은 시가 있는데 읽어줄 수 있겠느냐는 것이었다. 그러잖아도 마음의 빚 같은 것을 느끼고 있던 참이라 나는 쾌히 승낙을 했고, 얼마 뒤 서울에 사는 그의 누이동생으로부터 '독서일기'라고 제목을 붙인 한 권 분량의 시고를 받았다.

나는 그 시고를 단숨에 읽었다. 뛰어나고 아니고의 여부와 관계없이 그의 시들이 내 눈길을 사로잡고 놓아주지 않았기 때문이다. 그중의 한 편을 여기 옮겨 본다.

저녁해를 바라보면서
서류를 정리하면,
대개 오후 여섯 시.
지긋한 피곤으로
사무실을 나서면,
꽃집 앞 키오스크*.

Le Monde를 사 들고
사람들에 부대끼며
갈아타는 교외선.
이윽고 좌석을 찾아
한 대 골루와즈에
불을 당기면,
아!
비로소 잔잔한 기쁨.
지금쯤
딸애는 숙제를 하고
한 살 반짜리
아들은 놀고 있겠지.
창너멘 푸른 세느강
붉은 놀 가득한 기슭,
저녁해를 바라보면서
집으로 돌아간다.

*키오스크: 신문, 잡지 따위를 파는 가두매점

―〈歸家〉 전문

반체제 인사의 사납고 거친 정서는 어느 한 군데 찾아볼 수 없는, 조금은 슬프고 조금은 따슷하고 조금은 눈물겨운 시였다. 이렇게 읽었기 때문에, 그가 다시 전화를 해서 가령 자신의 시집을 국내에서 내준다는 출판사가 있으면 해설을 써줄 수 있겠느냐는 제의도 선뜻 받아들였던 터이다.

이 책은 스물넷의 젊은 나이로 프랑스에 공부를 하러 갔다가 조작된 동백림 사건에 항의하는 시위를 했다 해서 반체제 인사로 몰리고, 망명을 원하는 후배를 한국 기관에 넘기는 대신 프랑스 당국에 인도하고 그의 딸을 그가 원한 대로 한 프랑스 가정에 소개한 것이 빌미가 되어 흉악한 납치범에 간첩으로 치부되고, 꿈에도 그리던 고향 평양을 방문했다 해서 꼼짝없이 친북인사가 되고 말아, 끝내 귀국을 하지 못하고 이국의 거리를 떠도는 방랑자가 될 수밖에 없었던 저자의 자전적 기록이다.

이 자전적 기록을 읽으면서 나는 다시금 많은 것을 생각하게 된다. 나라란 무엇이고 민족이란 무엇인가. 또 사람이 사는 데 있어 가장 중요한 것은 무엇인가. 독재정권들이 차례로 무너지고 바야흐로 민주주의 세상이 되었다고 하나, 생사람을 하루아침에 빨갱이로 몰아 잡아가두는 이 나라가 과연 사람이 사람 노릇을 하며 사람답게 살기에 충분한 세상이라고 할 수 있겠는가. 아직도 미국에서, 프랑스에서, 일본에서 떠도는 제삼의 혹은 제사의 이유진은 없는가. 가령 이유진 같은 사람이 한 명이라도 더 있다면 이제 우리도 공범이 되는 것이 아닌가…….

마지막으로 '교조적인 친북 인사, 극성스러운 반체제 인사' 라던 저자의 맑고 고운 심성을 알게 하는 그의 시 한 편을 더 읽어보기로 하자.

어진 세상이기에
주인은 한가로울까.

오랜 歷程에서
두 손으로 터득하고
옛사람의 슬기
그 자취인 양
오늘은 일요일
쉬어 가는 구름의
푸른 憂愁

여기 신화 같은
내 친구의 구멍가게
—〈구멍가게〉 전문